mandelbaum *verlag*

Imre Rochlitz
mit Joseph Rochlitz

WIE EIN FILM IN ZEITLUPE

Eine unglaubliche Flucht in Jugoslawien
zwischen 1938 und 1945

Aus dem Englischen von Katharina Manojlovic

mandelbaum *verlag*

Gedruckt mit Unterstützung durch

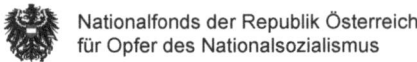
Nationalfonds der Republik Österreich
für Opfer des Nationalsozialismus

der Republik Österreich

forum austriaco di cultura

Gefördert aus Mitteln des Bundesministeriums für
europäische und internationale Angelegenheiten

Bundesministerium
Europäische und internationale
Angelegenheiten

Titel der Originalausgabe:
Accident of Fate. A Personal Account | 1938–1945, Imre Rochlitz
with Joseph Rochlitz, Wilfrid Laurier University Press

mandelbaum.at • mandelbaum.de

ISBN 978-3-99136-021-6
© mandelbaum verlag, wien • berlin 2023
alle Rechte vorbehalten

Projektkoordination: KATHRIN WOHLMUTH-KONRAD
Lektorat: ELVIRA M. GROSS
Satz: KEVIN MITREGA, Schriftloesung
Landkarten: ORNAN ROTEM
Umschlag: MICHAEL BAICULESCU
Umschlagabbildung: SAMMLUNG JOSEPH ROCHLITZ
Druck: PRIMERATE, Budapest

Inhalt

Vorwort 9

Prolog: Wien 12
1. »Anschluss« 39
2. Zagreb 48
3. Der Einmarsch 66
4. Gefängnis 81
5. Jasenovac 89
6. Entlassung und Flucht 104
7. Split 115
8. Novi 122
9. Kraljevica 131
10. Rab 151
11. Lika 161
12. Beitritt zu den Partisanen 169
13. Tierarzt 174
14. Ein kommunistisches Regime 184
15. Freundschaften und Nöte 194
16. Flieger 203
17. Die siebte Offensive 209
18. Der Kommandant und der Kommissar 217
19. Vlado 226
20. Abfahrt 233
Epilog 252

Danksagung 255
Appendix 257
Glossar 263
Auswahlbibliografie 266
Abbildungsverzeichnis 268
Index 270

Für

*Tamara, Naomi, Matan,
Isabella, Serafina, Lucio
und Saverio*

Schreiben, so lautet das Resumé einer furchtbaren Lehrzeit, ist ein zweifelhaftes Geschäft, Wasser auf die Mühlen. Und doch ist es, in Anbetracht der Übermacht der objektiven Prozesse, noch weniger vertretbar, davon zu lassen, als es, und sei es gleich ins Sinnlose, fortzusetzen.

W. G. Sebald
Mit den Augen des Nachtvogels. Über Jean Améry

Vorwort

Als ich im Jänner 1945 zwanzig wurde, war mein Vater lange an Tuberkulose verstorben, meine Mutter in Auschwitz ermordet, waren meine Tante Camilla und meine Onkel Ferdinand und Oskar von der SS erschossen worden. Ich war beinahe sieben Jahre auf der Flucht gewesen, hatte als Gefangener des Vernichtungslagers Jasenovac Massengräber ausgehoben, war der Deportation nach Auschwitz dank des Schutzes der Armee des faschistischen Italien entkommen und nun Unterleutnant bei Titos kommunistischen Partisanen.

Im Laufe der Jahre hatten alle möglichen Leute versucht, mich zu töten: österreichische und deutsche Nazis, kroatische und bosnische Faschisten, sogar ein königstreuer Tschetnik, der bei den Partisanen als Spitzel eingeschleust worden war. Während ebendieser Jahre hatten alle möglichen Leute getan, was sie konnten, um mich zu retten oder mir zumindest zu helfen: unser katholisches Dienstmädchen in Zagreb, ein jüdischer Ladenbesitzer in einer ungarischen Grenzstadt, ein anonymer kroatischer Kellner in einem Bahnhofsrestaurant, Armeesoldaten des faschistischen Italien, der Politkommissar meiner Partisaneneinheit – und, was kaum zu glauben ist, ein Nazi-General.

Alles in allem handelt meine Geschichte von Verfolgung, Leid, Verrat und Tod. Zugleich aber blitzen in ihr Momente grundlegenden Respekts vor dem menschlichen Leben auf, und zwar zu Zeiten und an Orten, wo man am wenigsten mit ihnen rechnen würde. Mehrmals wurde ich während dieser fürchterlichen Jahre Zeuge der ungeheuren Macht von Menschen, die zufällig da waren, um das Schicksal vom Tod hin zum Leben zu wenden. Und meistens brauchte es dazu weder Mut noch eine besondere Überzeugung; die grundsätzliche Bereitschaft, sich anständig zu verhalten, war schon genug.

Auf überwältigende Weise aber verdankt mein persönliches Überleben sich dem blinden Zufall. Diejenigen, die versuchten, mich zu töten oder, umgekehrt, mir zu helfen, verhielten sich vielen anderen gegenüber ganz ähnlich. Ich war niemand Besonderes, und weder existiert eine Ursache noch eine Erklärung dafür, dass ich überlebt habe, und so viele andere, die wahrscheinlich weit mehr – jedenfalls nicht weniger – Unschuld, Lebenswillen, Geistes- und Körperkraft, Mut und Gewitztheit besaßen, nicht. Immer wieder konnte ich mitansehen, mit welcher Brutalität sich die Blindheit des Schicksals offenbart.

Im Wissen, dass weder mein persönliches Durchhaltevermögen noch mein Einfallsreichtum eine besondere Rolle in meinem Überleben gespielt haben, von religiösen Überzeugungen ganz zu schweigen, verstört mich die hin und wieder gemachte Andeutung, dass die, die überlebten, dies aufgrund ihres Mutes, ihrer Widerstandskraft oder ihres Glaubens taten, zutiefst. Die Schlussfolgerung, dass jene, die umgekommen sind, ebenfalls hätten überleben können, wenn sie nur dieselben Qualitäten besessen hätten, kommt einer tiefgreifenden Verunglimpfung ihres Andenkens gleich. Tatsächlich ist sie gedankenloser Unsinn und entbehrt jeder Grundlage. Wir, die wir überlebt haben, verdanken unser Leben dem Zufall; in keiner Weise waren wir ehrenwerter, klüger oder stärker als jene, die vergast, erhängt, erschossen oder abgeschlachtet wurden.

Wenn ich gelebt habe, um dies zu schreiben, so war es nichts anderes als eine Laune des Schicksals. Und diese Gelegenheit muss ich ergreifen.

Imre Rochlitz

Prolog: Wien

An einem Tag Anfang November 1927 besuchten meine Mutter, mein Bruder Max und ich meinen Vater. Er war in einer Abteilung für unheilbar Kranke im Sanatorium Hoffmann in Kierling untergebracht, einem Vorort von Wien. Ein Jahr zuvor war er an Tuberkulose erkrankt und litt nun an einer Lungenentzündung.

Heute, mehr als ein Dreivierteljahrhundert später, stammt das einzige klare Bild, das ich von meinem Vater besitze, von diesem Besuch: Es ist das eines sehr dünnen, blassen Mannes, der in einem schmalen Bett am Fenster liegt, durch das schwach ein paar Sonnenstrahlen fallen. Max zufolge stützte er sich, als wir hereinkamen, auf seine Ellbogen und lachte.

Er starb wenige Tage nach unserem Besuch. Die meisten Juden wurden am Wiener Zentralfriedhof begraben, unser Vater aber wurde, wahrscheinlich weil unsere Mutter dafür nicht aufkommen konnte, in der Nähe des Sanatoriums beigesetzt, auf einem kleinen jüdischen Friedhof in Klosterneuburg. Zwei Monate später, am 23. Jänner 1928, wurde ich drei, an dem Tag, an dem er vierzig Jahre alt geworden wäre, Max zwei Tage danach sechs.

Unser Leben änderte sich so schlagartig wie drastisch. Das kleine Tauschbüro meines Vaters an der Wiener Börse wurde verkauft, stellte sich aber als praktisch wertlos heraus. Das hatte zum Teil damit zu tun, dass er krank war und nicht arbeiten konnte, war aber auch eine Folge der akuten wirtschaftlichen Rezession, die in Österreich vorherrschte. Im Alter von neunundzwanzig Jahren fand meine Mutter sich plötzlich verwitwet und nahezu mittellos wieder. Sie sah sich gezwungen, unsere geräumige Wohnung in der Zelinkagasse im eleganten ersten Wiener Bezirk aufzugeben und bei ihrer Mutter einzuziehen. Während der nächsten zwei Jahre lebten wir bei unserer Großmutter in Pötzleinsdorf am Stadtrand von Wien. Als sich die wirtschaftlichen

Mein Vater Josef, meine Mutter Irene und mein Bruder Max im Spätsommer 1924. Meine Mutter war damals mehrere Monate mit mir schwanger.

Umstände zunehmend verschlechterten, zogen wir zurück in die Stadt, schlussendlich in eine kleine Wohnung in der Grünentorgasse 26 im bürgerlichen neunten Bezirk. Uns schlossen sich eine Tante und zwei Onkel an (die unverheiratete Schwester meiner Mutter und ihre Brüder) und bezogen also gemeinsam mit meiner Mutter, meiner Großmutter, meinem Bruder und mir dieselbe Wohnung. Nach dem Tod meines Vaters wurden wir in die große Familie meiner Mutter aufgenommen und sahen seine Verwandten, von denen die meisten in Ungarn und Rumänien lebten, nur noch selten.

Als wir Kinder waren, ging meine Mutter ganz in der Sorge um Max und mich auf und opferte alles für uns, im Versuch, sicherzustellen, dass wir uns in der Gesellschaft unserer vom Glück eher begünstigten Klassenkameraden nicht benachteiligt fühlten. Da aber praktisch alle meine Freunde noch beide Elternteile hatten und vermögender waren als wir, verließ mich nie ein Gefühl der

Unsicherheit und des Mangels. Und obwohl meine Onkel sehr liebevoll waren und Max und mich wie Söhne behandelten, empfand ich es als eine alles durchdringende und äußerst schmerzhafte Entbehrung, keinen Vater zu haben, es war für mich eine Unvollständigkeit, die unmöglich zu überwinden und zu vergessen war, nicht für einen Augenblick. Und weil meine Familie unvollständig war, empfand ich auch mich selbst als unzulänglich. Eine Zeit lang weigerte ich mich insgeheim, zu akzeptieren, dass mein Vater tot war. An seinem Todestag nahm meine Mutter für gewöhnlich Max und mich mit zu dem kleinen Friedhof

Von links: meine Mutter, Max und ich, um 1935

in Klosterneuburg, um sein Grab zu besuchen. Sie brach dann jedes Mal in Tränen aus und sprach mit großer Zuneigung und Trauer von ihm, und auch wenn daheim niemand sonst ihn je erwähnte, hörten wir von älteren Cousins, wie sehr sie ihn geliebt hatte. Ich gab die Hoffnung nie auf, dass sein Tod und Begräbnis bloß ein Irrtum gewesen waren, und träumte davon, dass der Mann im Grab gar nicht er sei, dass mein Vater eines Tages wiederkehren würde und wir dann für immer als glückliche Familie zusammenlebten.

Ich weiß nicht, warum die Verwandten meiner Mutter es vermieden, meinen Vater zu erwähnen, vielleicht, um nicht an alten Wunden zu rühren. Viele Jahre später erfuhr ich aus Erzählungen, dass die Ehe meiner Eltern nicht ganz unproblematisch gewesen war. Sie hatten 1921 in Wien geheiratet, wo 1922 mein Bruder Max

(Maximilian) geboren wurde. Nicht verifizierbarem Familientratsch zufolge trennten sie sich anschließend, und mein Vater, der ungarischer Staatsbürger war, kehrte nach Budapest zurück. Demselben Klatsch zufolge fand ihre Versöhnung, deren Ergebnis ich bin, 1924 statt. Sie dürften dann beschlossen haben, in Budapest, wo ich 1925 geboren wurde, ein neues Leben anzufangen. Die Tatsache, dass sie mir den Namen Imre (einen Namen, wie er ungarischer nicht sein könnte) gegeben haben, beweist, dass sie vorgehabt haben mussten, in Budapest zu bleiben; denn niemand, der bei Sinnen war, wäre sonst auf die Idee gekommen, seinen Sohn so zu nennen. Aus mir unbekannten Gründen kehrten sie allerdings wieder nach Wien zurück, als ich sechs war. Mein Vater erkrankte ein Jahr später und verbrachte die letzten Monate seines Lebens in Lungenheilstätten.

Erst im Jahr 2000 erfuhr ich das genaue Sterbedatum meines Vaters – 1927 – und dass er außerhalb von Wien im Sanatorium Hoffmann gestorben ist, wo drei Jahre zuvor Franz Kafka im beinahe gleichen Alter (Kafka war vierzig, mein Vater neununddreißig) derselben Krankheit erlegen war.

Nach dem Tod meines Vaters blieb meine Mutter in Wien, um in der Nähe ihrer Verwandten zu sein. Die seltsam anmutende Familie, in der ich aufwuchs und die sich aus Junggesellenonkeln, einer unverheirateten Tante, Witwen und kleinen Kindern zusammensetzte, war im Wien der Zwischenkriegszeit nichts Besonderes. Es war eine Stadt, in der das Ungewöhnliche sich einzubürgern begann. Ich kann mich an ein alles bestimmendes Gefühl des Niedergangs erinnern, nicht nur was das Österreichisch-Ungarische Reich betraf, das erst wenige Jahr zuvor gewaltsam sein Ende gefunden hatte, sondern auch im persönlichen Leben der meisten Menschen. Es schien nichts von Bestand zu geben, keine klar umrissenen Ziele, keine Ideale waren zu erreichen. Die Erwachsenen in meiner Familie blickten nostalgisch zurück auf die Tage Kaiser Franz Josefs, dessen Person den Jüdinnen und Juden der Monarchie ein Gefühl von Schutz und Sicherheit gegeben hatte. Im politisch, sozial und wirtschaftlich instabilen Klima, das nun vorherrschte, war dieser Schutz merklich geschwunden. Meine Mutter äußerte oftmals die Hoffnung, dass mein Bruder Anwalt und ich Arzt werden würde. Ich liebäugelte damals mit der Zahnmedizin, auch weil sie eine abgesicherte Existenz zu versprechen schien. Doch nicht einmal diese Vorstellung erschien mir realistisch. Unsere Lage als in Wien lebende ungarische Juden deutscher Muttersprache barg so viele Widersprüche, so viele einander zuwiderlaufende Neigungen und Loyalitäten, so viele Fragen der Identität und Zugehörigkeit, dass beinahe jedes Szenario denkbar schien bis auf eines, das zu einem glücklichen und sinnvollen Leben führte.

Das lebende Beispiel dieses Gefühls des Zukurzgekommenseins war Onkel Ferdinand, der älteste Bruder meiner Mutter. Er war Anfang vierzig, Absolvent der Universität Wien und besaß einen Maschinenbauabschluss. 1908 in die USA eingewandert, hatte er in Detroit eine erfolgreiche Karriere im Entwurf und in der Konstruktion von Brücken verfolgt gehabt, als er 1912 die Nachricht erhielt, dass sein Vater (mein Großvater mütterlicherseits) einen Herzinfarkt erlitten hatte. Er nahm das erste Schiff zurück nach Europa, doch als er in Wien ankam, war sein Vater bereits tot. Auf die Bitte seiner Mutter hin erklärte er sich bereit, in Wien zu bleiben, bis sie und seine noch minderjährigen Geschwister ihr Leben neu geordnet haben würden. Aus mir unbekannten Gründen wurden aus seinem Aufenthalt mehr als zwei Jahre.

1914, gerade als er im Begriff war, in die Vereinigten Staaten zurückzukehren, brach der Erste Weltkrieg aus. Ferdinand wurde in die österreichisch-ungarische Armee eingezogen und an die russische Front abkommandiert. Dort entpuppte sich dieser sanftmütige und zurückhaltende Mann als erstaunlich tapferer Kämpfer, der ein russisches Maschinengewehrnest praktisch im Alleingang erstürmte und gefangen nahm. Für diese Tat wurde ihm die höchste Auszeichnung für Verdienste auf dem Schlachtfeld, die Goldene Tapferkeitsmedaille, verliehen. Nachdem der Krieg vorbei war, sah er sich nicht in der Lage, sich wieder in den Vereinigten Staaten einzufinden. Als jemand, der Seite an Seite mit einem ihrer Gegner gekämpft hatte, konnte er sich nicht

Onkel Ferdinand Dénes um 1908, als er Wien verließ, um in die USA zu gehen

vorstellen, zurückzukehren und seine Ingenieurskarriere fortzusetzen, als ob nichts gewesen wäre. So blieb Onkel Ferdinand in Wien und wurde im Alter von dreißig Jahren ein Mann, der in der Vergangenheit lebte und sich aus dem aktiven Leben so gut wie zurückgezogen hatte. Er vertrödelte seine Zeit mit der Abfassung einer akribisch genauen Geschichte der russischen Front während des Krieges und bastelte nachmittags in seiner Mechanikerwerkstatt. Gelegentlich nahm er Einladungen von Geselligkeitsvereinen wahr und hielt Vorträge über die Vereinigten Staaten. Sogar als Kind erstaunte und verunsicherte es mich, wie ein so talentierter und einfallsreicher Mensch sein Leben derart vergeuden konnte. Und doch war es Onkel Ferdinands uneingeschränkte Begeisterung für die Vereinigten Staaten, wo, wie er sagte, jemandes Erfolg allein von dessen Ambitionen und Fähigkeiten abhing, die Max und mich davon träumen ließ, eines Tages dort zu leben.

Seine Mechanikerwerkstatt bot den Anlass für eine der aufregendsten Episoden meiner Kindheit. In den frühen 1930ern erhielt Onkel Ferdinand den Auftrag, eine Modelleisenbahn für König Michael von Rumänien, damals noch ein Kind, zu konstruieren. Über mehrere Monate hinweg baute er eine Dampflokomotive im verkleinerten Maßstab von rund einem Meter Länge, die voll funktionsfähig war. Auch fertigte er mehrere Passagierwaggons und ein Stück Gleis an. Als das Geschenk fertig war, blieb der geheimnisvolle Auftraggeber allerdings verschwunden. Die wunderbare Spielzeugeisenbahn wurde nie bezahlt und verstaubte jahrelang in den hintersten Winkeln seiner Werkstatt. Verständlicherweise begehrten Max und ich sie sehr und hofften bei jedem unserer Werkstattbesuche wider alle Vernunft, dass unser Onkel uns erlauben würde, sie mit nach Hause zu nehmen. Das hat er nie getan – und selbst wenn, hätten wir sie in unserer engen und überbelegten Wohnung nicht aufbauen können – schließlich war der Zug für einen Jungen entworfen worden, dem ein königlicher Palast gehörte. Trotzdem träumte ich noch lange Zeit davon, dass sie eines Tages mir gehören würde.

Auch wenn Onkel Ferdinands Werkstatt hie und da Einkünfte abwarf, war es Onkel Robert, der die Hauptlast der Versorgung von uns sieben, die wir zusammenlebten, trug. Robert, der zwei Jahre jünger als Ferdinand war, besaß ein kleines Krawattenunternehmen. Er importierte feine Seiden und andere Stoffe aus Italien, ließ sie in Wien zu Krawatten und Schals verarbeiten, um sie anschließend in der ganzen Stadt an die Geschäfte seiner Kunden auszuliefern. Mein anderer mit uns lebender Onkel, Julius, war sehr kultiviert und gebildet, hatte aber nie Arbeit. Einmal hörte ich jemanden von ihm sagen, dass er der gute Freund vieler Leute sei, was in gewisser Weise seine Hauptbeschäftigung zusammenfasste. Es war auch Onkel Julius, der für gewöhnlich Max und mich an den Wochenenden zu Fußballspielen mitnahm – die restliche Zeit war er konversierend, rauchend oder Zeitung lesend am Stammtisch seines Lieblingskaffeehauses anzutreffen. Die jüngere Schwester meiner Mutter, Tante Camilla, die in ihren Dreißigern war, half unterdessen meiner Mutter und meiner Großmutter dabei, den Haushalt zu führen. Genauso wie sein Bruder Ferdinand hatte Onkel Robert im Krieg in der österreichisch-ungarischen Armee gedient; er war an der italienischen

Onkel Robert während des Ersten Weltkrieges an der italienischen Front nahe Rovereto

Front stationiert gewesen und kehrte von dort unversehrt und ohne Auszeichnung zurück.

Ein weiterer Bruder meiner Mutter, Hugo (meine Mutter hatte fünf Brüder und drei Schwestern), war ebenfalls an die Ostfront entsandt worden. Er war jedoch nicht zurückgekehrt, und sein Leichnam wurde nie gefunden. Obwohl sicher zu sein schien, dass er getötet worden war, existierten auch Berichte, die besagten, er sei möglicherweise in russischer Gefangenschaft, und meine Großmutter gab die Hoffnung nie auf, dass er eines Tages wieder auftauchen würde. Jedes Mal, wenn jemand bei uns läutete, wandte sie sich um und blickte ängstlich zur Tür, in der Hoffnung, es sei Hugo.

Offiziell hatte meine Großmutter einen vierten, unverheirateten Sohn, meinen Onkel Alfred, der, so wurde angenommen, allein in seiner Garçonnière lebte. Anfang dreißig und der jüngste unter den Brüdern meiner Mutter, war er in der glücklichen Lage, eine feste Anstellung als Spediteur innezuhaben, die verschiedene Annehmlichkeiten wie einen Dienstwagen samt Chauffeur mit

Am Vorabend des Ersten Weltkrieges; stehend (von links): meine Mutter im Alter von sechzehn Jahren und mein Onkel Hugo; Vierter und Fünfter von links: meine Onkel Robert und Julius; ganz rechts im Bild meine Tante Camilla; sitzend als Zweiter von links: Onkel Ferdinand

sich brachte. Tatsächlich war er aber kein Junggeselle: Alfred war verheiratet und lebte mit seiner Frau, einer reizenden jungen Wienerin namens Paula, zusammen. Das »Problem mit Paula« bestand darin, dass sie nicht jüdisch war. Onkel Alfred war überzeugt, das Wissen um diesen Umstand würde seiner Mutter solch großen Kummer bereiten, dass er nicht zuwege brachte, ihr seine Heirat zu beichten. Alle anderen in der Familie wussten hingegen bestens Bescheid, auch wenn Stillschweigen vereinbart worden war. So glaubte ich eine Zeit lang, in ein aufsehenerregendes und sorgfältig gehütetes Geheimnis eingeweiht worden zu sein – bis ich herausfand, dass die Dinge in Wirklichkeit anders lagen, als sie sich darstellten.

Ungefähr ab dem Alter von zehn Jahren verbrachte ich das Wochenende hin und wieder bei Alfred und Paula in ihrem hübschen Häuschen in der Vorstadt, mit seinem kleinen Swimmingpool und dem Garten voller Obstbäume. Meine Mutter hatte mich davor gewarnt, im Beisein meiner Großmutter von Paula zu sprechen, doch war ich ein Kind und wusste mir nicht zu helfen: Eines Sommerabends kam ich mit einem Korb voller Pfirsiche und Erdbeeren, die ich mit Paulas Hilfe gepflückt hatte, nach Hause, und in meiner Aufregung rutschte mir ihr Name heraus.

Mein anfänglicher Schreck über meinen Ausrutscher wich dem Erstaunen, als ich begriff, dass meine Großmutter, die sich offenkundig in Hörweite befand, ganz augenscheinlich vorgab, nichts gehört zu haben. Als dies mehr als einmal geschah – und meine Großmutter mir keinerlei Fragen stellte – dämmerte mir, dass sie es wusste und dass Alfred wusste, dass sie es wusste. Mehr noch: Sie wusste, dass Alfred wusste, dass sie es wusste. Doch das änderte nichts: Alfred gab weiter vor, Junggeselle zu sein und kam fast jeden Abend nach Hause, um mit uns zu essen, bevor er für die Nacht in seine »Junggesellenbude« zurückkehrte. Weder seine Ehe noch seine spätere Scheidung von Paula im Jahr 1938 wurden jemals in Gegenwart meiner Großmutter angesprochen.

Alle meine Junggesellenonkel waren zum einen oder anderen Zeitpunkt verlobt, doch kamen ihre Ehen nie zustande – nicht zuletzt, wie ich glaube, aus wirtschaftlichen Gründen. Es war in Wien derart schwierig, seinen Lebensunterhalt zu bestreiten, geschweige denn zu heiraten und eine Familie zu gründen, dass sie es vorzogen, sich dieser Verantwortung nicht zu stellen. Doch alle meine Onkel, ebenso wie Tante Camilla, taten durchwegs ihr Bestes, um Max und mir das Gefühl zu geben, geliebt und gewollt zu sein. Deshalb war ich auch nicht beleidigt, als ich einmal einen meiner Onkel – in einer impliziten Kritik an meiner Mutter und ihrer ältesten Schwester Gisella, die fünf Kinder hatte – zufällig sagen hörte, es sei »verantwortungslos, in Zeiten wie diesen Kinder in die Welt zu setzen«. Tatsächlich waren die Zeiten sehr schwierig. Auch wenn ich selbst den Tumult und das Durcheinander genoss, das von sieben auf engem Raum wohnenden Leuten ausging, fanden die Erwachsenen offensichtlich weniger Gefallen daran und gerieten von Zeit zu Zeit aneinander. Wir hatten kein heißes Wasser, keine Zentralheizung, kein Telefon, kein Radio und keinen Eiskasten, Annehmlichkeiten, die in Wien noch ziemlich junge Errungenschaften darstellten, doch verbot uns unser Geldmangel, an ihre Anschaffung auch nur zu denken. Um ein heißes Bad zu nehmen, mussten wir zu Tante Gisella gehen, die mit ihrem Mann Heinrich Grünhut und ihren fünf Kindern in der Praterstraße wohnte. Das Badezimmer in ihrer Wohnung verfügte über einen Gasboiler, mit dem sie Wasser erhitzen konnten. Meine Mutter besuchte ihre Schwester ungefähr einmal pro Woche und sorgte bei dieser Gelegenheit für gewöhnlich dafür, dass Max und ich uns gründlich wuschen. Wenn wir die Grünhuts einmal nicht besuchten, ging sie mit uns zum nächstgelegenen Brausebad, wo wir für ein paar Groschen ein heißes Bad nehmen konnten.

Der Kampf, über die Runden zu kommen, hörte nie auf. Unsere schweren Holzmöbel – ein Überbleibsel jener Tage, als mein Vater noch lebte und meine Eltern relativ wohlhabend waren – wurden mehr als einmal vom Gerichtsvollzieher beschlagnahmt. Wir erhielten auch mehrere Räumungsbescheide, die wir ignorierten, um sie später irgendwie wieder aufheben zu lassen. Jedes Mal, wenn die Lage aussichtslos zu werden drohte, verpfändete meine Mutter die wenigen Gegenstände von Wert, die wir besaßen – etwas Schmuck und Silbergeschirr –, im Dorotheum, dem staatlichen Pfandhaus.

Trotz der Entbehrungen identifizierte ich mich sehr stark mit Österreich und begeisterte mich von klein auf für seine Sprache und Kultur. Und obwohl Max und ich (wegen unseres Vaters) auf dem Papier ungarische Staatsbürger waren, bemühten wir uns mit aller Kraft um Akzeptanz und Integration. Ich empfand Stolz über meine Beherrschung der deutschen Sprache und machte es mir beinahe zum Prinzip, nicht auch nur ein Wort Ungarisch zu lernen. Mein nationalistischer Eifer war derart ausgeprägt, dass ich sogar die österreichische, von Verachtung und Herablassung geprägte Haltung gegenüber der Kultur unserer deutschen Nachbarn übernahm, die wir als weit weniger raffiniert und entwickelt als unsere eigene ansahen. Unser österreichischer Stolz war so groß, dass Max und ich sogar einmal während eines Sommeraufenthalts bei den Verwandten unseres Vaters mit einem Budapester Cousin in einen wilden Faustkampf gerieten. Er hatte die Dreistigkeit besessen zu behaupten, dass ein bestimmtes Budapester Gebäude höher sei als sämtliche Wiener Gebäude, eine Vorstellung, die Max und ich nicht akzeptieren konnten. (Wenige Jahre später wurde dieser Cousin von Pfeilkreuzlern, den ungarischen Faschisten, ermordet, und die österreichischen Nazis setzten alles daran, uns zu beseitigen.) Doch obwohl wir uns so stolz mit Österreich identifizierten, wussten wir, dass uns unsere ungarischen Pässe und unsere jüdische Religion für die Österreicher selbst völlig inakzeptabel machten.

Unsere Einstellung zum Judentum war ambivalent. In unserem ängstlichen Bestreben, von der nichtjüdischen Gesellschaft akzeptiert zu werden, taten wir unser Bestes, um jedwede äußeren Merkmale unseres Jüdischseins zu verbergen. Es kam für uns nicht infrage, uns Schläfenlocken wachsen zu lassen oder eine Kippa zu tragen, und wir gaben uns besondere Mühe, nur das korrekteste Deutsch zu sprechen, und vermieden Jiddisch, ja selbst jiddische Ausdrücke. Daheim allerdings pflegten wir die jüdischen Traditionen aufs Gewissenhafteste. Meine Mutter führte einen koscheren Haushalt, und unsere Familie hielt die jüdischen Feiertage ein, fastete an Jom Kippur und feierte den Sederabend zu Pessach. Wenn ich an Samstagen am Schulunterricht teilnahm, schrieb ich nie mit, entsprechend dem jüdischen Gesetz, das sämtliche Arbeiten, einschließlich des Schreibens, am Sabbath verbot.

Wir hielten uns für gute Juden, auch wenn ich nie das Gefühl hatte, dass wir gläubige Juden waren. Die nächstgelegene Synagoge befand sich um die Ecke von unserem Haus in der Müllnergasse, wo ich jeden Freitag am Abendgebet teilnahm. Doch weder die Gebete noch die Predigten waren bedeutsam für mich. Der einzige Teil, den ich mochte, war der Gesang des Kantors, allerdings nur als Musik und nicht als Gebet. Nicht einmal die jüdischen Feiertage waren mir wichtig oder bereiteten mir wirklich Freude. Ich fürchtete die Stunden, die ich, besonders an hohen Feiertagen, in der Synagoge damit zubrachte, endlose Gebete auf Hebräisch nachzusprechen, eine Sprache, die ich nicht verstand. Ebenso wenig Sinn ergaben für mich die Übersetzungen in archaischem Deutsch, die sich für gewöhnlich neben dem hebräischen Text fanden. Besonders zuwider war mir die Kapparot-Zeremonie zu Jom Kippur, dem Tag der Versöhnung, bei der die Gläubigen ihre Sünden auf einen unschuldigen Hahn oder eine Henne (je nach ihrem eigenen Geschlecht) übertrugen, indem sie das Tier über ihrem Kopf schwenkten, während sie das entsprechende Gebet skandierten. Anschließend wurde das unglück-

Max und ich 1933 am Ufer des Donaukanals unweit unseres Zuhauses

selige Huhn zu unserem örtlichen koscheren Fleischer gebracht, geschlachtet und abends feierlich verspeist.

Der Monat Dezember war für uns nicht so sehr wegen des jüdischen Hannukah-Festes bedeutend, sondern wegen Weihnachten – dem wir mit Sorge entgegensahen. Weihnachten war immer noch stark religiös aufgeladen, da an ihm der Geburt Christi, des Erlösers, gedacht wurde, welcher von den Juden ermordet worden war. Es war also alles andere als ein erfreuliches Ereignis für uns, da es die Kluft, die die Juden von der nichtjüdischen Mehrheit trennte, noch sichtbarer werden ließ und nichtjüdischen Burschen die Gelegenheit gab, uns zu verprügeln.

In Wien wurde Weihnachten nicht vom Weihnachtsmann, sondern vom Heiligen Nikolaus eingeläutet, einem stabtragenden Bischof, der am fünften Dezember erschien. Vor ihm kam der Krampus, ein roter, bocksfüßiger Teufel, und suchte die Wohnviertel der Stadt heim. Männer in Krampusverkleidung tummelten sich in den Gassen und traktierten alle Kinder, derer sie habhaft wurden. Kurz darauf erschien der Heilige Nikolaus, vertrieb den Krampus und verteilte Süßigkeiten an die Kinder. Da Weihnachten eine rein christliche Angelegenheit war, brachte das »Christkindl« seine Gaben nur christlichen Kindern, und es war undenkbar, selbst für die assimiliertesten Juden, einen Christbaum aufzustellen oder einander zu beschenken.

Die einzigen Feiertage, die ich wirklich mochte, waren Purim, der jüdische Karneval, zu dem wir uns verkleideten und einander Geschenke überreichten, und Pessach, an dem ein großes Familienessen veranstaltet wurde, zu dem wir auch Verwandte einluden, die wir unterm Jahr nur selten sahen. Am liebsten war mir meine ausgelassene und redselige Tante Hannah, eine pensionierte Lehrerin in ihren Siebzigern. Selbst eine eher entfernte Verwandte, unterhielt sie uns mit dem neuesten Tratsch über Hedy Kiesler, einer noch entfernteren Verwandten, die später nach Hollywood ging und den Namen Hedy Lamarr annahm. Hedy Kiesler war bereits damals weithin berühmt für ihre große Schönheit; als aufstrebende Schauspielerin hatte sie mit ihrem Nacktauftritt im Film *Ekstase* (1933) international für Aufsehen gesorgt, offenbar handelte es sich um die erste solche Szene in der Kinogeschichte. Tante Hannah zufolge war sie allerdings schon früher die Protagonistin frivoler Geschichten gewesen. Zu meinem Bedauern wurde ich meistens ins Bett geschickt, noch bevor sämtliche Details erzählt waren, ich erinnere mich aber noch heute an die prickelnde Aufregung, die ich bei der bloßen Nennung von Hedy Kieslers Namen verspürte.

Ich war gerade acht geworden, als Hitler 1933 die Macht in Deutschland übernahm, und etwa in dem Alter begann ich, mir des Antisemitismus bewusst zu werden. Aufgrund der Spannungen, die aus Fragen der nationalen Identität und des religiösen Glaubens erwuchsen, hatten viele jüdische Familien bereits damit begonnen, drastische Schritte in Richtung Assimilation zu setzen. Manche hörten auf, ihre Söhne beschneiden zu lassen – da kein Nichtjude zu dieser Zeit jemals beschnitten war, war es der untrügliche Beweis dafür, Jude zu sein. Ich kann mich erinnern, dass es mir unangenehm war, beschnitten zu sein – und damit für immer als Jude gekennzeichnet. Andere wiederum versuchten ihr Jüdischsein mithilfe bürokratischer Maßnahmen zu verschleiern. Da praktisch in allen offiziellen Dokumenten (Identitätsnachweisen, Pässen, Schulzeugnissen usw.) die Religion ihres Trägers vermerkt war, konvertierten manche Juden gleich zum Christentum, wenigstens nach außen hin. Andere nahmen eine neue Bezeichnung an, die in Dokumenten gebräuchlich wurde: konfessionslos. Die Verwendung dieses Begriffs wurde von der Sozialdemokratischen Partei gefördert, die aktiv versuchte, die Bedeutung der religiösen Identität innerhalb der österreichischen Gesellschaft zu verringern. Wie auch immer die Umstände seiner Verwendung aussahen, wussten alle, dass der Begriff »konfessionslos« im Allgemeinen bedeutete: »Jüdisch, will es aber nicht sagen.« Mir ist kein Nicht-Jude oder Atheist bekannt, der sich je so bezeichnet hätte. In der Schule, die ich besuchte, gab es etliche konfessionslose jüdische Buben, und ich betrachtete sie mit einem gewissen Neid: Da der Religionsunterricht nur für bekennende Christen und Juden verpflichtend war (sie besuchten den Unterricht natürlich getrennt voneinander), durften sich jene, die sich als konfessionslos bezeichneten, freistellen lassen.

Paradoxerweise begann ein Teil der immer giftiger werdenden Nazi-Propaganda auf uns abzufärben; antisemitische Vorurteile drangen nicht nur in das Bewusstsein der Öffentlichkeit, sondern sickerten auch in unser eigenes ein. Eine Abneigung gegen die nicht assimilierten jüdischen Massen Osteuropas zu hegen, wurde sogar für uns »akzeptabel«. Wir verachteten typisch jüdische Merkmale und Gewohnheiten; und einem Juden zu sagen, dass er nicht jüdisch aussah und man nie auf die Idee gekommen wäre, er sei Jude, galt als das größte aller Komplimente. Auch waren wir sehr stolz darauf, deutsche Muttersprachler zu sein und blickten herab auf die Juden aus Polen und Russland, ja machten uns sogar lustig über sie, die Deutsch mit einem jiddischen oder anderen östlichen Akzent sprachen. Juden mit ungarischem, tschechischem oder jugoslawischem Akzent bekamen unsere Verachtung hingegen nicht zu spüren. Die jiddische Sprache selbst war allen assimilierten Juden ein Gräuel. Als ich eines Tages nach Hause kam und eine pikante jiddische Redewendung zum Besten gab, die ich auf der Straße aufgeschnappt hatte, reagierte meine Mutter scharf mit einem schnellen Klaps auf meinen Hinterkopf.

Unsere Familie war, wie viele andere auch, fest entschlossen, sich so gut es ging von ihren osteuropäischen Wurzeln zu distanzieren.

Meine Mutter war im slowakischen Dorf Dubodiel geboren worden, wo ihr Vater eine Brennerei besaß, die *Borovička*, einen Branntwein aus Wacholderbeeren, herstellte. Am Ende des neunzehnten Jahrhunderts hatte die Familie ihren eindeutig jüdisch klingenden Namen »Deutelbaum« gegen den ungarisch klingenden »Dénes« getauscht und war nach Wien gezogen. Zuhause in Wien wurde es für alle zum absoluten Tabu, auch nur anzusprechen, dass »Dénes« einst »Deutelbaum« gewesen war. Die Familie meines Vaters stammte aus einem anderen Teil des österreichisch-ungarischen Reichs, aus der Stadt Máramarossziget, einem wichtigen jüdischen Zentrum im ungarischen Teil Siebenbürgens (heute als Sighetu Marmatiei Teil Rumäniens). Da »Rochlitz« kein ausschließlich jüdischer Name ist, hielten sie es offensichtlich nicht für nötig, ihn zu ändern, als sie in den frühen 1900er Jahren nach Budapest zogen.

Als ich anfing, zur Schule zu gehen, benutzte ich im Allgemeinen den Namen Emmerich, das deutsche Pendant zu Imre, und komplettierte damit meine äußerliche Anpassung an die österreichische Gesellschaft. Max und ich hatten auch hebräische Namen (seiner war Meir, meiner Moshe), die wir aber nur in der Synagoge verwendeten.

Die Volksschule, die ich besuchte, war die Schubertschule und befand sich in unmittelbarer Nähe unserer Wohnung. Sie war nach Franz Schubert benannt, der im Jahr 1818 kurz und unglücklich dort unterrichtet hatte, während sein Vater ebendort Schuldirektor war. Als Kind wurde mir gesagt, dass Schubert einer der größten Komponisten der Welt sei; da ich jedoch keine Gelegenheit hatte, seine Musik zu hören, konnte ich mir dazu keine Meinung bilden. Zuhause hatten wir weder ein Radio noch ein Grammophon, und Konzertkarten konnten wir uns nicht leisten, sodass es noch Jahre dauern sollte, bis es mir gelang, Schuberts Musik zu hören. Als es endlich so weit war, wurde er zu einem meiner Lieblingskomponisten.

1935, im Alter von zehn Jahren, kam ich aufs Wasa-Gymnasium, eine öffentliche Oberstufenschule für Buben. Sie lag nur ein paar Minuten Fußwegs von der Schubertschule entfernt. Etwa ein Drittel bis die Hälfte der Schüler war jüdisch (oder konfessionslos).

Mein Klassenfoto, 1936. In der Mitte Prof. Nicetas Draxler, unser Klassenlehrer, der uns auch in Latein und Griechisch unterrichtete. (Ich habe mich immer gefragt, wie seine Eltern so vorausschauend sein konnten, ihm den klassischen griechischen Namen Nicetas zu geben.) Ich stehe als Fünfter von links in der Reihe hinter ihm.

Prof. Draxler war sehr streng und unversöhnlich, manchmal bis hin zur Grausamkeit, doch immer gerecht, und behandelte jüdische und nichtjüdische Schüler gleich. Als ich in den frühen 1960er Jahren – zum ersten Mal nach dem Krieg – nach Wien zurückkehrte, beschloss ich, ihn aufzusuchen. Wir trafen uns auf einen Kaffee im Hotel Sacher. Ein Junggeselle in seinen Vierzigern, als er mich unterrichtet hatte, war er jetzt um die siebzig, verheiratet und Vater eines zwanzigjährigen Sohnes. Er erinnerte sich gut an meinen Bruder und mich und hatte seine Klassenbücher aus den 1930er Jahren mitgebracht, in denen die Fächer, die ich belegt hatte, und meine Noten eingetragen waren. Wir führten ein sehr angenehmes Gespräch, und bevor wir uns voneinander verabschiedeten, sagte ich zu ihm: »Wissen Sie, Professor Draxler, Sie sind der einzige Mensch in Wien von vor dem Krieg, den ich treffe, weil ich bei Ihnen nie das Gefühl hatte, dass Sie ein Nazi waren.« Er war einen Moment lang still, dann erwiderte er: »Herr Rochlitz, auch ich war ein Nazi.« Er gestand mir, dass er heimlich Mitglied der Nazipartei gewesen war, noch bevor diese in Österreich an die Macht gekommen und die Partei noch illegal war. Einigermaßen entschuldigend fuhr er fort: »Ich konnte mir einfach nicht vorstellen, dass die Dinge sich so verschlimmern würden, wie sie es dann taten.« Seine Worte wühlten mich zutiefst auf, ich konnte aber nicht umhin, seine Freimütigkeit anzuerkennen.

Zwischen 1935 und 1938 führte mich mein täglicher Schulweg, ohne dass es mir bewusst war, an der Berggasse 19 vorbei, der Wohnung und Praxis Sigmund Freuds (seine Adresse erfuhr ich erst Jahrzehnte später, als ich seine Biografie las). Ich erinnere mich daran, dass der Name Sigmund Freud zuhause einige Male fiel, und zwar in eher missbilligendem Ton. Meine Familie – und, wie ich annehme, auch andere tendenziell konservative jüdische Familien wie die unsere – sah in ihm jemanden an der Grenze zum Wahnsinn, im günstigeren Fall einen schamlosen Scharlatan, der mit einer Reihe anstößiger Theorien hausieren ging. Genauso wie sie darüber debattierten, ob die neuesten politischen Entwicklungen sich als »gut oder schlecht für die Juden« erweisen würden, diskutierten meine Onkel häufig, ob dieser oder jener bedeutende Jude jemand war, auf den das jüdische Volk stolz sein konnte. Sigmund Freud war es ihrer Ansicht nach nicht.

Unterhaltungen bei uns daheim verliefen immer angeregt und lebhaft, obwohl unsere kulturellen Interessen sehr begrenzt waren. Unsere Lektüren beschränkten sich auf Belletristik, niemand spielte ein Musikinstrument (obwohl es hieß, dass mein Vater ein guter Geiger gewesen war), und nur äußerst selten kam es vor, dass jemand von uns ein Konzert besuchte. Die längste Zeit meiner Kindheit hatten wir kein Radio, kurz jedoch besaßen wir einen Detektor, mit dem wir Nachrichten und Fußballspiele empfangen konnten, aber keine Musik. Die einzige Musik, die mein Bruder und ich während dieser Jahre hörten, waren Märsche und Auszüge aus Operetten und Schlager, die von Militär- oder Kurkapellen in den Parks gespielt wurden. Einmal wohnten wir einer Freilichtaufführung von Verdis *Aida* bei, doch die berühmten Komponisten, die alle in Wien gelebt hatten, wie Mozart, Schubert, Beethoven und Brahms, kannten wir nur dem Namen nach.

Am meisten Unterhaltung bot uns das Kino, das ich mit meinem mageren Taschengeld ungefähr einmal pro Woche besuchen konnte. Ich war ein Fan von Laurel und Hardy und ihrem dänischen Pendant Pat & Patachon, von amerikanischen Filmstars wie Tom Mix und liebte Westernfilme. Einer meiner absoluten Lieblinge war Charlie Chaplin, dessen Filme, so dachte ich, ausschließlich für Kinder bestimmt waren. Deshalb war ich verblüfft, als Onkel Ferdinand, dessen Ernst und Belesenheit von allen geschätzt wurden, eines Tages Charlie Chaplin als den größten lebenden Schauspieler bezeichnete. Ich sah auch deutsche Filme, von denen einige sehr teutonisch und bereits von der Nazi-Ideologie durchdrungen waren.

Ein wichtiges Ereignis bildete der Kinostart von *Der blaue Engel*, einem Film, für den ich noch viel zu jung war, den sich aber meine Mutter und Tante Gisella erwartungsvoll ansahen. Beide waren große Fans von Marlene Dietrich, die damals bereits ein Star war, doch hatte sich ihre Meinung, als sie wieder daheim waren, dramatisch geändert: Beide waren schockiert über die Art, mit der sie den vornehmen und angesehenen Schauspieler Emil Jannings behandelt hatte. Im Film spielt Dietrich eine Varietékünstlerin, die einen älteren, in sie verliebten Professor, gespielt von Jannings, dazu zwingt, sich damit zu erniedrigen, wie ein Hahn zu krähen. Obwohl meine Mutter und ihre Schwester genau wussten, dass Dietrich und Jannings nur schauspielerten, waren sie empört über das Verhalten der Dietrich und unfähig (unwillig), zwischen dem Filmstar und dem fiktionalen Charakter zu unterscheiden. Als ich Jahre später den *Blauen Engel* sah, fühlte es sich so an, als sähen meine Mutter und meine Tante sich den Film mit mir gemeinsam an, und ich konnte aufs Neue ihre Enttäuschung über die Dietrich spüren.

Ich hatte zwei ältere Cousinen, Blanka und Lizzie Grünhut (Töchter von Tante Gisella), die begeisterte Theaterbesucherinnen waren. Wie sie mir fröhlich gestanden, waren sie nicht so sehr an der Schauspielkunst an sich interessiert, sondern vielmehr an der Aufregung und Feierlichkeit, die so ein glamouröser Abend mit sich brachte. Sie freuten sich immer sehr darauf, damals beliebte Stars wie Paul Hartmann, die Hörbiger-Brüder und Raoul Aslan zu sehen und ihnen vielleicht sogar persönlich zu begegnen. Normalerweise hatten sie zu wenig Geld, um Karten zu kaufen, und waren deshalb gezwungen, raffinierte Pläne auszuhecken, um hineinzugelangen; ihre Erzählungen darüber, wie sie es anstellten, faszinierten mich jedes Mal aufs Neue. Einer ihrer erfolgversprechendsten Streiche bestand darin, dem Theaterbilleteur zu erzählen, dass die Person, die ihre Karten bei sich hatte, bereits im Saal sei. Ihre Uhren als Pfand hinterlassend, durften sie für gewöhnlich hineingehen, um nach dem Inhaber ihrer Karten zu »suchen«. Anschließend verließen sie das Theater durch einen anderen Ausgang und ließen sich Zettel ausstellen, die ihnen den Wiedereintritt erlaubten. Dann kehrten sie zum ursprünglichen Billeteur zurück, holten sich ihre Uhren und sagten ihm, dass sie die Person mit den Karten bedauerlicherweise nicht hätten finden können. Danach betraten sie mithilfe ihrer Zettel den Theatersaal durch einen anderen Eingang und begaben sich zu den Stehplätzen, von wo aus sie die Vorstellung ungestört genießen konnten.

Auch meine Mutter ging manchmal ins Theater oder in die Oper – mit echten Karten, wie ich annehme. Mein Bruder und ich freuten uns immer sehr auf den darauffolgenden Morgen, wenn sie uns in aller Ausführlichkeit die Handlung schilderte. Ich hatte auch das Glück, einige Stücke selbst zu sehen, hauptsächlich deutsche Klassiker wie Schillers *Maria Stuart* und *Die Räuber* und Grillparzers *Der Traum ein Leben* am Burgtheater. Normalerweise ging ich mit Karten, die ich für gute Noten bekommen hatte (ich wurde oft ausgewählt, Gedichte bei sogenannten Akademien, literarischen Abenden an der Schule, vorzutragen), oder ich hatte sie durch die Einsendung der richtigen Rätsellösungen an Kinderzeitungen gewonnen.

Das einzige Mitglied der legendären Wiener Intelligenz, dessen ich jemals ansichtig wurde, war der Schriftsteller Arthur Schnitzler, und zwar zu jener Zeit, als wir bei meiner Großmutter in ihrer kleinen Villa im Wiener Vorort Pötzleinsdorf lebten, wahrscheinlich im Jahr 1930, als ich fünf und mein Bruder acht war. Max, der viel geselliger und extravertierter war als ich, liebte es, auf dem Torpfosten vor unserem Haus zu sitzen und Unterhaltungen mit Passanten anzufangen. Ich war ziemlich schüchtern und zurückhaltender, genoss es aber sehr, neben ihm zu stehen und zuzuhören. Eines Tages spazierte ein ehrwürdiger alter bärtiger Herr vorbei, den ich gut vom Sehen kannte – weil der Herr Professor, wie er respektvoll genannt wurde, nur ein paar Straßen weiter wohnte –, und blieb kurz stehen, um mit Max zu plaudern. Er erzählte meinem Bruder, dass er beabsichtigte, sein Haus zu verkaufen, und fragte Max, ob er ihm dabei helfen würde, die Nachricht zu verbreiten. Max war hocherfreut und hielt sogleich beinahe jede Person, die an unserem Tor vorbeiging, an, um ihr mitzuteilen, dass die Villa des Herrn Professors zum Verkauf stehe. Zuhause sorgte dies für große Heiterkeit: »Maxi ist erst acht, aber schon Immobilienmakler, und sein erster Kunde ist Arthur Schnitzler!« Der große Schriftsteller starb ein Jahr später, und ich fand nie heraus, ob es ihm gelungen war, sein Haus zu verkaufen. Max seinerseits wurde Jahrzehnte später ein erfolgreicher Immobilienmakler in Seattle, Washington.

Auf meinem Heimweg von der Schule machte ich oft einen kurzen Abstecher ins Stammcafé von Onkel Julius. Das Stammcafé war so etwas wie eine Wiener Institution; es war das Café, in das man für gewöhnlich ging, täglich zur etwa gleichen Zeit. Man saß an seinem üblichen Tisch und wurde vom üblichen Kellner bedient, dem Stammkellner, der genau wusste, wie man seinen Kaffee mochte (stark oder schwach, mit oder ohne Obers) und ob man ein Stück Kuchen dazu wollte oder nicht. Onkel Julius' Stammkellner wusste auch genau, welche Zeitungen mein Onkel las und holte sie für ihn, sobald er eintrat. Da wir daheim kein Telefon hatten, konnten Freunde und Bekannte, die nicht notwendigerweise Gäste desselben Stammcafés waren, Nachrichten für Onkel Julius bei seinem Stammkellner hinterlassen. Onkel Ferdinand hingegen war kein Freund des Kaffeehauses und betrat es nur im Ausnahmefall. Aber er hatte eine »Sub-Subskription« der Londoner *Times* erworben, die täglich in Onkel Julius' Stammcafé einlangte. Die Zeitung traf etliche Tage nach ihrem Erscheinen per Zug ein, wurde im Café einen Tag lang für die Kundschaft aufgelegt und dann an Onkel Ferdinand weitergereicht. Auf meinem Heimweg von der Schule schaute ich regelmäßig vorbei, um sie für ihn abzuholen.

Mein größtes Interesse galt dem Fußball. Ich spielte wahnsinnig gerne, auch wenn es sehr schwierig war, einen dafür geeigneten Ort zu finden. Der Turnunterricht in der Schule war üblicherweise für Drills und Marschformationen reserviert, und in allen öffentlichen Parks und auf Plätzen waren Ballspiele strengstens verboten. Wir spielten aber trotzdem dort und wurden nicht nur einmal von Polizisten aufgegriffen, abgemahnt und nach Hause geschickt. Die einzige Möglichkeit, zu spielen, ohne drangsaliert zu werden, bestand darin, ein Spielfeld zu mieten. Zusammen mit ein paar Freunden legten wir unser Taschengeld zusammen und mieteten ein Feld, das ungefähr eine Stunde entfernt von unserem Wohnviertel lag. Wir verbrachten den Nachmittag damit, Fußball oder Landhockey zu spielen und kamen ausnahmslos spät nach Hause, um unsere Mütter aufgebracht und besorgt vorzufinden. Verständlicherweise war ich ein eingefleischter Fußballfan, besonders der österreichischen Nationalmannschaft, die so erfolgreich war, dass sie eine Zeit lang »das Wunderteam« genannt wurde. Wir waren große Unterstützer des Erstligavereins FK Austria Wien – nicht des jüdischen Clubs Hakoah (die hebräische Bezeichnung für Stärke), obwohl dieser Mitte der 1920er Jahre mehrmals österreichischer Meister gewesen war. Zugegeben waren wir stolz auf seine Leistungen, doch ein Team zu unterstützen, das nicht namentlich jüdisch war, bot uns eine weitere Gelegenheit, unseren Bestrebungen, vollwertige Mitglieder der österreichischen Gesellschaft zu werden, Ausdruck zu verleihen. Außerdem spielte mein Idol, der großartige Matthias Sindelar, für Austria Wien.

Onkel Julius war der größte Fußballfan in der Familie; er ging an den Wochenenden häufig zu Spielen und nahm meinen Bruder Max mit. Ich ärgerte mich sehr darüber, dass alle in meiner Familie davon überzeugt zu sein schienen, ich sei noch zu jung, um sie zu begleiten. Eines Tages ärgerte ich mich besonders, als Onkel

Julius und Max unter einem höchst unwahrscheinlichen Vorwand gemeinsam das Haus verließen und ihre wahren Absichten vor mir zu verbergen suchten. Ich beschloss, diese Ungerechtigkeit nicht länger hinzunehmen. Ich rannte aus dem Haus, erreichte die nächstgelegene Straßenbahnhaltestelle vor ihnen und wartete dort trotzig auf sie. Unser gutherziger Onkel Julius gestand seine Niederlage gnädig ein, und meistens durfte ich sie von da an zu Fußballspielen begleiten. Nachdem ein Spiel vorbei war, setzten wir drei es häufig auf einem Platz in der Innenstadt fort, wo die Fußballfans sich versammelten, um über die Spiele des Tages zu debattieren. Die Diskussionen verliefen immer sehr hitzig und lebhaft, manchmal glitten sie in Geschrei und Rangeleien ab. Die größte Begeisterung und den glühendsten nationalistischen Eifer erregten dabei internationale Spiele, besonders solche, in denen Österreich gegen Italien, die Tschechoslowakei oder Ungarn antrat. Obwohl wir ungarische Pässe hatten, waren Max und ich leidenschaftliche Anhänger Österreichs.

Währenddessen schwelte im Hintergrund der Antisemitismus. Doch erschien er uns – oder wenigstens wollten wir das glauben – als unvermeidliches Übel, mit dem man sich arrangieren konnte. Obwohl wir wussten, dass die österreichische Gesellschaft von antijüdischen Vorurteilen durchdrungen war, trösteten wir uns mit der Vorstellung, dass sie ungleich kultivierter und weltklüger sei als ihr ungeschliffenes deutsches Pendant. Ernsthafte Ausschreitungen gegen Juden würden hier niemals erlaubt sein, so versicherten wir uns gegenseitig, und zitierten dazu regelmäßig die landläufige Überzeugung herbei, der zufolge das österreichische Temperament im Grunde ein »gemütliches« sei. Niemand konnte ahnen, dass nur wenige Jahre später ein so hoher Anteil an Nazis, die die Vernichtungsmaßnahmen einleiteten, Österreicher sein würden.

Nie kam uns in den Sinn, dass unser physisches Überleben auf dem Spiel stehen könnte; und selbst offensichtliche Warnsignale drangen nicht wirklich in unser Bewusstsein. Ein Vorfall, in den einer meiner Lehrer, Anton Hirschenauer, verwickelt war, mag dies verdeutlichen. Er trug sich 1935 zu, zwei Jahre nach Hitlers Machtergreifung in Deutschland und drei Jahre vor dem »Anschluss«, als die Nazis Österreich annektierten. Hirschenauer, selbst kein Jude, war mein Klassenvorstand in der Volksschule, der Schubertschule. Er war ein führendes Mitglied der Heimwehr, einer nationalistischen Bewegung in Österreich, die sich den (zum damaligen Zeitpunkt noch illegalen) Nazis entgegenstellte. Aufgrund seiner politischen Aktivitäten blieb er dem Unterricht des Öfteren fern; und weil ich sein Lieblingsschüler war, übertrug er dann mir die Verantwortung über die Klasse, bis er wieder zurückkam. Eines Tages bestellte er meine Mutter zu sich. Als sie heimkam, war sie außer sich, und kurz befürchtete ich, Hirschenauer hätte sich bei ihr über eine meiner Untaten beschwert. Doch die Wahrheit war eine andere. Er hatte meiner Mutter geraten, dass wir das Land so bald wie möglich verlassen sollten: Die Nazis würden letztendlich auch in Österreich an die Macht kommen, und sobald dies der Fall sei, würden die Konsequenzen für Jüdinnen und Juden verheerend sein. Meine Mutter nahm seine Warnung sehr ernst und war tief erschüttert von seinen Worten. Doch war es für uns ungemein schwierig, einfach zu packen und unsere Heimat zu verlassen; wir hatten kaum Geld und wussten nicht wohin.

Eine größere Familiendebatte ergab sich. Warum sollten sie uns verfolgen? Die diversen Vorwürfe der Nazis schienen nicht auf uns zu passen: Weder waren wir reich, noch beuteten wir Nichtjuden aus, und bestimmt waren wir auch keine internationalen Verschwörer, Finanziers oder Zionisten, unsere Kultur war germanisch, wir sprachen akzentfreies Hochdeutsch und besaßen nicht einmal große Nasen. Sie konnten unmöglich *uns* meinen; sicherlich richtete sich ihre Feindseligkeit gegen Juden anderer Kulturen und Nationalitäten, von denen manche – wie wir insgeheim dachten – sogar eine Prise Disziplin verdient haben mochten.

Rückblickend frage ich mich manchmal, was geschehen wäre, hätte die Ideologie der Nazis eine Unterscheidung zwischen assimilierten Juden deutscher Kultur, wie uns, und nicht assimilierten, jiddisch sprechenden Ostjuden vorgenommen. In diesem Fall, so glaube ich, wären so manche assimilierten Juden der Nazipartei beigetreten und hätten sich an der Unterdrückung – wenn nicht sogar gewaltsamen Verfolgung – ihrer nicht assimilierten Brüder beteiligt.

Wir versicherten einander, dass uns nichts wirklich Ernstes geschehen könne, und blieben in Wien. Als ein Teil unserer Familie doch beschloss zu emigrieren, war es hauptsächlich, um die Überbelegung unserer Wohnung zu lindern und aus wirtschaftlichen Gründen – nicht aufgrund der politischen Situation. So zogen Mitte der 1930er Jahre Onkel Robert und Tante Camilla nach Jugoslawien und nahmen meine Großmutter Fanny (Franziska) mit. Sie ließen sich in Zagreb nieder, wo Onkel Robert eine Krawattenmanufaktur aufbaute, ähnlich jener, die er bereits in Wien geführt hatte. Während meiner Sommerferien genoss ich es, sie in ihrer großen, im Zentrum Zagrebs gelegenen Wohnung zu besuchen.

Im Jänner 1938 wurde ich dreizehn und feierte meine Bar Mitzwa in der Synagoge nahe unserer Wohnung in der Müllnergasse (Maxens hatte drei Jahre zuvor in der Hauptsynagoge in der Seitenstettengasse stattgefunden und war eine viel größere Angelegenheit gewesen). Die schönste Erinnerung, die ich an dieses Ereignis habe, ist das Geschenk, das Onkel Alfred mir machte, indem er meine Teilnahme an einem einwöchigen Schulschikurs in Innsbruck bezahlte. Zum »Anschluss« waren es noch drei Monate hin, und die Nazis waren noch immer eine illegale Bewegung, jedoch zunehmend stärker geworden, und die Zeiten änderten sich rasant. Der Leiter dieses Ausflugs war unser Turnlehrer, Professor Franz Stefan. Obwohl er sehr streng und unbeliebt war, muss gesagt werden, dass er sich große Mühe gab, alle gleich unfreundlich zu behandeln, und gegenüber jüdischen Schülern keine besondere Feindseligkeit an den Tag legte. Allerdings war er ein aktiver Unterstützer der geheimen Nazipartei, und obwohl sichtbare Sympathiebekundungen mit dem Nazismus noch gesetzlich verboten waren, zwang er uns alle, die jüdischen Burschen eingeschlossen, das Horst-Wessel-Lied, die Hymne der Nazipartei, anzustimmen. Es enthielt Zeilen wie diese: »Die Straße frei / Dem Sturmabteilungsmann! / Es schau'n aufs Hakenkreuz voll Hoffnung schon Millionen / [...] / Zum Kampfe steh'n / Wir alle schon bereit! / Bald flattern Hitlerfahnen über Barrikaden.« Keiner der anderen anwesenden Lehrer, geschweige denn einer der Schüler, hätte gewagt, ihn zu melden.

Die Geschichte meiner kurzen Schauspielkarriere verdeutlicht auf ihre Weise, wie jäh der »Anschluss« im März 1938 meiner Welt ein Ende setzte. Im Winter des Vorjahres war an meiner Schule eine Posse des Dramatikers Johann Nepomuk Nestroy (1801–1862) mit dem Titel *Die schlimmen Buben in der Schule* aufgeführt worden, in der ich eine Nebenrolle hatte. Das Stück wurde oft an Schulen gezeigt, und wir waren begeistert, als eines Abends eine der führenden Film- und Theaterschauspielerinnen ihrer Zeit, Paula Wessely, unsere Aufführung besuchte. Offensichtlich mochte sie unsere Produktion und fand, dass sie ein größeres Publikum verdient hätte, denn sie empfahl sie persönlich dem berühmten Wiener Theaterdirektor Rudolf Beer (dem Nachfolger Max Reinhardts am Deutschen Theater in Berlin). Beer erklärte sich bereit, sich das Stück anzusehen, und so wurde eine Sonderaufführung für ihn in einem Freilufttheater im Wurstelprater organisiert. Es schien ihm zu gefallen, doch befand er es zu kurz für eine kommerzielle Produktion und schlug uns deshalb vor, rasch eine zusätzliche kurze Komödie einzustudieren und das Programm zu ergänzen. Wir waren begeistert von dieser Aussicht und legten sofort mit den Proben für ein neues Stück los, dessen Titel mir entfallen ist, ich erinnere mich aber, dass ich einen Bischof hätte spielen sollen. Wir übten eifrig und sahen freudig unseren öffentlichen Aufführungen entgegen, die für den Frühsommer 1938 angesetzt waren.

Am 12. März allerdings kam unser Leben brutal zum Stillstand. Die deutsche Armee marschierte in Österreich ein und wurde vom Großteil der Bevölkerung mit offenen Armen empfangen. Die österreichische Republik hörte auf zu existieren, ihr Territorium wurde als Ostmark dem Nazireich einverleibt. Zusammen mit sämtlichen anderen jüdischen Buben an meiner Schule (ob konfessionslos oder nicht) wurde ich von meinen nichtjüdischen Mitschülern segregiert und benachrichtigt, dass ich im Juni, am Ende des Schuljahres also, aus dem staatlichen Schulsystem ausgeschlossen werden würde. Rudolf Beer, der Jude war, wurde von einem Trupp Nazis aufgegriffen und brutal zusammengeschlagen; weniger als zwei Monate nach dem »Anschluss« nahm er sich das Leben.

Rudolf Beer, 1885–1938

Paula Wesselys Karriere gedieh weiter; sie spielte in der Folge die Hauptrolle im rassistischen Nazi-Propagandafilm *Heimkehr* (1941). Nach einer kurzen Phase der Nachkriegs-»Ungnade« wurde sie vollständig rehabilitiert und erhielt ihre Stellung als Grande Dame der österreichischen Bühne zurück. Sie starb 2000 im Alter von dreiundneunzig Jahren.

1. »Anschluss«

Als ich an Hitlers Geburtstag, fünf Wochen nach dem »Anschluss«, in die Schule ging, wurde ich auf düstere Weise daran gemahnt, dass die Zeiten sich geändert hatten. Bis vor Kurzem noch waren die Nazis eine geheime, illegale Bewegung gewesen, doch nun waren in so gut wie allen Schaufenstern entlang meines Wegs mit Bändern und Kränzen geschmückte Hitler-Porträts ausgestellt. Österreichs Lieblingssohn war heimgekehrt.

Ich war erst dreizehn und wusste noch nicht viel von Politik, spürte aber, wie gefährlich es geworden war, einfach nur die Straße entlangzugehen; zum ersten Mal in meinem Leben hatte ich Angst. Eines Tages berichtete mir Max, dass ihn eine Gruppe Rowdys in die Enge getrieben und ihn für sein Jüdischsein verhöhnt hatten. Sie waren kurz davor, ihn zusammenzuschlagen, ließen aber von ihm ab, nachdem er sie hatte überzeugen können, dass er nicht Jude, sondern Ungar sei. Alle trugen jetzt Abzeichen zur Identitätsbestimmung am Revers: Österreicher trugen ein Hakenkreuz, ausländische Staatsbürger ihre Landesfarben. Das einzige Segment der Bevölkerung, das nicht berechtigt war, irgendwelche Abzeichen zu tragen, waren die österreichischen Juden, ein Umstand, der sie so grell hervorstechen ließ, als trügen sie den gelben Stern. Es war eine eigenartige Umkehr, verglichen mit der Zeit vor dem »Anschluss«, als die große Mehrheit keinerlei besondere Erkennungszeichen trug, während die Nazis weiße Kniestrümpfe anhatten, um einander zu erkennen und ihrer Staatsverachtung Ausdruck zu verleihen. Obwohl unser Anspruch auf die ungarische Nationalität dünn war, trugen meine Mutter, mein Bruder und ich kleine ungarische Flaggen am Revers. Wir wussten, dass sie uns, im besten Fall, einen vorübergehenden und unsicheren Schutz gewähren würden; er mochte vielleicht die Nazis auf der Straße von uns abgehalten haben, doch hätten die ungarischen Behörden im Falle eines Angriffs oder unserer Verhaftung bestimmt nicht für uns interveniert.

Wenige der annähernd 200 000 Jüdinnen und Juden, die in Wien lebten, hatten vor 1938 versucht, auszuwandern; und von Onkel Robert, Tante Camilla und Großmutter Fanny abgesehen, die aus wirtschaftlichen Gründen nach Zagreb gezogen waren, war niemand von unseren Verwandten oder engen Freunden ihrem Beispiel gefolgt. Nun, da klar geworden war, dass wir gehen mussten – und zwar je eher desto, besser –, taten sich zahlreiche Fragen auf: Wohin konnten wir gehen – und wie? Wie so viele andere jüdische Familien mit begrenzten finanziellen Mitteln hatten wir praktisch keine Wahl. Die meisten Länder, selbst jene im Westen, die offiziell keine antisemitische Politik verfolgten, schränkten die Aufnahme von Juden aus den von Deutschland kontrollierten Gebieten massiv ein. Am liebsten wären wir in die Vereinigten Staaten emigriert. Leider hatten wir dort keine Verwandten, und die damals geltende Quotenregelung hätte bedeutet, zumindest mehrere Jahre auf die Ausstellung der Visa warten zu müssen. Die Amerikaner wiesen jedem Land eine fixes jährliches Einwanderungskontigent zu, welches für die meisten mitteleuropäischen Länder sehr niedrig und weitgehend ausgeschöpft war. Erschwerend kam für uns hinzu, dass bei dieser Quotenregelung das Geburtsland des Antragstellers oder der Antragstellerin ausschlaggebend war und nicht der Wohnsitz oder die Staatsangehörigkeit. Damit hätten meine Mutter, mein Bruder und ich auf drei verschiedenen Wartelisten gestanden: Sie war in der Slowakei geboren, die nun zur Tschechoslowakei gehörte, Max in Österreich und ich in Ungarn. Außerdem hätten wir die eidesstattliche Unterstützungserklärung eines gutsituierten US-amerikanischen Staatsbürgers benötigt, ein Dokument, das zu erlangen für uns aussichtslos war. Wenn Onkel Ferdinand seine Bedenken überwunden hätte und nach dem Ersten Weltkrieg in die Vereinigten Staaten zurückgekehrt wäre, so hätte er für unsere Einwanderung aufkommen und uns (und sich selbst) vor dem Grauen, das uns bevorstand, bewahren können. Da wir aber niemanden in Amerika kannten, war es sinnlos, diesen Weg auch nur in Erwägung zu ziehen.

Großbritannien stellte ebenfalls ein begehrtes Ziel dar, doch war es für unsereins, die wir keinerlei Beziehungen oder Verbindungen dorthin hatten, praktisch unmöglich, eine Aufenthaltsbewilligung zu erhalten. Unser lokaler Essighausierer dagegen, der ebenfalls Jude war, überraschte eines Tages die gesamte Nachbarschaft. Ich kannte ihn als einen schäbig angezogenen Mann, der mit seinem Wägelchen unsere Straße entlangzog und seinen bescheidenen Lebensunterhalt damit verdiente, Essig aus übelriechenden Krügen zu schöpfen. Kurz nach dem »Anschluss« stellte sich heraus, dass er, so hatte das Schicksal es gewollt, in London geboren worden war. Er erzählte uns, dass er mit seiner Geburtsurkunde am Britischen Konsulat gewesen war, wo man seinem Antrag, Untertan Seiner Majestät König George V. zu werden, stattgegeben hatte. Ein britischer Reisepass wurde ihm ausgestellt, und innerhalb weniger Wochen brachte er sich und seine Familie nach England – und in Sicherheit.

Ein weiteres mögliches Ziel war Palästina, damals unter britischem Mandat. Doch die jüdische Immigration dorthin war stark reglementiert, und wir hatten auch dort keine Verwandten. Und selbst wenn diese Option realistischer gewesen wäre, so hätten wir sie als allerletzte in Betracht gezogen. In unserer Vorstellung waren der Zionismus und Palästina etwas für andere, vielleicht für polnische oder russische Juden, die Jiddisch oder Hebräisch sprachen und kein Problem damit hatten, in Ghettos zu leben. Wir hatten so lange versucht, »aus dem Ghetto herauszukommen«, dass die Aussicht, in ein solches zurückzukehren, keine sonderlich verlockende war. Dennoch war meine Mutter vor dem »Anschluss« dazu berechtigt, bei den zionistischen Wahlen zu wählen. Ich erinnere mich an den Besuch von Vertretern einer der sozialistisch-zionistischen Parteien, die um die Unterstützung meiner Mutter warben und versuchten, sie zu beeinflussen, indem sie ihr versprachen, Max und mir eine elektrische Eisenbahn und einen Meccano-Bausatz nebst anderem kostspieligem Spielzeug zu kaufen. Ich weiß nicht, ob meine Mutter tatsächlich wählen ging – und falls ja, für wen –; was ich aber weiß, ist, dass wir die versprochenen Spielsachen nie bekommen haben, und die Enttäuschung darüber ist immer noch groß.

Das einzige für uns erreichbare Ziel war Zagreb in Jugoslawien, wo Onkel Robert gemeinsam mit meiner Großmutter und meiner Tante eine weitläufige Wohnung bewohnte. Da sein Krawattengeschäft inzwischen ganz gut lief, würde er für uns aufkommen können, vor allem aber war Jugoslawien nach wie vor ein unabhängiges Land und frei von antisemitischen Gesetzgebungen. Unser Ziel war es, legal in das Land einzureisen und dann irgendwie dort zu bleiben – auch illegal, falls nötig.

Um zu reisen, benötigten wir gültige Pässe, die allerdings nicht so einfach zu besorgen waren. Neun Monate vor dem »Anschluss«, im Sommer des Jahres 1937, hatten meine Mutter, mein Bruder und ich ungarische Pässe beantragt, um unsere Zagreber Verwandten besuchen zu können. Als der ungarische Konsul in Wien herausfand, dass weder Max noch ich auch nur ein einziges Wort Ungarisch sprachen, weigerte er sich, uns die Pässe auszustellen, und forderte uns dazu auf, zuerst in unser Heimatland zurückkehren, um unsere »Muttersprache« zu erlernen. Meine Mutter ließ sich aber nicht abbringen und bestand darauf, seinen Vorgesetzten, den Generalkonsul, zu sprechen. Ihrem Ansuchen nach einem Treffen, zu dem sie Max und mich mitnahm, wurde stattgegeben. Im Gegensatz zu seinem übereifrigen Untergebenen war der Generalkonsul ein Gentleman der alten Schule und empfänglich für die Bitten einer jungen Witwe mit zwei kleinen Söhnen. Er setzte sich über den Konsul hinweg und wies diesen an, uns Reisepässe auszustellen – mit der Auflage, dass sie nur für zwei Monate gültig sein dürften, gerade lange genug also, um unsere Großmutter über die Sommerferien besuchen zu können. Da Max noch einige Prüfungen abzulegen hatte, beantragte nur ich sofort einen Pass. Möglicherweise noch in Schockstarre darüber, überstimmt worden zu sein, stellte der Konsul mir irrtümlicherweise einen Pass aus, der ein ganzes Jahr lang Gültigkeit besaß. Als Max und meine Mutter schließlich ihre Anträge einreichten, dürfte er wieder zu sich gekommen sein und stellte ihnen Pässe aus, die nur von Juli bis September 1937 gültig waren. Niemand hätte vorhersehen können, welche Folgen dieser bürokratische Irrtum haben sollte, und als neun Monate später der »Anschluss« erfolgte, war mein Pass als einziger noch gültig (wenn auch nur für kurze Zeit). Obwohl meine Mutter versuchte, den ungarischen Konsul zu überreden, ihr und meinem Bruder neue Pässe auszustellen, wies man sie mehrfach ab. Als letzten Ausweg beschloss sie, mich allein vorauszuschicken, um später mit Max irgendwie nachzukommen.

Doch es gab noch andere Hindernisse zu überwinden. Es reichte nicht, einen gültigen Reisepass zu besitzen, man benötigte zudem ein jugoslawisches Einreisevisum. Und wiewohl es in Jugoslawien keinen offiziellen Antisemitismus gab, waren die dortigen Behörden alles andere als erpicht darauf, vor der Naziverfolgung flüchtende Juden einreisen zu lassen. Folglich wurde ich, als ich meinen ungarischen Reisepass – aus dem klar hervorging, dass ich Jude war – am jugoslawischen Konsulat in Wien vorlegte, abgewiesen. Meine Mutter ließ sich nicht abschrecken und unternahm einen weiteren Versuch am jugoslawischen Konsulat in Budapest. Da es auch in Ungarn keinen offiziellen Antisemitismus gab, hoffte sie, dass der dortige jugoslawische Konsul hinsichtlich der Motive eines dreizehnjährigen jüdischen Ungarn, der ein Touristenvisum für Jugoslawien beantragte, weniger misstrauisch sein würde; es sollte dort doch kaum Grund zur Annahme geben, dass ich in Wirklichkeit auf der Flucht vor dem Antisemitismus war und vorhatte, auf unbestimmte Zeit in Jugoslawien zu bleiben.

Meine Mutter sandte meinen ungarischen Reisepass an einen Verwandten meines Vaters, der Rechtsanwalt in Budapest war. Dieser übermittelte ihn an das jugoslawische Konsulat und beantragte mit Erfolg ein Visum für mich, welches für einen einwöchigen Aufenthalt gültig war. Augenscheinlich hatte der jugoslawische Konsul entweder nicht bemerkt oder absichtlich darüber hinweggesehen, dass mein Pass in wenigen Wochen ablief und ich in Wien gemeldet und Jude war.

Die Zeit drängte. Obwohl mein Pass am 15. Juli 1938 ablaufen würde, bestand meine Mutter darauf, dass ich mich einer Operation zur Entfernung meiner Mandeln und einiger Nasenpolypen unterzog, die mir Beschwerden verursacht hatten. Die Operation fand am 1. Juli statt. Sie war durchaus unangenehm, und mehrere Tage lang plagten mich Halsschmerzen, die so stark waren, dass

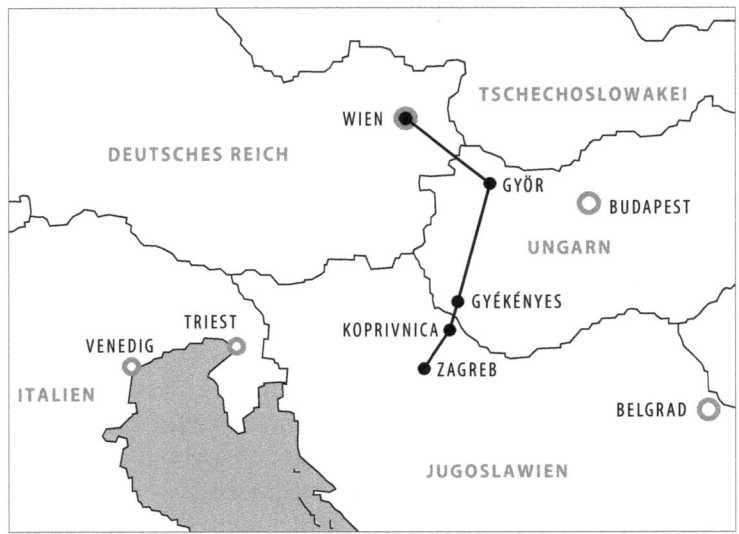

Meine Fluchtroute aus Wien im Juli 1938

ich nicht sprechen konnte. Trotzdem erinnere ich mich gern an den damaligen Chirurgen, der mir zur Nachbehandlung »so viel Eis, wie der Bub essen kann«, verordnete.

Am Morgen des 8. Juli 1938 begleitete meine Mutter mich zum Bahnhof. Wir hatten uns überlegt, dass die jugoslawischen Behörden – würde ich direkt von Österreich nach Jugoslawien einreisen – Verdacht schöpfen könnten, ich sei ein jüdischer Flüchtling auf der Flucht vor den Nazis, und mich an der Grenze zurückschicken würden. Um es so aussehen zu lassen, als käme ich aus Ungarn, setzte meine Mutter mich in den Zug nach Budapest und gab mir die Anweisung, in der Stadt Győr auszusteigen und von dort eine Anschlussverbindung Richtung Süden nach Jugoslawien zu nehmen.

Ich verabschiedete mich von meiner Mutter und Max, in der Hoffnung, dass sie bald nach Zagreb nachkommen würden, und begab mich auf eine siebenjährige Reise, an deren Ende sie tot sein würden und die Welt, wie ich sie kannte, in Trümmern.

Es war das erste Mal, dass ich ganz alleine eine Grenze überquerte, und doch erinnere ich mich daran, zuversichtlich und furchtlos gewesen zu sein. Ich stieg wie geplant in Ungarn um und erreichte am späteren Nachmittag die Grenzstadt Gyékényes, die letzte Station vor der jugoslawischen Grenze.

In Gyékényes stieg, dem üblichen Procedere gemäß, ein jugoslawischer Polizist in den Zug und sammelte die Reispässe aller Fahrgäste ein. Er nahm sie zur Prüfung mit in sein Abteil, während der Zug langsam über die Grenze rollte. Gerade als wir in die kleine Stadt Koprivnica einfuhren, den ersten Halt in Jugoslawien, kam der Polizist in mein Abteil zurück und signalisierte mir, ihm zu folgen. Ich sprach weder ein Wort Ungarisch noch Serbokroatisch, schloss aber aus seinem rudimentären Deutsch, dass mir die Einreise verweigert wurde und ich nach Ungarn ausgewiesen werden sollte. Ich erhielt keine Erklärung, und jegliche Diskussion wäre zwecklos gewesen. Ich ließ mich von dem Polizisten aus dem Zug führen und in einen anderen, in der Nähe befindlichen geleiten. Als wir zurück nach Ungarn fuhren, saß er neben mir.

Die Fahrt nach Gyékényes dauerte keine zwanzig Minuten, doch kam unterdessen ein Schaffner vorbei und fragte nach meiner Karte. Ich sagte ihm, dass ich keine besäße, da mein Ziel Zagreb war und ich nicht vorgehabt hatte, nach Gyékényes zurückzufahren. Er ließ sich davon nicht beeindrucken und bestand darauf, dass ich den Fahrpreis bezahlte, woraufhin ich ihm entgegnete, dass ich nicht daran denken würde: Ich unternahm diese Rückfahrt gegen meinen Willen, sagte ich, und wenn irgendjemand meine Fahrkarte bezahlen sollte, wäre es der mich eskortierende Polizist. Als dieser meine Antwort verstand, brach er in Gelächter aus. Der Schaffner, der die Situation keineswegs komisch fand, gab schließlich auf und zog weiter ins nächste Abteil. Ich war so stolz darauf, mich dem Schaffner gegenüber behauptet zu haben, dass ich einen Moment lang vergaß, in welchen Schwierigkeiten ich war.

Meine Mutter hatte die Möglichkeit, dass die Einreise nach Jugoslawien mir verweigert werden könnte, vorausgesehen. In einem solchen Fall, sagte sie, sollte ich nicht nach Wien zurückfahren, sondern versuchen, nach Budapest zu gelangen, und unsere Cousins kontaktieren. Nun war die Grenze aber so verlockend nahe, dass ich beschloss, einen weiteren Versuch zu unternehmen, sie zu überqueren.

Ich stieg in Gyékényes aus, einer kleinen, verschlafenen Stadt, deren einzige Hauptstraße von einstöckigen Häusern gesäumt war. Es war bereits dunkel geworden, ich hatte zwar keine Angst, fühlte mich aber zunehmend müde. Meinen Koffer schleppend, der sich inzwischen sehr schwer anfühlte, ging ich die Hauptstraße hinunter. Ich versuchte, einige der Fassadenschilder zu entziffern, gab aber bald auf. Da das Ungarische so gut wie keine Gemeinsamkeiten mit dem Deutschen besitzt, konnte ich auch nicht erraten, was sie bedeuteten. Ich ging davon aus, dass einige der Passanten, vor allem die älteren unter ihnen, etwas Deutsch sprachen (noch aus der Zeit der österreichisch-ungarischen Monarchie), zögerte angesichts meiner prekären Lage aber, mit irgendjemandem ein Gespräch anzufangen.

Mir kam in den Sinn, dass es das Beste wäre, einen einheimischen Juden zu finden, um Rat zu fragen und zu hoffen, er würde mir helfen. Ich ging langsam die Straße entlang weiter, bis ich zu einer kleinen Greißlerei kam, über deren Eingang der Name »Schwarz« aufgemalt war. Wenn man in Wien aufgewachsen war, wusste man sehr genau, was einen jüdischen Namen auszeichnete und was nicht, und ich war mir durchaus bewusst, dass »Schwarz« keineswegs ausschließlich jüdisch war. Doch war ich inzwischen erschöpft, sah keine andere Möglichkeit mehr und beschloss, es zu riskieren. Ich betrat das Geschäft, und mein Traum wurde wahr.

Herr Schwarz, der mittleren Alters und jüdisch war, erwies sich als sehr freundlich und sprach Deutsch. Ich erklärte ihm, wie ich in Gyékényes gelandet war und dass ich meine Verwandten in Zagreb erreichen wollte. Sogleich führte er mich in das Hinterzimmer seines Geschäfts und stellte mich Frau Schwarz vor, die mir, als sie erfuhr, dass ich seit Stunden nichts mehr gegessen hatte, reichlich Hühnersuppe und andere Köstlichkeiten kredenzte. Herr Schwarz erzählte mir, dass er mit einem ortsansässigen ungarischen Grenzbeamten befreundet sei, der möglicherweise wusste, wie ich am besten nach Jugoslawien gelangen könnte.

Nach Geschäftsschluss machte er sich auf den Weg, um seinen Freund zu sprechen, während ich bei seiner Frau blieb und mich an Kakao und Schokoladenkuchen gütlich tat. Wenig später kam er mit der guten Nachricht zurück, dass der Beamte ihm die nötigen Informationen geliefert hatte: Gegen Mitternacht würde ein Zug auf seiner Route an die jugoslawische Adriaküste in Gyékényes halten. Da es sich um einen Urlaubssonderzug handelte, der ungarische Arbeiterinnen und Arbeiter an einen Badeort brachte, erschien es unwahrscheinlich, dass die jugoslawische Grenzpolizei ihn nach jüdischen Flüchtlingen durchsuchen würde; die Kontrollen würden vermutlich laxer sein, und ich hatte gute Chancen, durchzukommen.

Am späteren Abend verabschiedete ich mich von Frau Schwarz, und ihr Mann begleitete mich zum Bahnhof. Er half mir in den Urlaubszug und wartete, bis dieser abfuhr. Als ich Gyékényes verließ, war mein Herz erfüllt von Dankbarkeit, doch weder habe ich Herrn und Frau Schwarz je wieder gesehen noch von ihnen gehört, und wage nicht, mir auszudenken, was aus ihnen geworden ist.

Die Vorhersage des Grenzbeamten erwies sich als völlig korrekt, und obwohl ich voller Bangen verharrte, als mein Pass kontrolliert wurde, gab man ihn mir zurück, ohne Fragen zu stellen, ordnungsgemäß validiert für einen einwöchigen Aufenthalt in Jugoslawien. Als der Zug zum ersten Mal anhielt, nachdem er die Grenze passiert hatte, stieg ich aus, im Bewusstsein, der einzige Fahrgast zu sein, der dies tat. Doch niemand nahm Notiz von mir, und am Vormittag erwischte ich einen Anschlusszug nach Zagreb, wo ich schließlich mit einem knappen Tag Verspätung ankam.

Zwischenzeitlich waren verzweifelte Telegramme zwischen meiner Großmutter in Zagreb, meiner Mutter in Wien und meinen Verwandten in Budapest, von denen niemand ein Telefon besaß, hin und her gegangen. Natürlich waren alle sehr besorgt gewesen. Der Empfang, der mir bereitet wurde, als ich endlich an der Türglocke von Onkel Roberts Zagreber Wohnung läutete, war überwältigend.

2. Zagreb

Onkel Robert bewohnte eine Fünf-Zimmer-Wohnung in der Radišina ulica 1 im Zentrum Zagrebs. Da er der pragmatischste und fleißigste meiner drei Junggesellenonkel war, erschien es naheliegend, als er Mitte der 1930er Jahre von Wien nach Zagreb zog, dass seine Mutter und seine unverheiratete Schwester Camilla ihn dorthin begleiteten. Sie wohnten zusammen, meine Großmutter Fanny kümmerte sich um den Haushalt, und Tante Camilla half in seinem Krawattenunternehmen aus, das in der Zwischenzeit expandiert hatte und ganz gut lief.

Wie er es schon in Wien getan hatte, importierte Onkel Robert Seidenstoffe aus Norditalien, ließ lokale Näherinnen daraus Krawatten und Fliegen anfertigen und vertrieb seine Ware über die Geschäfte seiner Kunden. Er führte das Unternehmen zur Gänze von seiner Wohnung aus, in der ein Raum als Bestandslager diente, ein weiterer der Buchhaltung und der Verpackung der Ware für den Versand.

Ich hatte nicht die Absicht, mich gemäß den polizeilichen Vorschriften Jugoslawiens binnen vierundzwanzig Stunden nach meiner Ankunft zu registrieren, weil ich ganz genau wusste, dass ich, sobald mein Visum und mein Reisepass abgelaufen wären, zurück nach Ungarn, oder, schlimmer noch, in das nazistische Wien abgeschoben werden würde. Auch wenn das Königreich Jugoslawien, als ich im Juli 1938 dort ankam, noch ein verhältnismäßig freies und vergleichsweise liberales Land war – wenigstens was seine kleine jüdische Gemeinde betraf –, erstreckte sich diese Toleranz keineswegs auf unerwünschte jüdische Flüchtlinge des Nazismus, die illegal eingereist waren. So war aus mir innerhalb einer Woche nach meiner Ankunft ein dreizehnjähriger illegaler Ausländer geworden. Sich nicht bei den Behörden zu melden, wurde als schwerwiegendes Verbrechen geahndet, und das betraf

Onkel Robert und Tante Camilla (ich besitze kein Foto meiner Großmutter)

nicht nur die ausländische Person selbst, sondern auch all diejenigen, die ihr Unterschlupf gewährt oder Hilfe geleistet hatten – was bedeutete, dass meine Verwandten, indem sie mich beherbergten, selbst ein großes Risiko ihren Rechtsstatus betreffend auf sich nahmen. Doch es gab keine Alternative, und sie nahmen mich bereitwillig bei sich auf.

Ich wurde dazu angehalten, mich so unauffällig wie möglich zu benehmen, und lebte während der nächsten zwei Jahre ein ziemlich merkwürdiges und unnatürliches Leben für einen Jungen meines Alters – auch wenn es nicht durchwegs unangenehm war. Ich war unglücklich, nicht zur Schule gehen zu können, und vermisste es, mich mit jungen Leuten zu treffen, gleichwohl war ich mir meines Dilemmas völlig bewusst und beschloss deshalb, das Beste aus der Situation zu machen.

Da es für mich gefährlich war, auszugehen – die Polizei hielt nach Leuten wie mir Ausschau und führte regelmäßig stichprobenartige Identitätskontrollen durch –, verbrachte ich anfangs die meiste Zeit lesend in der Wohnung. Am liebsten las ich die deutschen Übersetzungen amerikanischer Klassiker wie *Vom Winde verweht*, *Die Früchte des Zorns* und *Martin Eden*. Immer öfter träumte ich davon, es eines Tages irgendwie nach Amerika zu schaffen. Zwischen meinen Tagträumen half ich meinem Onkel hin und wieder dabei, seine Krawattenbestellungen zu bearbeiten, und tippte Rechnungen für ihn. Er brachte mir bei, wie man Schachteln in Packpapier einschlägt und zu schmucken, versandbereiten Paketen schnürt, eine Fertigkeit, die ich bis heute beherrsche.

Onkel Robert war ein überaus liebenswürdiger, sanftmütiger und fleißiger Mensch, der mich – genauso wie viele meiner anderen unverheirateten und kinderlosen Verwandten – wie den Sohn behandelte, den er selbst nie hatte. Er war Ende vierzig, eher klein und im Begriff, kahl zu werden, sprach leise und war, wie mir schien, unglaublich klug und informiert über die Welt (wiewohl ich ihn nie ein Buch aufschlagen sah). Er hatte aber auch seine Spleens. So war er äußerst penibel, was sein Erscheinungsbild anbelangte, und widmete viele Stunden der Körperpflege – selbst wenn es nur darum ging, eine Runde spazieren zu gehen –, polierte ständig seine Schuhe, bügelte seine Hosen und trimmte sein Haar. Er war sehr schüchtern, beinahe ungesellig. Im Umgang mit seinen Kunden konnte er sehr charmant und gesprächig sein, privat hatte er jedoch keine Freunde, geschweige denn romantische Interessen.

Eines Tages im Jahr 1939 läutete es an der Tür. Es handelte sich um zwei unangemeldete Besucher, die gekommen waren, um Tante Camilla zu sehen. Onkel Robert war ziemlich nervös. Denn er fühlte sich äußerlich unvorbereitet (vielleicht war er unrasiert oder sein Hemd zerknittert) und hielt die Vorstellung einer unvorhergesehenen Begegnung mit Fremden schlicht nicht aus. Wie manchmal in solchen Situationen, verschwand er einfach. Niemand machte sich weiter Gedanken über seinen Verbleib, und Tante Camilla bat ihre Besucher herein. Sie tratschte kurz mit ihnen und führte sie dann aus unerfindlichen Gründen zu dem großen Schrank, der in der Ecke unseres Wohnzimmers stand. Ich saß auf dem Sofa, beobachtete meine Tante und hörte geistesabwesend ihrer Konversation zu. Als sie die Schranktür plötzlich öffnete, stießen alle einen Schrei des Erstaunens aus: Zusammengekauert in dem Kasten saß Onkel Robert! Nach einem langen Moment fassungslosen Schweigens, in dem er puterrot anlief und verlegen lächelte, stieg er schließlich zögerlich heraus und verschwand in seinem Büro. Ich erinnere mich nicht mehr an das, was folgte, nur an ein allgemeines Gefühl äußerster Peinlichkeit, das sich breitmachte. Bis heute komme ich, wenn ich an diesen Vorfall denke, nicht umhin, Mitleid zu empfinden.

Meine Großmutter Fanny war bereits fünfundsiebzig Jahre alt, als sie 1938 nach Zagreb zog. Sie starb ein Jahr später eines natürlichen Todes – obwohl die Anspannung und Sorge um das Schicksal ihrer Kinder, die sich noch immer im nationalsozialistischen Wien aufhielten, ihren Tod zweifellos beschleunigten.

Als meine Großmutter noch lebte – und mehr noch nach ihrem Tod –, hielt Onkel Robert es für untragbar, dass Fanny, unser bei uns wohnendes Hausmädchen, denselben Namen trug wie seine Mutter. Er dachte sich deshalb verschiedene Spitznamen für sie aus, die wir zu benutzen hatten. Ich wählte den einfachsten, Fanika, und zwischen uns entwickelte sich eine ganz besondere Freundschaft. Sie war ein Bauernmädchen aus einem Dorf außerhalb Zagrebs, um die fünfundzwanzig, eine außerordentlich kluge und lustige Person und die beste Haushälterin, die ich jemals gesehen habe. Fasziniert sah ich ihr zu, wie sie mit einer für mich bewundernswerten Virtuosität polierte und putzte. Als wäre das nicht genug, war sie auch eine exzellente Köchin. Da ich in der Wohnung eingesperrt war, verbrachte ich ziemlich viel Zeit in ihrer Gesellschaft, und sie war es auch, die mir Serbokroatisch beibrachte. Dass sie Analphabetin war, stellte kein wirkliches Hindernis dar, da das Serbokroatische eine vollkommen phonetische Sprache ist. Sehr bald konnte ich es auch schreiben.

Mich beeindruckte zutiefst, wie verliebt Fanika war – nicht in einen, sondern in zwei Männer. Oftmals vertraute sie mir an, dass sie tief in ihrem Herzen sich nicht wirklich entscheiden konnte, wen sie mehr liebte. Als sie schließlich einen Sohn zur Welt brachte, bestand freilich kein Zweifel daran, wer der Vater war: Es musste sich um den feschen Gendarmen mit dem eindrucksvollen, gut gewachsten Schnurrbart handeln, der oft vorbeikam, um sie zu besuchen. Ihre andere große Liebe lebte in Hollywood und hieß Nelson Eddy, es war der Bariton, der zusammen mit Jeannette MacDonald das Traumpaar in mehreren Filmen abgab, die damals in Zagreb Furore machten. Der Gendarm weigerte sich allerdings zunächst, seine Vaterschaft anzuerkennen. Fanika musste ihn auf Kindesunterhalt klagen, und obwohl er nicht so weit ging zu behaupten, Nelson Eddy wäre der Vater, machte er unter Eid die folgende Erklärung: »Wer ist diese Frau? Ich habe sie noch nie in meinem Leben gesehen.« Das Gericht zeigte sich davon nicht beeindruckt, stellte fest, dass er tatsächlich der Vater war und wies ihn an, Kindesunterhalt zu leisten. Plötzlich erlangte er sein Erinnerungsvermögen wieder und nahm seine Beziehung zu Fanika wieder auf. Praktisch lief ihre erneuerte Verbindung darauf hinaus, dass Fanika, anstatt Unterhalt für das Kind zu bekommen, den größten Teil ihres Gehalts für ihn ausgab. Er schrieb ihr ausführliche Liebesbriefe, die sie allerdings weder lesen noch beantworten konnte. Hier kamen nun meine frisch erworbenen Kompetenzen ins Spiel: Ich las ihr seine Briefe vor und ließ mir dann ihre Antworten diktieren, nicht ohne häufig selbst Kommentare und Vorschläge hinsichtlich dessen abzugeben, was sie zurückschreiben sollte, eine Beschäftigung, die mir ungemeines Vergnügen bereitete.

Nach ein paar Monaten hielt ich es einfach nicht mehr länger aus, den ganzen Tag in der Wohnung eingesperrt zu sein. Schließlich wurde mir erlaubt, hinauszugehen, unter der Bedingung, dass ich direkt ins Kino und nach der Vorführung sofort wieder nach Hause ging. So begann meine eigene intensive Liebesbeziehung mit dem amerikanischen Film. Ich ging sehr oft ins Kino, und nicht selten besuchte ich zwei Kinos am selben Tag. Meistens sah ich mir amerikanische Filme an, die serbokroatisch untertitelt oder in deutscher Sprache synchronisiert waren. Sie nährten meine wachsende Sehnsucht, der Unterdrückung und Verfolgung, die ich in Europa erlebte, zu entkommen. In den Jahren 1939 und 1940 war Jugoslawien noch unabhängig und versuchte, sich dem Einfluss der Nazis und Faschisten zu widersetzen, und amerikanische Filme waren nicht nur zugelassen, sondern auch überaus populär. Wie Fanika verliebte auch ich mich in einen Filmstar: in den Teenieschwarm Deanna Durbin. Ich schrieb ihr einen langen leidenschaftlichen Brief und schickte ihn an sie ab, c/o an die Universal Studios in Hollywood. Doch ich erhielt nie Antwort.

Das Bild, das ich mir von den Vereinigten Staaten auf Basis der Filme, die ich gesehen hatte, machte, war, bis auf eine Sache, in jeder Hinsicht vollkommen. Ich war körperlich nicht stark und hatte mich in der Schule in Wien immer darauf verlassen, dass mein sportlicher und muskulöser Bruder Max mich vor Drangsalierungen beschützen würde. Den amerikanischen Filmen zufolge musste man aber, sofern man »ein Mädchen kriegen« wollte – und das wollte ich – eine Reihe brutaler Faustkämpfe gegen viel größere und stärkere Gegner austragen und einiges aushalten, bis man – so hoffte ich – endlich siegte. Das war der einzige Wermutstropfen, und oft fragte ich mich, wie ich damit umgehen sollte, wobei ich sogar mit dem Gedanken spielte, Boxstunden zu nehmen.

Ich sah weiterhin amerikanische Filme, und zwar so viele von ihnen, dass ich bald mit ihren Stars und sämtlichen Nebendarstellern vertraut war. Wenn weder aus dem Vor- noch aus dem Abspann hervorging, welcher Schauspieler welche Rolle gespielt hatte, studierte ich die Filmplakate, memorierte die Namen der Darsteller und ordnete sie dann assoziativ und nach dem Ausschlussverfahren den Gesichtern, die ich gesehen hatte, zu. So wurde ich zum Verehrer nicht nur der weltberühmten Stars, sondern auch weniger bekannter Schauspieler, etwa von Slim Summerville, Andy Devine, Donald Crisp, Donald Meek, Arthur Treacher, Alan Mowbray, Henry Davenport, Edward J. Bromberg, Lionel Atwill, Nigel Bruce und Gal Sondergaard. In der unwirklichen Schattenexistenz, die ich führte, wurden sie zu meinen Vertrauten, ja beinahe meinen Freunden. Ich führte mit ihnen ausführliche imaginäre Gespräche über das Dasein in den Vereinigten Staaten, wo ich eines Tages sehnlichst zu leben hoffte. Mit ihrer Anwesenheit leisteten sie mir Gesellschaft, und das, obwohl ich immer noch kein Englisch und sie weder Deutsch noch Serbokroatisch sprachen.

An einem Abend des Jahres 1939 eilte ich nach dem Kino nach Hause. Es dämmerte bereits und ich ging sehr schnell, um einer möglichen Identitätsüberprüfung zu entgehen. Etwa einen Häuserblock von unserer Wohnung entfernt, trat plötzlich eine Gestalt aus der Toreinfahrt und rief meinen Namen. Zuerst erschrak ich, erkannte aber dann Jovanka, Fanikas jüngere Schwester, die manchmal bei uns arbeitete. Jovanka warnte mich, dass zwei Polizisten in unserem Wohnzimmer säßen und darauf warteten, mich festzunehmen. Sie sagte mir, dass die Anweisung meines Onkels laute, die Nacht in der Wohnung eines Verwandten zu verbringen, eines Anwalts namens Dr. Šik. Ich tat, was mir aufgetragen worden war, und kehrte am nächsten Tag, nachdem ich Nachricht erhalten hatte, dass die Luft rein sei, nach Hause zurück, wo ich erfuhr, was passiert war. Am frühen Nachmittag des Vortages hatten zwei Detektive in Zivil an unserer Wohnungstür geläutet und sich nach einem Jungen erkundigt. Jemand (wahrscheinlich der Hausmeister, und das, obwohl er von Onkel Robert regelmäßig Trinkgelder erhielt) hatte gemeldet, dass in unserer Wohnung eine nicht registrierte Person lebte. Glücklicherweise war ich nicht zu Hause, und alle bestritten aufs Energischste, von meiner Existenz zu wissen. Die Detektive ließen sich aber nicht abwimmeln, untersagten allen Anwesenden, die Wohnung zu verlassen und blieben da, um auf mich zu warten. Der Abend rückte näher, und Jovanka bestand darauf, zu gehen, um noch den letzten Zug in ihr Dorf zu erreichen. Sie behauptete (wahrheitsgemäß), dass sie täglich früh morgens mit Milch, Butter und Käse für uns und andere Stammkunden nach Zagreb fahre – darunter eine prominente kroatische Persönlichkeit, die sehr ungehalten über die Polizei sein werde, sollte sie sie um die frischen Landprodukte bringen. Eine Art Streit entbrannte, bis die Polizisten, die offensichtlich keine Schereien haben wollten, sie schließlich gerade noch rechtzeitig gehen ließen, damit sie ihren Zug nehmen konnte. Anstatt zum Bahnhof zu gehen, hatte Jovanka aber in einem nahegelegenen Hauseingang auf mich gewartet, um mich zu warnen. Dieser Ablauf trug sich innerhalb weniger Wochen zweimal auf genau dieselbe Weise zu, und beide Male waren es Jovankas Einfallsreichtum und Loyalität, die meine Festnahme vereitelten.

Ich glaube, dass es sich bei der wichtigen Persönlichkeit, der Jovanka ihre Milchprodukte brachte, um Oberst Slavko Kvaternik handelte, den späteren Minister der Ustascha-Armee (der kroatischen Faschisten) des »Unabhängigen Staates Kroatien«. Kvaterniks Ehefrau war Jüdin. Ihr Sohn Eugen »Dido« Kvaternik wurde einer der schlimmsten Ver-

brecher des Ustascha-Regimes. Es heißt, dass Frau Kvaternik sich 1942, aus Entsetzen über die Gräueltaten ihres Sohnes, das Leben nahm.

Einer der wenigen Orte, an dem ich mich vollkommen sicher fühlte, war die Wohnung Dr. Lavoslav Šiks, eines bekannten Zagreber Rechtsanwalts und entfernten Verwandten von uns. In ihr hatte ich mich versteckt, als die Polizei gekommen war, um nach mir zu suchen. Dr. Šik war ein korpulenter und jovialer Mann mit einer dröhnenden Stimme und einem ganz eigenen Sinn für Humor. Er war in seinen Fünfzigern und verheiratet, hatte jedoch keine Kinder, und auch er behandelte mich wie den Sohn, den er selbst nie gehabt hatte. Anfangs besuchte ich ihn nur etwa einmal pro Woche, um ihm bei der Katalogisierung seiner umfangreichen und chaotischen Bibliothek zu helfen, die hauptsächlich aus Judaica bestand.

Ich war erstaunt, als ich erfuhr, dass Dr. Šiks Judaica-Bibliothek, die von den Ustascha konfisziert wurde, als sie ihn 1942 festnahmen und ermordeten, den Krieg überstanden hatte. Sie wurde 1989 gemeinsam mit seinen persönlichen Dokumenten an die Jüdische Gemeinde Zagrebs restituiert.

Mit der Zeit beherrschte ich das Serbokroatische immer besser, und Dr. Šik begann, Schreibarbeiten und Übersetzungen für seine äußerst erfolgreiche Rechtsanwaltskanzlei an mich zu übertragen. Sein Humor und sein Selbstbewusstsein waren dergestalt, dass er mich – einen illegalen Flüchtling – häufig auf seine Fahrten mitnahm, wenn er geschäftlich in Nachbarorten zu tun hatte. Ich kletterte dann in seinen eleganten schwarzen Wagen, der von einem Chauffeur gelenkt wurde, und gemeinsam fuhren wir zu Mandanten- oder Gerichtsterminen. Natürlich war ich ein jedes Mal, wenn ein Polizist sich näherte, sehr besorgt, doch beruhigte Dr. Šik mich damit, dass ein jeder wisse, wer er sei, und kein Polizist, der bei Sinnen war, sich erlauben würde, einen seiner Assistenten um die Papiere zu fragen. Eines Tages aber trieb er es auf die Spitze. Er verteidigte einen illegalen jüdischen Immigranten, der festgenommen worden und im Begriff war, aus Jugoslawien ausgewiesen zu werden. Obwohl es keine Möglichkeit gab, die Ausweisung zu verhindern, hoffte er, den Polizeichef überzeugen zu können, den Geflüchteten in ein anderes Land als Deutschland abzuschieben, wo dessen Leben in unmittelbarer Gefahr wäre. Dr. Šik bereitete eine Akte über den Fall vor und vereinbarte einen Termin mit dem Polizeichef im Hauptquartier. In allerletzter Minute informierte er mich dann darüber, verhindert zu sein. Stattdessen, schlug er lachend vor, werde er mich – der ich selbst ein illegaler jüdischer Flüchtling war – schicken. Ich war entsetzt von seinem Vorschlag, diskutierte aber nicht mit ihm, da ich seinem Urteil blind vertraute. Dennoch erinnere ich mich daran, sehr angespannt gewesen zu sein, als ich das Polizeigebäude betrat. Man führte mich in das Büro des Polizeichefs, wo dieser mich persönlich empfing. Er blätterte den Akt durch, den ich mitgebracht hatte und teilte mir mit, ich möge Dr. Šik darüber informieren, dass seinem Ansuchen, den Geflüchteten in ein anderes Land als Deutschland abzuschieben, stattgegeben wurde. Ich verließ anschließend ungestört das Polizeihauptquartier: Dem Polizeichef wäre nicht in den Sinn gekommen, den Rechtsstatus des persönlichen Abgesandten von Dr. Šik zu hinterfragen.

Zwischen 1939 und 1940 schafften es weitere Mitglieder meiner Familie, aus Wien zu flüchten. Im August 1939, nur wenige Tage nach dem Ausbruch des Zweiten Weltkrieges, gelang es meiner Mutter, meinen Bruder Max als Teilnehmer eines zionistischen landwirtschaftlichen Trainingsprogramms für Jugendliche nach England in Sicherheit bringen. Sie selbst reiste im Februar 1940 illegal nach Jugoslawien ein und bezahlte einen Bergführer, der sie von Südösterreich über die Berge nach Slowenien brachte. Als sie in Zagreb zu uns stieß, war ich erleichtert; mehr als eineinhalb Jahre lang war ich von ihr getrennt gewesen. Weit weniger glücklich war ich darüber, jenen Herrn an ihrer Seite kennenzulernen, den sie unterdessen geheiratet hatte. Es war ein kultivierter, gepflegter und gutaussehender Mann namens Friedrich Löbl, der mir sofort unsympathisch war. Um die fünfzig, war er nie zuvor verheiratet gewesen und ebenso egozentrisch wie an seiner alten Mutter hängend, die er mitgebracht hatte. Ich hätte toleranter und nachsichtiger sein sollen, schließlich verhielt er sich mir gegenüber immer korrekt, und verständnisvoller gegenüber meiner Mutter, die zu diesem Zeitpunkt zweiundvierzig Jahre alt und elf Jahre lang Witwe gewesen war. Es fiel mir jedoch schwer, meine instinktive Abneigung zu verhehlen, die ihre Wurzel in meiner elementaren kindlichen Eifersucht hatte. Es gab einige unangenehme Momente, doch fanden wir schließlich zu einem Modus Vivendi (der hauptsächlich darin bestand, dass wir einander höflich ignorierten).

Ein knappes Jahr später, im Frühjahr 1941, saß ich zusammen mit meiner Mutter, ihrem Mann und dessen Mutter in einem kleinen bosnischen Dorf fest. Die Nazis hatten gerade Jugoslawien überrannt, und wir lebten unter prekären Bedingungen in einem winzigen Haus zur Miete. Mein Ressentiment gegen meinen Stiefvater brach sich immer häufiger Bahn – wobei ich meistens einen Weg fand, es an meiner Mutter auszulassen. So missbilligte ich etwa die Tatsache, dass sie ihrem neuen Mann darin folgte, die Kaschrut (die jüdischen Speisegesetze) nicht mehr einzuhalten. Ich weigerte mich, die Speisen, die sie aßen, anzurühren, und bürdete ihr – unter Lebensbedingungen, die ohnehin schon schwierig genug waren – die zusätzliche Anstrengung auf, meine Mahlzeiten separat zu kochen und zu servieren. Damals war ich mir noch nicht im Klaren darüber, dass mein stures Beharren auf koscheren Lebensmitteln mir tatsächlich die Gelegenheit gab, um ihre Aufmerksamkeit zu buhlen und sie dafür zu »bestrafen«, dass sie wieder geheiratet hatte (ein Jahr später hielt ich mich selbst nicht mehr an die Kaschrut). Da ich bereits sechzehn war, hätte ich es besser wissen müssen, schaffte es aber nicht, mich zu beherrschen. Es versteht sich von selbst, dass mich mein schlechtes Benehmen bis heute reut – zumal die wenigen Monate im Frühling und Sommer des Jahres 1941, die ich, wie sich herausstellen sollte, mit meiner Mutter in dem kleinen bosnischen Dorf verbrachte, unsere letzten gemeinsamen waren.

Anfang 1940 reisten auch meine Onkel Ferdinand und Julius sowie meine Cousine Blanka illegal nach Jugoslawien ein und schlossen sich uns in Zagreb an, was zur Folge hatte, dass wir Mitte des Jahres zu neunt in der Wohnung lebten. Um legale Aufenthaltspapiere zu erhalten, heirateten Blanka und Tante Camilla pro forma einheimische Männer (ein florierendes Geschäft) und ließen sich kurz darauf wieder scheiden. Doch Tante Camilla heiratete danach erneut, diesmal mit ernsten Absichten. Ihr neuer Mann war aus Wien geflüchtet und hieß Oskar Stern. Auch er zog bei uns ein, womit sich die Einwohnerschaft unserer Wohnung auf zehn Personen erhöhte. Um das zu bewerkstelligen, wurde ein Zimmer zum Männerschlafzimmer erklärt, ein anderes zum Frauenschlafzimmer, während der Rest im Wohnzimmer campierte. Es war eng, und hin und wieder gab es Streit, doch gelang uns, recht zivilisiert miteinander auszukommen. Trotz meines Ärgers über den neuen Ehemann meiner Mutter war ich sehr glücklich, wieder mit ihr vereint zu sein, und erleichtert, dass Max in der freien Welt in Sicherheit war.

Obwohl meine Cousine Blanka vierzehn Jahre älter war als ich, gehörten wir doch mehr oder weniger zur selben Generation und verstanden uns sehr gut. Oft warteten wir, bis die Familie zu Bett gegangen war und zogen uns dann, gegen 22:30 Uhr, wenn wir sicher sein konnten, dass alle eingeschlafen waren, um, und schlichen aus der Wohnung. Manchmal gingen wir einfach spazieren, des Öfteren aber besuchten wir einen Ringkampf oder gingen in einen Nachtclub. Blanka tanzte sehr gern, hätte aber natürlich nie gewagt, einen Nachtclub allein zu betreten. Ich war erst fünfzehn und zu jung, um zu tanzen, doch erlaubte es ihr meine Anwesenheit als »Anstandsdame«, die Tanzeinladungen anderer junger Männer anzunehmen. In den frühen Morgenstunden kehrten wir still und heimlich nach Hause zurück, krochen in unsere Betten und schliefen lang in den Tag hinein. Die Erwachsenen schöpften nie Verdacht; sie freuten sich im Gegenteil darüber, dass wir einen so guten Schlaf hatten.

Meine zwielichtige Existenz in Jugoslawien erreichte Mitte 1940 ihren Wendepunkt. Der Monarch Jugoslawiens, Prinzregent Paul, kehrte von einem Staatsbesuch in Großbritannien zurück und erließ eine Amnestie für illegale Einwanderer (von denen die meisten, wie wir, Juden waren, die vor der Verfolgung durch die Nazis flohen). Alle in meiner Familie dachten, dass die Amnestie auf Ersuchen der britischen Regierung erteilt worden war, doch idealisierten wir die Briten, so wie die meisten jüdischen Flüchtlinge damals, und unterstellten ihnen mehr Besorgnis um unser Wohlbefinden, als sie tatsächlich für uns übrig hatten.

Die neue Verordnung sah vor, dass illegale Einwanderer, die sich innerhalb weniger Tage bei der Polizei meldeten, nicht mehr fürchten mussten, aus Jugoslawien ausgewiesen zu werden. Allerdings wurden sie von den größeren Städten aufs Land umquartiert, wo sie sich in regelmäßigen Abständen bei den lokalen Behörden zu melden hatten. Flüchtlingen war nicht erlaubt zu arbeiten, doch unterstützten die jüdischen Gemeinden vor Ort jene, die mittellos waren. Verständlicherweise machten wir sofort Gebrauch von dieser Verordnung, die den Status meiner Mutter, meines Stiefvaters, seiner Mutter, meiner Onkel Ferdinand und Julius sowie meinen eigenen legitimierte. In der Praxis führte sie allerdings dazu, dass unsere Familie geteilt wurde: Meine Onkel Ferdinand und Julius wurden von der Polizei dem Dorf Samobor, das gleich vor Zagreb lag, zugewiesen, während meine Mutter, ihr Mann und ihre Schwiegermutter nach Derventa geschickt wurden, einer kleinen, mehr als 150 Kilometer entfernten Stadt in Bosnien.

Mit meinen fünfzehn Jahren, und also noch minderjährig, wäre ich normalerweise zusammen mit meiner Mutter fortgeschickt worden. Infolge meiner mir aufgezwungenen Illegalität hatte ich allerdings zwei volle Schuljahre verloren und wollte nun, da ich meinen Rechtsstatus wiedererlangt hatte, unbedingt meine Ausbildung fortsetzen. Dank der Intervention Dr. Šiks, der meinem Anliegen bei den Behörden das nötige Gewicht verlieh (welches beachtlich war, im übertragenen wie im wörtlichen Sinne), erhielt ich eine polizeiliche Sondergenehmigung und konnte in Zagreb bleiben, um das Gymnasium zu besuchen. So wurde ich im Frühsommer 1940 neuerlich von meiner Mutter getrennt. Sie zog nach Derventa, während ich gemeinsam mit Onkel Robert, Onkel Oskar und Tante Camilla in der Zagreber Wohnung blieb. Meine Mutter fortgehen zu sehen, machte mich unglücklich, gleichzeitig freute ich mich über die Aussicht, wieder ein normales Leben führen zu können und unter Gleichaltrige zu kommen.

Eine meiner ersten Handlungen bestand darin, Maccabi Zagreb, dem jüdischen Sportclub der Stadt, beizutreten. Vielleicht war Fußball zu spielen die Beschäftigung, die ich während meiner zwei Jahre im »Untergrund« am schmerzlichsten vermisst hatte. In meinem Schulteam in Wien war ich Verteidiger gewesen, und ich liebte es, zu spielen. Während meines illegalen Aufenthalts in Zagreb war es undenkbar für mich gewesen, in irgendeiner Form Fußball zu spielen. Nun sehnte ich mich danach, der Fußballmannschaft der Maccabi-Jungs anzugehören. Mir wurde mitgeteilt, dass die Position des Verteidigers bereits vergeben sei, das Team aber einen Tormann gebrauchen könnte. Mit Begeisterung nahm ich das Angebot an, und es gefiel mir sogar, in dieser Position zu spielen.

Der Star des Maccabi-Clubs war fraglos sein Boxtrainer. Obwohl mich nichts an diesem Sport anzog, übte dieser besondere Trainer eine starke Anziehung auf mich aus: Er war der erste Amerikaner, den ich je gesehen hatte. Die meisten jungen Leute im Club, mich eingeschlossen, waren blauäugig, was die Vereinigten Staaten betraf. Oft verwendeten wir das Wort »Amerika«, um etwas zu beschreiben, das uns wunderbar oder einzigartig erschien. Ein schönes Mädchen, ein köstlicher Kuchen oder ein edles Paar neuer Schuhe konnte Anspruch auf den Superlativ »Amerika« erheben. Wir alle waren deshalb ungemein stolz auf unseren Trainer, der Jimmy Lyggett hieß und vielleicht der einzige schwarze Amerikaner war, der damals in Zagreb lebte. In der Stadt war er eine Art Berühmtheit, ein Umstand, der ihm zu behagen schien. Ehrlich gesagt, brachte ich nie den Mut auf, ihn anzusprechen, drückte mich aber oft in seiner Nähe herum, um ihm beim Trainieren zuzusehen (er sprach fließend Serbokroatisch) und mich in seinem *Americanism* zu sonnen.

In Georg Wilhelm Pabsts Stummfilm-Meisterwerk Abwege, *das 1928 in Berlin gedreht wurde, wird eine Nebenrolle von einem schwarzen Boxer gespielt (das Bild auf der nächsten Seite entstammt diesem). Der Nachspann weist ihn als Jimmy Lygelt aus, tatsächlich handelt es sich aber um unseren Trainer Jimmy Lyggett, der im Deutschland der 1920er Jahre ein bekannter Boxer gewesen war. Im Laufe seiner*

Karriere kämpfte er zweimal gegen den legendären Max Schmeling, einmal verlor er, einmal wurde der Kampf als unentschieden gewertet. Die genaueren Umstände seines Umzugs von Berlin nach Zagreb, wo er vom jüdischen Sportklub engagiert worden war, sind mir nicht bekannt, vielleicht hatte er der Rassendiskriminierung entkommen wollen. In der Publikation Tko je tko u NDH: Hrvatska 1941–1945. *[dt.* Ein Who's Who des Unabhängigen Staates Kroatien 1941–1945, *Minerva 1997] wird behauptet, dass Lyggett eine kroatische Ehefrau hatte, bis zum Kriegsende in Zagreb blieb und sogar Trainer der Boxmannschaft des Ustascha-Regimes wurde. Aus Philadelphia gebürtig, kehrte er angeblich 1945 in die Vereinigten Staaten zurück und starb dort 1955.*
Als ich Lyggett 1940 kennenlernte, war mir das Konzept der Rassendiskriminierung gegen Schwarze ziemlich fremd; fünf Jahre später allerdings zeigte es unerwartet seine Fratze. Es war im Jahr 1945, als ich mich im von den Alliierten befreiten Süden Italiens befand, wo ich für die Nothilfe- und Wiederaufbauverwaltung der Vereinten Nationen [engl. United Nations Relief and Rehabilitation Administration (UNRRA), *A. d. Ü.] arbeitete. Ich war in der kleinen Stadt Santo Spirito stationiert, einige Kilometer nördlich von Bari. Da in Santo Spirito abends nicht allzu viel los war, ging ich nach der Arbeit für*

gewöhnlich in die Stadt. Die Alliierten boten ihren in Bari stationierten Truppen allerhand Unterhaltungsmöglichkeiten, Kino- und Bühnenvorstellungen, Tanzveranstaltungen und Konzerte. Als Angestellter der UNRRA trug ich eine amerikanische Uniform und war damit berechtigt, die Einrichtungen der Alliierten zu besuchen und mich von Militärfahrzeugen mitnehmen zu lassen (was nie ein Problem darstellte, da auf den Straßen Hunderte unterwegs waren, viele von ihnen auf Spritztour).

Eines späten Abends fuhr ich, nachdem ich in Bari im Kino gewesen war, per Anhalter zurück nach Santo Spirito. Ein Militär-Lkw der Alliierten hielt an, und zwei von uns stiegen ein, ein schwarzer amerikanischer Soldat und ich. Zwei britische Soldaten, beide stark angeheitert, saßen bereits im hinteren Teil des Wagens. Als sie sahen, dass sowohl ich als auch der schwarze Soldat amerikanische Uniformen trugen, gingen sie auf mich los, fingen an, mich zu beschimpfen und verfluchten alle weißen Amerikaner für das Unrecht, das sie ihren schwarzen Mitbürgerinnen und Mitbürgern antaten. Ich versuchte zu erklären, dass ich trotz meiner Uniform nicht amerikanischer Staatsbürger sei (wenn auch zu meinem Bedauern) und jedenfalls keinerlei Vorurteile welcher Art auch immer gegen Schwarze hegte. Doch die zwei waren viel zu betrunken, um mir Beachtung zu schenken und wurden zunehmend rabiater. Unflätigkeiten ausstoßend, kamen sie mir bedrohlich nahe, ganz offensichtlich in der Absicht, mir eine Abreibung zu verpassen. In diesem Moment schaltete sich der schwarze Soldat ein; er schrie sie an, sie sollten sich beruhigen, und positionierte sich so, dass sie mir nicht näherkommen konnten. Fluchend ließen sie von mir ab.

Natürlich war ich ihm höchst dankbar. Als der amerikanische Soldat mir anvertraute, dass er seinen Stützpunkt erst nach der Ausgangssperre erreichen würde und riskierte, bestraft zu werden, bot ich ihm an, bei mir zu übernachten. Er war einverstanden, wir stiegen in Santo Spirito aus dem Lkw und überließen die berauschten Untertanen Seiner Majestät ihrem Schicksal. Wir gingen zu meiner kleinen Wohnung, wo ich ihm auf dem Sofa in meinem Wohnzimmer sein Nachtlager richtete. Da er sich gleich bei Tagesanbruch auf den Weg machen würde, um zu seinem Stützpunkt zurückzukehren, verabschiedeten wir uns voneinander.

Als ich am nächsten Morgen gegen sieben Uhr dreißig aufwachte, war er bereits weg. In der Ecke des Wohnzimmers stand eine Kommode, in der ich neben anderen Dingen eine goldene Armbanduhr aufbewahrte, unter meinen Besitztümern der einzige Gegenstand von Wert. Mehr aus Routine als aus einem Verdacht heraus, zog ich die oberste Lade heraus. Zu meinem Entsetzen war die goldene Uhr verschwunden. Ich schäme mich zuzugeben, dass die gemeinsten rassistischen Vorurteile von mir Besitz ergriffen: Die meisten Amerikaner haben offensichtlich recht, wenn sie Schwarze als minderwertig ansehen, dachte ich bei mir selbst. Ich hatte den Kerl in meine Wohnung gelassen und ihm einen Gefallen getan, indem ich ihn auf meinem Sofa übernachten ließ, und er hatte mir meine wertvolle goldene Uhr gestohlen und sich damit aus dem Staub gemacht! Wütend ging ich kurz im Zimmer auf und ab und dann wieder zur Kommode zurück. Ich durchwühlte nochmals die oberste Schublade, und plötzlich berührten meine Fingerspitzen etwas Metallisches: meine Uhr! Sofort begriff ich, wie falsch es gewesen war, pauschale Verallgemeinerungen über schwarze Menschen zu machen. Selbst wenn dieser Soldat meine Uhr gestohlen hätte, wäre ich deswegen keinesfalls berechtigt, alle Schwarzen pauschal zu verurteilen – als hätten wir Juden nicht fürchterlich unter solchen Vorurteilen und Verallgemeinerungen zu leiden gehabt. Es war mir eine Lektion, die ich niemals vergaß.

Der Sommer des Jahres 1940 verging sehr schnell. Ich verbrachte meine Zeit zur Hälfte im Sportklub und zur anderen mit einem Privatlehrer, den Onkel Robert engagiert hatte, um mir einen Schnellkurs in serbokroatischer Grammatik und jugoslawischer Geschichte zu geben. Im September wurde ich in die achte Klasse des *Druga Muška Realna Gimnazija*, eines öffentlichen Realgymnasiums für Jungen, aufgenommen. Ich war fünfzehneinhalb und hätte eigentlich die zehnte Klasse besuchen sollen, konnte mich aber nicht beklagen: Ich ging wieder zur Schule und führte ein annähernd normales Leben, frei von der Angst vor Verhaftung und Deportation. Sehr bald allerdings fing ich an, unter dem mir aufgezwungenen Umgang mit Buben, die so viel jünger waren als ich, zu leiden. Ich war zwei Jahre älter als sie, und meine jüngsten Erfahrungen hatten mich noch reifer gemacht. Es frustrierte mich, dass alle Jungs in meinem Alter die zehnte Klasse besuchten und ihr Überlegenheitsgefühl mir gegenüber, einem kleinen Achtklässler, auch nur die Erwägung, sich mit mir anzufreunden, ausschloss. Zu allem Übel gab es keinerlei Möglichkeiten, Mädchen kennenzulernen. Die Schule wurde erst ab der zehnten Klasse koedukativ geführt, und für Zehntklässlerinnen war es noch unwahrscheinlicher, sich mit einem Achtklässler einzulassen. In meiner Verzweiflung unternahm ich einmal den ungeschickten Versuch, mich mit einem jungen Klassenkameraden anzufreunden – mit dem einzigen Ziel, seiner attraktiven älteren Schwester, die in die zehnte Klasse ging, irgendwie näherzukommen. Mein Vorhaben scheiterte kläglich, sie behandelte mich weiterhin, als ob ich Luft wäre.

Ende 1940 schien Zagreb, in Anbetracht dessen, was sich im übrigen Europa ereignete, ein ruhiger und relativ sicherer Ort zu sein. Tatsächlich aber rückte der Krieg rasend schnell näher. Obwohl er selbst prowestlich eingestellt war, begann Prinzregent Paul, sich den Achsenmächten gegenüber versöhnlich zu zeigen. Im Oktober 1940 erließ die jugoslawische Regierung, möglicherweise um Hitler zu beschwichtigen, mehrere antisemitische Gesetze, wodurch die Anzahl der zum Studium zugelassenen jüdischen Studierenden beschränkt (durch das *Numerus-clausus*-Gesetz) und Juden untersagt wurde, im Lebensmittelhandel tätig zu sein. Kurz darauf verfasste Winston Churchill eine denkwürdige Notiz: »Prinz Pauls Haltung gleicht der eines unglückseligen Mannes, der mit einem Tiger im Käfig sitzt und hofft, ihn nicht zu provozieren, während die Abendessenszeit verlässlich näher rückt.«

In den wenigen Monaten, die ich zwischen Herbst 1940 und Frühjahr 1941 in einer öffentlichen jugoslawischen Schule verbrachte, habe ich nicht einmal Antisemitismus vonseiten meiner Mitschüler und Lehrer erfahren. Dass ich jüdisch war, spielte beruhigenderweise keine Rolle. Doch Zagreb war die Hauptstadt der Provinz Kroatien und der kroatische Nationalismus im Anschwellen. Ich wurde auf die ausgeprägte Abneigung aufmerksam, die katholische Kroaten gegen orthodoxe Serben hegten, denen sie vorwarfen, die nationale Armee und Regierung ungerechtfertigt zu dominieren und Jugoslawien die serbische Königsfamilie mit

Gewalt aufzuzwingen. Überhaupt nichts deutete jedoch darauf hin, dass diese schwelenden Feindseligkeiten in jene entsetzliche, blutrünstige Raserei ausarten würden, die nur wenige Monate später von der Ustascha, den kroatischen nationalistischen Extremisten, gegen Serben, Roma, Sinti und Juden entfesselt wurde.

3. Der Einmarsch

Am ersten Sonntag im April 1941 griffen Deutschland und Italien das Königreich Jugoslawien an. Zwar hatte ich eine unbestimmte Ahnung von den dramatischen politischen Ereignissen, die sich um uns herum abspielten, doch machte ich mir keine Vorstellung davon, wie unmittelbar und einschneidend ihre Auswirkungen auf meinen Alltag sein würden.

Knapp zwei Wochen zuvor hatte Prinzregent Paul den Drohungen Hitlers nachgegeben, und Jugoslawien war dem Dreimächtepakt beigetreten. Nur zwei Tage danach war Paul durch einen Militärputsch hochrangiger serbischer Offiziere, die das Bündnis mit Deutschland ablehnten, gestürzt worden. Sie nahmen mehrere Regierungsmitglieder fest und sandten Paul ins Exil, um an seiner statt den jungen Kronprinzen Peter zum König zu ernennen (obwohl ihm sechs Monate zu seinem achtzehnten Geburtstag fehlten und er formalrechtlich noch minderjährig war). Die neue Regierung war indes bemüht, die Deutschen nicht zu provozieren, bekräftigte sogar Jugoslawiens Loyalität gegenüber den Achsenmächten und bot an, für sämtliche Schäden an deutschem Eigentum aufzukommen, die im Zuge der den Staatsstreich begleitenden Ausschreitungen entstanden waren. Aber Hitler, dessen Plan es war, am ersten April Griechenland anzugreifen, nützte die Gelegenheit, um auch Jugoslawien zu überfallen. Er schob seinen Angriff auf Griechenland um ein paar Tage hinaus, um am sechsten April beide Länder zu attackieren.

An einem frühen Sonntagmorgen wurden Belgrad und weitere Städte schwer bombardiert, und die Armeen der Achsenmächte marschierten von allen Seiten in Jugoslawien ein. Eigentlich war der Angriff zu erwarten gewesen, doch konnte jemand wie ich, der niemals einen Krieg erlebt hatte, sich nicht vorstellen, dass er tatsächlich stattfinden würde. Uns allen wurde schnell klar, dass die Jugoslawen nicht in der Lage waren, die mächtigen deutschen und italienischen Armeen aus eigener Kraft abzuwehren, und dennoch hofften wir, dass sie so lange durchhalten würden, bis Großbritannien und seine Verbündeten ihnen zu Hilfe kämen. Es war ein fürchterlicher und ziemlich unerwarteter Schlag für uns, als die jugoslawischen Soldaten kroatischer Abstammung ihre Waffen kurzerhand niederlegten und heimgingen. Die nationale Armee brach unter dem heftigen Ansturm der Achsenmächte schnell zusammen.

Am Donnerstag, dem zehnten April, hatten die Deutschen die Außenbezirke Zagrebs erreicht, und ihr Eindringen in der Stadt wurde jeden Augenblick erwartet (die italienische Armee war nur im Westen, entlang der adriatischen Küste, vorgerückt). In solchen Zeiten wollte ich natürlich bei meiner Mutter sein und erwischte den, wie sich herausstellen sollte, letzten Zug, der Zagreb vor dem Eintreffen der Deutschen verließ. Sein Ziel war Belgrad, doch ich stieg in der Stadt Slavonski Brod aus und nahm von dort eine Anschlussverbindung nach Derventa in Bosnien, wo meine Mutter, ihr Mann und ihre Schwiegermutter sich gezwungenermaßen aufhielten. Es war ziemlich leicht für mich, sie zu finden (Derventa war nicht mehr als ein großes Dorf), und wir richteten uns darauf ein, zu warten. Es gab keine Möglichkeit zu entkommen, und auch wenn wir besorgt und verängstigt waren, schöpften wir etwas Trost allein daraus, zusammen zu sein, noch ohne Bewusstsein dafür, welch katastrophale Folgen die deutsche Besatzung für uns haben würde. Bis dahin war das einzige Mitglied unserer Familie, das jemals von Deutschen festgenommen worden war, Onkel Julius. Er war im November 1938 in Wien während des »Kristallnacht«-Pogroms aufgegriffen und ins Konzentrationslager Dachau geschickt worden. Doch man hatte ihn nach wenigen Wochen Gefangenschaft freigelassen, und er war später gemeinsam mit Onkel Ferdinand zu uns nach Jugoslawien gekommen. Folglich war in unserer Vorstellung eine Verhaftung durch die Deutschen – ganz zu schweigen davon, unter ihre Besatzung zu gelangen – nicht unbedingt gleichbedeutend mit dem Tod.

Ein oder zwei Tage nach meiner Ankunft in Derventa wurde es von der Luftwaffe bombardiert, obwohl die kleine, überwiegend muslimische Stadt keine besondere strategische Bedeutung hatte. Wir befanden uns alle in unserer Wohnung im zweiten Stock eines kleinen zweigeschossigen Hauses, als wir die ersten Explosionen hörten. Jemand hatte uns erzählt, dass der sicherste Zufluchtsort im Falle einer Bombardierung – und falls keine Zeit blieb, geeignete Schutzräume aufzusuchen – die Ecken eines Raumes seien, da dort der Boden mit den tragenden Außenwänden des Gebäudes verbunden war. Wir drängten uns in einer Ecke zusammen, während das Flugzeug über uns dröhnte und seine Bomben abwarf. Plötzlich wurde unser Haus getroffen; und wir hielten uns aneinander fest, während alles um uns herum einstürzte. Als der Staub sich endlich gelegt hatte, begriffen wir, wie wertvoll der Ratschlag gewesen war: Das gesamte Haus war bis auf seine Ecken, die tatsächlich mit den Außenwänden verbunden geblieben waren, eingestürzt. Abgesehen von ein paar kleinen, durch umherfliegende Glassplitter verursachten Kratzern und dem Schock unserer ersten Bombardierung, waren wir unversehrt geblieben. Unser größtes Problem bestand darin, dass wir im zweiten Stock festsaßen und nicht hinunterklettern konnten. Eine ganze Weile blieben wir auf dieser kleinen Insel aus Ziegeln und Zement gestrandet, bis jemand mit einer Leiter kam und uns nach unten half. Wir sammelten alles, was uns rettenswert erschien, ein und fanden anderswo Zuflucht.

Kurz darauf wurde ich Zeuge eines Anblicks, der für mich die jugoslawische Niederlage in ihrer Gesamtheit versinnbildlichte: Eine kleine Gruppe hochrangiger Offiziere, der auch zwei Generäle angehörten, augenscheinlich alles Serben (die Kroaten hatten sich ihrer Uniformen längst entledigt), ging schweigsam und niedergedrückt durch Derventa. Sie wirkten abgehärmt, mutlos und völlig desorientiert. Ich beobachtete, wie sie nach Süden abbogen und in die Ferne schlurften. Es war der ergreifendste Anblick, der mir je untergekommen ist.

Am nächsten Tag gab es wilde Gerüchte, dass die deutsche Armee näher rücken und jeden Moment Derventa erreichen würde. Und tatsächlich war bald aus jener Richtung, aus der man die Deutschen erwartete, ein Knirschen und Rattern zu hören. Plötzlich tauchten drei Panzer auf und rumpelten an unserem

Haus vorbei. Ich beobachtete sie mit einer Mischung aus Angst und Faszination – schließlich hatte ich nie zuvor einen Panzer gesehen – und bemerkte eine kleine, dreieckige rot-weiße Fahne, die am ersten der Panzer flatterte. Alle in der Stadt dachten, dass dies die Vorhut der vorrückenden deutschen Truppen sei, und sofort kamen die Unterstützer der kroatischen nationalistischen Extremisten, die Ustascha, aus ihren Löchern gekrochen. Ihre Vereinigung war im Königreich Jugoslawien verboten gewesen, jetzt aber legten ungefähr zwanzig von ihnen rasch Armbinden an, auf denen ein großes »U« prangte, und versammelten sich stolz auf dem Hauptplatz der Stadt, um ihre Befreier willkommen zu heißen. Als die Panzer einfuhren, erhoben die Ustascha-Sympathisanten ihre Arme zum Nazi-Gruß – woraufhin die Panzer sofort das Feuer eröffneten und fast alle von ihnen niedermähten. Offensichtlich waren sie mit Serben bemannt und bildeten die allerletzten Restposten der sich zurückziehenden jugoslawischen Armee. Die Panzer drehten dann nach Süden ab und verschwanden in der Ferne.

Am nächsten Tag trafen tatsächlich deutsche Truppen ein, und über kurz oder lang trugen beinahe alle Kroatinnen und Kroaten, egal ob Katholiken oder Muslime, eine mit einem »U« versehene Armbinde. Die Ustascha übernahm die Zivilverwaltung und beglich rasch einige lokale Rechnungen, indem sie mehrere Serben ermordete. Die jüdische Bevölkerung Derventas – eine kleine sephardische Gemeinde (Nachkommen jener Juden, die beinahe 450 Jahre zuvor aus Spanien vertrieben worden waren) und etwa zweihundert Geflüchtete aus dem von den Nazis besetzten Europa – wurde nicht unmittelbar schikaniert. Wir mussten uns zunächst nur in regelmäßigen Abständen bei der Polizei der Ustascha melden. Auch wenn ich von vereinzelten Angriffen und Überfällen hörte, schien das Leben weiterzugehen wie bisher.

Innerhalb weniger Tage war Jugoslawien überrannt worden. Die Deutschen fielen anschließend in Griechenland ein, wo sie in kürzester Zeit sowohl die griechische Armee als auch das Britische Expeditionskorps besiegten. (Obwohl der gesamte Balkanfeldzug nicht lang dauerte, hatte die große Zahl an Truppen, die für diesen Blitzkrieg benötigt wurden, Hitler dazu gezwungen, seinen geplanten Angriff auf die Sowjetunion um sechs bis acht Wochen zu verschieben. Dies hinderte die Deutschen daran, Moskau vor dem Winter einzunehmen und hat sie möglicherweise den vollständigen Sieg über die Sowjetunion gekostet.)

Im Zuge des Sieges der Achsenmächte kehrten die Anführer der faschistischen Ustascha-Bewegung aus ihrem italienischen Exil, wo sie über Jahre Unterschlupf gefunden hatten und von Mussolini ausgebildet und finanziert worden waren, nach Kroatien zurück. Ihr Anführer, Ante Pavelić, wurde als »Poglavnik« (Oberhaupt) eines neuen Unabhängigen Staates Kroatien installiert, der sowohl das katholische Kroatien als auch das überwiegend muslimische Bosnien-Herzegowina umfasste. Anfangs schien dieses neue Regime dazu bestimmt, ein Marionettenstaat des faschistischen Italien zu bleiben, doch bald erwies es sich sowohl in seiner Ideologie als auch in seinen Methoden den Nazis näher. Den Kroaten wurde die Autorität über die Zivilbehörden und die Verwaltung übertragen, während der überwiegende Teil des Landes unter deutscher Militärbesatzung verblieb und die Italiener nur über einige Gebiete entlang der adriatischen Küste die Kontrolle behielten.

Kurz nach ihrer Machtübernahme erließ die Ustascha einen Erlass, der alle Jüdinnen und Juden anwies, einen gelben Davidstern am Revers zu tragen. Da keine geliefert wurden, bestand meine Hauptbeschäftigung über die nächsten paar Tage darin, diese Abzeichen anzufertigen.

Zwischenzeitlich hatte ich mich mit einem Jungen namens Franz Schulbaum angefreundet, der ebenfalls aus Wien geflüchtet und zusammen mit seinen Eltern in Derventa interniert worden war. Gemeinsam beschäftigten wir uns damit, die Aufnäher für die gesamte Gruppe ausländischer Flüchtlinge herzustellen. Wir besorgten etwas Karton, gelben Stoff, Sicherheitsnadeln und schwarze Tinte und produzierten im Laufe der nächsten

Tage an die zweihundert Abzeichen, in deren Mitte fein säuberlich der Davidstern mit dem Buchstaben Ž (für *Židov*, serbokroatisch für *Jude*) prangte.

Da wir uns ihrer unheilvollen Bedeutung als eines ersten Schritts auf dem Weg zu Deportation und Ausrottung nicht bewusst waren, zogen wir beträchtliche Genugtuung daraus, uns für die Gruppe nützlich zu machen und aus dem fachmännischen Eindruck unseres Werks.

Von unserer Abzeichenproduktion abgesehen, verlief unser Leben über die nächsten paar Wochen unspektakulär, wiewohl viele Gerüchte kursierten. Wir hielten die Hoffnung hoch und ermutigen einander mit der Rede von etwas Einschneidendem – einem *Deus ex Machina* wie zum Beispiel einer Invasion der Briten (die Vereinigten Staaten waren noch nicht in den Krieg eingetreten) –, das uns aus unserer misslichen Lage befreien würde. Unterdessen versuchten wir, so wenig Aufmerksamkeit wie nur möglich zu erregen. Da wir keine Möglichkeit hatten, in die Schule zu gehen, und wir die einzigen jungen Leute unter den Geflüchteten waren, vertrödelten Franz und ich unsere gemeinsamen Tage die meiste Zeit damit, uns auszumalen, dass wir eines Tages Amerikaner werden und frei in den Vereinigten Staaten leben würden. Wir machten lose Bekanntschaft mit ein paar einheimischen muslimischen Jugendlichen, brachten es aber nie zu einer richtigen Freundschaft mit ihnen; unsere kulturellen und religiösen Hintergründe waren zu verschieden, außerdem hatten wir das ungute Gefühl, dass die meisten Muslime mit der Ustascha sympathisierten. Wie die katholischen Kroaten nahmen auch sie den orthodoxen Serben deren Vorherrschaft über Jugoslawien übel und waren empfänglich für Propaganda, der zufolge die Juden – zusammen mit den Serben und »Zigeunern« – die Todfeinde des neuen Staates bildeten.

Dank eines kleinen Radioapparats, den einer aus unserer Flüchtlingsgruppe hatte verstecken können (es existierte eine Ustascha-Verordnung, die Juden den Besitz von Radios untersagte), konnten wir das Kriegsgeschehen verfolgen. Auch wenn der Empfang sehr schlecht war, versammelten sich Mitglieder unserer Gruppe regelmäßig heimlich, um die deutschsprachigen

Übertragungen der BBC zu hören – ein schweres Verbrechen, das mit sofortiger Verhaftung und Deportation bestraft wurde. Sie schrieben mit und leiteten die neuesten Nachrichten später an den Rest von uns weiter. Andere Flüchtlinge hielten währenddessen vor dem Haus Wache, um die Hörer vor sich nähernden verdächtigen Personen zu warnen. Franz und ich boten uns oft für diese Aufgabe an und hielten uns dann unauffällig in der Nähe des Hauses auf, in dem das Radio stationiert war, um bei drohender Gefahr so laut wie möglich die vereinbarte Melodie zu pfeifen. Bei der Melodie, die Franz und ich uns ausgesucht hatten, handelte es sich um die »Britische Grenadiere«, einen englischen Militärmarsch, den wir auf BBC gehört hatten. Wir waren uns nicht im Klaren darüber, welch ernsthafte Provokation dies hätte darstellen können, doch reagierte kein Ustascha oder Deutscher je auf das von uns gepfiffene Lied. Entweder waren sie nicht bewandert genug oder, was wahrscheinlicher ist, entstellte unser Gepfeife die Melodie bis zur Unkenntlichkeit.

Mein einziger anderer Zeitvertreib während dieser ersten gespenstisch ruhigen Wochen bestand darin, der Dichtkunst Alexander von Sacher-Masochs zu lauschen. Er war nicht jüdisch, seine Frau aber war es, was seine Anwesenheit innerhalb unserer Gruppe Geflüchteter in Derventa erklärt. Er stammte aus Wien, war Journalist und Schriftsteller und der Großneffe des Romanciers Leopold von Sacher-Masoch, dem Namensgeber des Masochismus (ich wusste damals nichts über die Existenz dieses Begriffs, ganz zu schweigen von seiner Bedeutung). Von Zeit zu Zeit erzählte er mir von einem neuen Gedicht, das er geschrieben hatte, und fragte mich, ob ich es mir vielleicht anhören wolle. Unbeschäftigt, wie ich war, hatte ich nichts dagegen und saß mehrere Nachmittage lang still neben ihm, während er mir seine Verse vortrug. Von seiner abstrakten und anspruchsvollen Dichtung verstand ich nur wenig und konnte deshalb so gut wie keine sachdienlichen Anmerkungen beisteuern, doch las er mir gerne vor, da ich, wie er es ausdrückte, »ein guter Zuhörer« sei (was bedeutete, dass ich ihn nicht unterbrach und immer den Anschein machte, als würde ich aufpassen).

Von Sacher-Masoch schrieb mehrere Bücher, darunter einen fiktiven Bericht seiner Kriegsjahre in Jugoslawien mit dem Titel Die Ölgärten brennen. *Seinen kurzen Aufenthalt in Derventa erwähnt er darin nicht.*

Nach etwa zwei Monaten unseres Sitzkrieges, in denen nicht viel passierte, fand unsere verhältnismäßige Beschaulichkeit ihr Ende. Eines Tages im späten Juni oder Juli 1941 befahl uns die Ustascha-Polizei, unverzüglich unsere Sachen zu packen und uns für unsere Evakuierung bereitzuhalten. Wenige Stunden später gingen Polizisten durchs Dorf und trieben alle jüdischen Bewohnerinnen und Bewohner zusammen, Einheimische wie Flüchtlinge. Sie eskortierten uns zum Bahnhof und gestatteten uns, nur so viel mitzunehmen, wie wir selbst tragen konnten. Sobald wir uns am Bahnhof eingefunden hatten, wurde uns befohlen, in Viehwaggons zu steigen, die bereits auf uns warteten. Wir begriffen, dass man uns wahrscheinlich in ein Konzentrationslager deportieren wollte, doch eine Mischung aus dürftigem Wissen und Wunschdenken ließ diese Aussicht nicht unbedingt beängstigend erscheinen. Mit der Illusion, dass Konzentrationslager nichts anderes als Arbeitslager waren, in denen Familien zusammenbleiben durften, bestiegen wir in aller Ruhe die Viehwaggons. Es war ein heißer Sommertag, und die Sonne schien unbarmherzig. Die Waggons waren stark überfüllt, voll mit Männern, Frauen und Kindern jeden Alters, und bald wurde es unerträglich heiß und stickig. Mehrere Stunden vergingen, bis der Zug losfuhr und sich langsam Richtung Nordosten bewegte. Zu diesem Zeitpunkt hatten die meisten von uns bereits das dringende Bedürfnis, sich zu erleichtern. Es sei daran erinnert, dass wir alle Mitteleuropäer der Vorkriegszeit waren, die unter normalen Umständen vorgezogen hätten, still zu leiden, als zuzugeben, ihren körperlichen Bedürfnissen nachkommen zu müssen – ganz zu schweigen von der Erwägung, dies öffentlich zu tun. Aber es war unmöglich, länger auszuhalten, und endlich brachte jemand den Mut auf, laut vorzuschlagen, dass die Frauen sich zuerst erleichtern sollten, und zwar durch eine vergitterte Öffnung an der Seite des Waggons. Unterdessen drängten sich die Männer in eine Ecke, schauten in die andere Richtung und warteten, bis sie an der Reihe waren. Dann versammelten sich die Frauen in einer Ecke, während wir uns erleichterten. Es war ein ziemlich traumatisches Erlebnis für uns alle, doch wir versuchten, es so leicht wie möglich zu nehmen. Unser dahinzuckelnder Zug hielt nach ungefähr zwei Stunden in der Stadt Bosanski Brod, etwa dreißig Kilometer von Derventa entfernt. Bosanski Brod lag am Ende der bosnischen Schmalspurbahnlinie. Um weiterzukommen, müssten wir in einen Zug des normalspurigen kroatischen Bahnnetzes umsteigen. In Bosanski Brod kam allerdings alles zum Erliegen. Zwei Tage und zwei Nächte lang wurden wir in den Viehwaggons festgehalten und durften nur kurz aussteigen, um uns die Beine zu vertreten. Die Ustascha gab uns nichts zu essen, doch der örtlichen jüdischen Gemeinde wurde erlaubt, uns mit Brot, Wasser und Würsteln zu versorgen. Dann, am dritten Tag, setzte sich der Zug wieder in Bewegung und fuhr langsam nach Derventa zurück, wo wir ohne Erklärung freigelassen wurden. Wir haben nie erfahren, warum wir auf diesen gespenstischen Ausflug nach Bosanski Brod geschickt wurden, es muss aber mit der Absicht geschehen sein, uns in ein Konzentrationslager zu deportieren. Glücklicherweise war die Ustascha genauso unorganisiert wie brutal; ein logistisches Problem muss sie in letzter Minute dazu gezwungen haben, unsere Deportation abzubrechen.

Im Laufe des Sommers 1941 wurden immer mehr Jüdinnen und Juden, die im von den Deutschen besetzten Teil des Unabhängigen Staates Kroatien lebten, verhaftet und in Konzentrationslager deportiert. Lange Zeit wusste man aber wenig bis gar nichts über ihr Schicksal. Wir fanden immer Gründe, um auch weiterhin auf eine Wendung zum Besseren zu hoffen, und redeten uns ein, dass wir vielleicht, als Ausländer, verschont bleiben würden. Und selbst wenn wir gewusst hätten, was den anderen geschah und was uns bevorstand, hätten wir kaum etwas ausrichten können. Wir saßen in der Falle und fühlten uns völlig hilflos.

Vor diesem Hintergrund der Ohnmacht und Sorge mag es unverständlich erscheinen, dass Onkel Robert im September 1941 meiner Mutter schrieb, um ihr vorzuschlagen, mich nach Zagreb zurückzuschicken, wo die jüdische Gemeinde für Leute meines Alters Unterrichtsmöglichkeiten organisierte. Jüdische Kinder waren aufgrund der antisemitischen Verordnungen der Ustascha aus sämtlichen staatlichen Schulen verbannt worden (womit sie den Nazis nacheiferten, die drei Jahre zuvor in Österreich dasselbe getan hatten). Dieser improvisierte Unterricht unter der Schirmherrschaft der jüdischen Gemeinde war meine einzige Chance, nicht noch ein weiteres Schuljahr zu verlieren. Ich für meinen Teil konnte es nicht erwarten, Derventa zu verlassen. Mit meinem Stiefvater verstand ich mich überhaupt nicht, und ich freute mich darauf, wieder zur Schule gehen zu können. Ich bestand darauf, dass meine Mutter mir erlaubte, nach Zagreb zurückzukehren, was sie schließlich tat. Wir trennten uns im Herbst 1941.

Zurück in Zagreb erkannte ich, dass der Unterricht nicht unbedingt das war, was ich mir erhofft hatte. Unter den schwierigen Umständen war alles, was die jüdische Gemeinde tun konnte, ein paar Vorlesungen zu organisieren, die geheim in Privatwohnungen gehalten wurden. Um nicht die Aufmerksamkeit der Ustascha zu erregen, trafen wir einer nach dem anderen ein, in zeitlichem Abstand zueinander und so unauffällig wie nur möglich. Die Atmosphäre dieser Vorlesungen war sehr düster. Es gab im Herbst 1941 in Zagreb nur noch wenige jüdische Kinder, und meine Gruppe zählte nie mehr als vier oder fünf Schüler. Die Väter einiger meiner Schulkameraden waren bereits deportiert worden, ohne Nachricht über ihr Schicksal.

Dr. Mirko Rechnitzer

Der einzige Hoffnungsschimmer in dieser finsteren Welt war die Persönlichkeit unseres Hauptdozenten, eines Arztes namens Dr. Rechnitzer. Er war ein großartiger, redegewandter Mann, der in der Lage war, über eine beeindruckende Bandbreite an Themen klug und fesselnd zu sprechen. Zu einer Zeit, als alles aufgeboten wurde, um uns zu vernichten, hob er mit seinen inspirierenden und anregenden Vorträgen unsere Stimmung. Im Versuch, unser Selbstwertgefühl zu stärken, erinnerte er uns auch daran, dass die Juden Einstein und Freud, neben Moses, das menschliche Denken mehr als sonst jemand in der Geschichte beeinflusst hatten. Verängstigt und niedergeschlagen, wie wir waren, spendeten seine Worte uns ein wenig Trost.

Die Verhältnisse verschlechterten sich weiterhin rapide. Eine wachsende Anzahl an Juden, Ortsansässige wie Ausländer, wurde festgenommen und in Konzentrationslager geschickt. Gegen Ende 1941 wurde mein Stiefvater Friedrich Löbl in das Vernichtungslager Jasenovac, das ungefähr hundert Kilometer südöstlich von Zagreb lag, deportiert. Von ihm hatten wir nie wieder Nachricht. Widerwillig begriffen wir, dass erschreckend wenige Gefangene aus den Lagern entlassen wurden (üblicherweise infolge der Intervention eines ausländischen Konsulats) und ihre Gräuelgeschichten vermutlich der Wahrheit entsprachen. Viele Monate lang weigerten sich Onkel Robert und Tante Camilla, die Mahnzeichen zu erkennen. Mehr als einmal hörte ich sie sagen: »Wenn die Ustascha uns bis jetzt in Ruhe gelassen hat, warum soll sie uns in Zukunft etwas tun wollen?« Doch sogar sie sahen jetzt ein, dass wir flüchten mussten.

Der einzige potenziell sichere Ort war die italienische Besatzungszone. Die italienische Armee kontrollierte die gesamte Adriaküste Jugoslawiens von Rijeka (Fiume) im Norden bis an die albanische Grenze im Süden, einschließlich aller Inseln. Manche Regionen, darunter die Stadt Split, waren sogar von Italien annektiert worden. Der Rest stand zunächst nur unter italienischer Militärbesatzung, während die Zivilverwaltung in kroatischen Händen blieb. Als allerdings die Italiener von den entsetzlichen Gräueltaten, die von der Ustascha an Serben und Juden begangen wurden, erfuhren, intervenierten sie, schränkten die Machtbefugnisse der kroatischen Behörden innerhalb der italienischen Zone ein und setzten so dem Schrecken ein Ende. Die Kunde von der überraschenden Haltung der Italiener erreichte nach kurzer Zeit die unter deutscher beziehungsweise Ustascha-Herrschaft leben-

Die Teilung Jugoslawiens nach dem Einmarsch der Achsenmächte im April 1941

den Juden. Die Tatsache, dass die Italiener Juden wie normale Menschen behandelten, genügte, dass sie alles unternahmen, um ihre Besatzungszone zu erreichen. Doch es war gefährlich und schwierig, aus den Gebieten, die von den Deutschen oder Ustascha kontrolliert wurden, zu flüchten. Für einen Juden stellte bereits der Versuch, seinen Aufenthaltsort zu verlassen, eine Straftat dar; Jüdinnen und Juden, die dabei aufgegriffen wurden, riskierten ihre sofortige Festnahme und Deportation in ein Vernichtungslager. Außerdem gab es keinerlei Garantie, dass wir, sollten wir die italienische Zone erreichen, tatsächlich Zutritt erhalten würden (eine ganze Menge jüdischer Flüchtlinge war an der Grenze von den italienischen Truppen abgewiesen worden). Befand man sich einmal im italienischen Hoheitsgebiet, war man unseren Informationen zufolge allerdings verhältnismäßig sicher. Vielleicht würde man sogar nach Italien verlegt, wo, wie erzählt wurde, die Lebensbedingungen besser waren, die einheimische Bevölkerung gastfreundlich, und man selbst sicherer als in einer der besetzten Zonen Jugoslawiens, die von der italienischen Armee möglicherweise eines Tages geräumt würden.

Im Vorfeld unserer Flucht aus Zagreb löste Onkel Robert seinen Lagerbestand an Krawatten auf und versuchte alles, was sich sonst noch verkaufen ließ, zu veräußern. Das Problem bestand darin, die Erlöse flüssig zu machen, zu transportieren und auf einfache Weise zu verstecken. Er kaufte auf dem Schwarzmarkt einige Goldmünzen, den größten Teil seines Geldes übergab er aber an Dr. Šik, der erpresst wurde und Bares benötigte. Dr. Šik war als Anwalt derart erfolgreich, dass er sich im Laufe der Jahre nicht wenige Feinde gemacht hatte, meistens Leute, gegen die er vor Gericht gewonnen hatte (der übliche Ausgang seiner Bemühungen); einige von ihnen erpressten nun – einschließlich ihrer Anwälte – Geld von ihm und drohten an, ihn für den Fall, dass er nicht zahlte, an die Ustascha zu verraten. Jeder erfundene Anlass – selbst die einfache Tatsache, ein Gerichtsverfahren gegen einen Nichtjuden gewonnen zu haben – hätte ausgereicht, um ihn festnehmen und in ein Konzentrationslager schicken zu lassen. Als Dr. Šik die Forderungen seiner Erpresser nicht mehr erfüllen konnte, wandte er sich hilfesuchend an Onkel Robert: Er versprach meinem Onkel, falls er ihm Bargeld in der Landeswährung geben würde, ihm dieses nach dem Krieg von einem Dollarkonto, das er viele Jahre zuvor in New York eröffnet hatte, zurückzuzahlen. Er hatte nun keinen Zugriff darauf und musste es natürlich geheim halten (ein ausländisches Bankkonto zu besitzen, war für einen Juden noch gefährlicher, als der Versuch zu flüchten). Dieses Angebot kam meinem Onkel entgegen, und in Anbetracht der damit verbundenen Risiken wurde auf einem kleinen Stück Papier eine simple handschriftliche Vereinbarung aufgesetzt. Onkel Robert übergab unterschiedliche Geldbeträge an Dr. Šik, manchmal in meinem Beisein, wobei deren Höhe jedes

Mal fein säuberlich auf dem originalen Papierstück notiert wurde. In den darauffolgenden Monaten ging diese Niederschrift allerdings verloren, und Dr. Šik wurde von der Ustascha nach Jasenovac deportiert, wo er ermordet wurde.

Nach dem Krieg urteilte ein New Yorker Gericht, dass Onkel Robert Anspruch auf Rückerstattung aus Dr. Šiks Nachlass habe. Ich war der einzige Zeuge zu seinen Gunsten, und die Entscheidung des Richters basierte einzig und allein auf der Glaubwürdigkeit meiner Aussage. Dass er mir glaubte, freute mich sehr, und Onkel Robert bekam ein paar Tausend Dollar, die er dringend benötigte.

Ende 1941 galt unser einziger Gedanke der Frage, wie wir aus Zagreb hinausgelangen könnten. Im Unabhängigen Staat Kroatien war es unmöglich, ohne Dokumente, sogenannte *Propusnice*, irgendwohin zu fahren. Es handelte sich dabei um spezielle Pässe, die ihre Inhaber dazu berechtigten, von einem bestimmten Ort an einen anderen zu reisen. Niemand durfte ohne dieses Dokument reisen, wobei Jüdinnen und Juden nicht einmal gestattet war, eines zu beantragen. Dennoch verkauften korrupte Beamte sie über Mittelsmänner. Uns gelang es, gefälschte *Propusnice* zu erwerben, die uns dazu berechtigten, aus Zagreb in ein Dorf im von den Deutschen besetzten Südkroatien »zurückzukehren«, unserem vermeintlichen Wohnsitz. Wir wussten, dass wir, wollten wir diesen Ort erreichen, die im italienischen Besatzungsgebiet gelegene Stadt Split passieren mussten. Unser Plan war es, einmal in Split angelangt, auf irgendeine Weise der Überwachung zu entkommen und – illegal – in der italienischen Zone zu bleiben. Onkel Robert würde die Reise als Erster und allein unternehmen. Sollte es ihm gelingen, in Split zu bleiben, würde er uns informieren und sich um eine Unterkunft für uns kümmern. Dann würden Tante Camilla, ihr Mann Oskar und ich Zagreb verlassen. Wir hofften, dass meine Mutter und ihre Schwiegermutter, die noch immer in Derventa waren, sich uns später würden anschließen können.

Ende Dezember 1941 trat Onkel Robert seine Reise in die italienische Zone an. Innerhalb weniger Tage erhielten wir Nachricht, dass er gut angekommen und es ihm gelungen war, in Split zu bleiben. Er bat uns eindringlich, unverzüglich nachzureisen. Da öffentliche Warenlager jüdisches Eigentum nicht mehr annahmen, kümmerten wir uns schnell um die Einlagerung unserer restlichen Möbel bei Privatpersonen, wohl wissend, dass wenig Hoffnung bestand, unser Hab und Gut jemals wiederzusehen, selbst für den Fall, dass wir eines Tages nach Zagreb zurückkehren würden.

Wir hatten vor, am 12. Jänner 1942 abzureisen. Um keinen Verdacht zu erregen, falls uns jemand dabei sehen sollte, wie wir Gepäck aus dem Haus trugen, packten wir unsere Taschen am Vortag und schickten sie voraus. Es waren nur wenige Tage bis zu meinem siebzehnten Geburtstag. Ich erinnere mich daran, mit welcher Sorgfalt ich den schönen maßgeschneiderten Anzug aus englischer Wolle zusammenlegte – grau mit rotem Nadelstreif, den Onkel Robert anlässlich meines Geburtstags bestellt hatte. Es war der allererste Anzug, den ich besessen habe. Zusammen mit einem glänzenden Paar handgemachter Schuhe war er am 11. Jänner geliefert worden. Ich war sehr stolz auf meine neue Kleidung und hatte sie besonders vorsichtig eingepackt. Doch ich bekam nie die Gelegenheit, sie zu tragen.

Es war am 12. Jänner 1942 um die Mittagszeit. Die Wohnung war leer, und wir waren gerade dabei, uns zum Bahnhof aufzumachen. Da es keine Möbel mehr gab, hatte ich meinen Mantel auf einem der Fenstergriffe im Wohnzimmer aufgehängt. Tante Camilla und Onkel Oskar warteten bereits vor dem Haustor auf mich. Was dann geschah, hat sich in mein Gedächtnis eingebrannt wie ein Film in Zeitlupe: Ich drehte mich zum Fenster und ging darauf zu, um mit der Hand nach dem Mantel zu greifen. In diesem Moment läutete es schrill an der Tür, dreimal. Wir öffneten, und vor uns standen zwei Kriminalbeamte in Zivil, die uns des Versuchs beschuldigten, ohne Genehmigung abreisen zu wollen (als ob uns eine erteilt worden wäre, hätten wir darum angesucht). Sie sagten, dass wir unter Arrest stünden und befahlen uns, ihnen zu folgen.

4. Gefängnis

Während wir in Begleitung der beiden Polizisten die zwei Stockwerke hinuntergingen, überlegte ich, wer uns verraten haben könnte. Vielleicht einer der anderen Mieter, der unsere Vorbereitungen trotz unserer Vorsichtsmaßnahmen bemerkt hatte? Oder war es der Hausmeister als der übliche – und wahrscheinlichste – Verdächtige?

Wir traten auf die Straße hinaus und wurden zu einem dort auf uns wartenden Polizeiauto geführt. Es war bitterkalt, und ich vergrub meine Hände in meinen Manteltaschen. Mit meinen Fingerspitzen ertastete ich darin die Ecken mehrerer Papierstücke und stellte entsetzt fest, dass ich die gefälschten Reisedokumente für alle drei von uns bei mir trug. Erst später wurde mir klar, dass es, war man Jude, keine Rolle spielte, ob zu irgendeinem »Fehlverhalten« auch materielle Beweise vorlagen. In diesem Augenblick aber hielt ich es für ungeheuer wichtig, sie loszuwerden. Als wir uns dem Polizeiauto näherten, sah ich, dass mir der Beamte, der uns die hintere Wagentür aufhielt, keinerlei Beachtung schenkte. Während ich langsam ins Auto stieg, zog ich die Papiere aus meiner Tasche und ließ sie in den Rinnstein fallen. Als ich mich dann so lässig wie möglich in den Rücksitz fallen ließ, erlebte ich insgeheim ein intensives – wenn auch kurzlebiges – Triumphgefühl.

Die Beamten fuhren mit uns zum Polizeihauptquartier der Ustascha, das sich an dem großen Platz befand, der nur wenige Häuserblöcke von unserer Wohnung entfernt lag.

Der Name dieses wichtigen Platzes spiegelt seit jeher die politische Ordnung wider. Unter den Ustascha hieß er Platz [Nr.] III, während der Monarchie Petersplatz. Nach dem Krieg, unter den Kommunisten, hieß er Platz der Opfer des Faschismus; heute [zum Zeitpunkt

Hier befanden sich das Hauptquartier und Gefängnis der Ustascha-Polizei, wo Onkel Oskar, Tante Camilla und ich am 12. Jänner 1942 eingesperrt wurden. Das Foto entstand 1981, als das Gebäude als Studentenwohnheim genutzt wurde; damals war es nach Moša Pijade benannt, einem jüdischen Partisanenführer und engen Vertrauten Titos.

der Niederschrift], im neuen unabhängigen Kroatien, heißt er Platz der großen Kroaten. [Seit 2000 heißt er wieder Platz der Opfer des Faschismus, A. d. Ü.]

Wir drei wurden in ein Büro geführt, wo unsere Personalien aufgenommen wurden. Man durchsuchte uns, nahm unsere Fingerabdrücke ab und konfiszierte unsere Uhren, Gürtel, Krawatten und Schuhbänder. Anschließend wurden wir getrennt voneinander befragt.

Jener Ustascha, der meine Befragung durchführte, warf mir vor, versucht zu haben, Zagreb ohne Genehmigung zu verlassen. Dies stritt ich energisch ab, doch schienen meine Entgegnungen ihn überhaupt nicht zu interessieren. Seine Vernehmung war oberflächlich; er schenkte meinen Antworten keine Beachtung und unternahm auch keinerlei Versuch, mir ein Geständnis zu entlocken. Langsam dämmerte mir, dass, weil ich Jude war, die Frage meiner Schuld oder Unschuld einfach keine Rolle spielte: Ich war nun in den Händen der Ustascha, und es machte keinen

Unterschied für sie, ob ich das Verbrechen, mein Leben zu retten, indem ich geflüchtet war, tatsächlich begangen hatte oder nicht. Mein Schicksal, wie immer es aussehen würde, war beschlossen.

Über die Treppen wurde ich in den Keller geführt und in eine winzige Zelle gesperrt, die ungefähr einen Meter breit und zwei Meter lang war. Zum ersten Mal in meinem Leben, elf Tage vor meinem siebzehnten Geburtstag, war ich in Haft. Ich betrachtete meine Umgebung. Bis auf ein schmales Feldbett und eine nackte Glühbirne war die Zelle kahl. Hoch oben konnte ich ein kleines Fenster in der Wand ausmachen, doch war seine Glasscheibe vollkommen undurchlässig, sodass ich nicht sagen konnte, ob es Tag oder Nacht war. Ich setzte mich ans Ende des Bettes und streckte meine Beine aus. Die Zelle war so schmal, dass ich mit den Füßen mühelos die gegenüberliegende Wand berühren konnte. Bald verlor ich jedes Zeitgefühl. Ich hatte nichts zu tun oder zu lesen, und die Glühbirne brannte ununterbrochen. Alle paar Stunden brachte mir jemand etwas zu essen. Immer wenn ich zur Toilette musste, schlug ich gegen die Zellentür, und ein bewaffneter Wachtposten begleitete mich zur Latrine, wartete auf mich und begleitete mich wieder zurück.

Die Tür meiner Zelle war aus schwerem Stahl, in das in Augenhöhe fünf Reihen kleiner Löcher gebohrt waren, acht Löcher pro Reihe. Da die Wände meiner Zelle in einem gleichmäßig hellen Grau gestrichen waren, bildeten die vierzig kleinen Löcher das einzige Muster, auf das mein Auge sich konzentrieren und mit dem es spielen konnte. Ich verbrachte Stunden damit, auf meinem Feldbett zu liegen und sie mit meinem Blick zu fixieren, während ich sie wieder und wieder in jede nur mögliche Richtung zählte und sie zu unzähligen Formen und Mustern ordnete und umordnete. Wenn ich die Eintönigkeit nicht länger aushielt, stand ich auf und spähte durch die Löcher hindurch in den Gang. Normalerweise war, von der Zellentür abgesehen, die sich gegenüber meiner eigenen befand, nichts zu sehen, von Zeit zu Zeit erblickte ich aber einen Insassen, der zur Einvernahme geführt wurde. Manchmal nahm ich auch die entfernten Schreie von jemandem wahr, der gefoltert oder geschlagen wurde – mir selbst wurde in diesem Gefängnis kein körperliches Leid zugefügt.

Nach einiger Zeit wurde ich ein weiteres Mal zur Einvernahme gebracht, die aber nur aus der Überprüfung meiner Personalien und der wiederholten Anschuldigung bestand, ich hätte versucht, aus Kroatien zu flüchten. Niemand versuchte, mich zu einem Geständnis zu bewegen, und meinem Dementi wurde keine Beachtung geschenkt.

Eines Tages entdeckte ich zufällig, dass Tante Camilla in der Zelle eingesperrt war, die an meine grenzte. Immer, wenn wir uns besonders niedergeschlagen oder einsam fühlten, klopften wir vorsichtig an die dicke Wand, die uns trennte, nur um einander wissen zu lassen, dass wir noch da waren. Da wir nicht damit gerechnet hatten, uns in einer Situation wie dieser wiederzufinden, hatten wir keinen Code, doch das gelegentliche unregelmäßige leise Klopfen war für mich während meiner Einzelhaft ein Quell des Trostes und der Aufmunterung.

Nach einer gefühlten Ewigkeit, die, wie sich herausstellte, nur acht Tage lang gewesen war, wurde ich schließlich – allein und ohne Tante Camilla oder Onkel Oskar – von meiner Zelle im Keller des Zagreber Polizeihauptquartiers in das Gefängnis von Savska Cesta verlegt, das sich am Stadtrand von Zagreb befand.

Meine neue Zelle war zwar viel größer als die vorige, doch unerträglich überfüllt: Um die fünfunddreißig Gefangene drängten sich in ihr. Die Zelle war komplett kahl, weder gab es Betten noch Stühle, und dennoch war kein Platz, um sich zu bewegen. Ich war der mit Abstand jüngste Gefängnisinsasse der Gruppe und, soweit ich es beurteilen konnte, der einzige Jude und Ausländer. Frierend, hungrig und mutlos, wie wir waren, sprachen wir kaum ein Wort miteinander, doch gewann ich den Eindruck, dass es sich bei keinem meiner Mitinsassen um gewöhnliche Kriminelle handelte: Entweder waren es mutmaßliche Kommunisten oder eine andere Art von politischen Gegnern, eingebildeten oder tatsächlichen, des Ustascha-Regimes. In dieser Zelle wurde ich am 23. Jänner 1942 siebzehn.

Erstaunlicherweise war die einzige Zeit, in der wir nicht unter der Kälte litten, nachts. Wir schliefen auf dem nackten Zementboden, hatten nichts, um uns zuzudecken und verwendeten unsere Schuhe als Polster – jedoch zwang uns das enge Lager, derart dicht aneinandergedrängt zu schlafen, dass unsere gemeinsame Körperwärme uns vor den eiskalten Jännertemperaturen schützte. Ein Nachteil daran, so eng zu schlafen, bestand in der Unmöglichkeit, sich nachts umzudrehen. Wir hatten also keine andere Wahl, als aufzustehen, uns umzudrehen und wieder hinzulegen. Das war aber noch das geringste meiner Probleme; wir bekamen kaum etwas zu essen, und zum ersten Mal in meinem Leben erlebte ich Hungerqualen.

Gelegentlich wurden ein paar Häftlinge aus der Zelle geholt, um Arbeiten im Gefängnis zu verrichten. Glücklicherweise wurde ich bei einer dieser Gelegenheiten einer kleinen Einsatzgruppe zugeteilt, die dafür zuständig war, Säcke mit Zwiebeln und Knoblauch aus dem Hof in das Küchenvorratslager zu transportieren. Wenn die Wachen uns nicht beobachteten, tauchten wir mit unseren Händen gierig in die Säcke und stopften so viele der kostbaren Zwiebel wie möglich in unsere Taschen. In den darauffolgenden Tagen konnte ich meinen Hunger etwas stillen, indem ich eine Zwiebel oder ein Stück Knoblauch aß und das Ganze mit sehr viel Wasser hinunterspülte.

Zu meiner großen Überraschung erhielt ich eines Tages ein kleines Essenspaket. Meine Cousine Blanka, die noch immer in Zagreb war, hatte es geschickt. Sie erzählte mir später, dass sie mir eine ganze Reihe weiterer Päckchen geschickt hatte, von denen kein einziges angekommen war; so gesehen war es ein Wunder, dass mich dieses eine erreichte. Es beinhaltete ein 200-Gramm-Stück gesalzene Butter. Ich verschlang sofort alles andere aus dem Paket, beschloss aber, mit der Butter so lange wie möglich auszukommen, und aß pro Tag nicht mehr als einen Löffel davon – das heißt eigentlich pro Nacht, um dabei nicht von meinen hungrigen Zellennachbarn gesehen und beneidet zu werden.

Allerdings schlug meine Strategie komplett fehl. Nach knapp zwei Wochen in Savska Cesta, während derer ich weder vorgeladen noch einvernommen wurde, führte man mich eines Morgens aus meiner Zelle in ein Büro, das sich im Erdgeschoß des Gefängnisses befand. Ein Wärter durchsuchte mich gründlich, fand die Dose – die immer noch halb gefüllt war mit der kostbaren, nahrhaften Butter – und steckte sie zu meiner Verzweiflung in seine eigene Tasche. An diesem Tag schwor ich mir, nie wieder etwas Essbares »für später« aufzuheben. Mir wurde ein maschingeschriebenes Blatt Papier überreicht, auf dem geschrieben stand: »Imre Rochlitz, der als Jude eine Gefährdung der öffentlichen Ordnung und Sicherheit darstellt, wurde zu zwei Jahren harter Arbeit im Konzentrationslager Jasenovac verurteilt.« Es gab keinerlei Bezugnahme auf die Anschuldigung, dass ich einen illegalen Fluchtversuch unternommen hätte – ich war allein aufgrund der Tatsache, Jude zu sein, verurteilt worden. Das Dokument wurde mir gezeigt, und ich durfte es lesen, bevor es mir weggenommen wurde.

Bis zu diesem Moment hatte ich noch die Hoffnung gehegt, freigelassen zu werden – einerseits, weil ich nicht Kroate war, sondern Ausländer, andererseits, weil ich immer noch ein Junge war; oder weil vielleicht irgendwo jemand begriffen hatte, dass in meinem Fall ein schrecklicher Irrtum vorlag. Ich wusste, dass ich für niemanden eine Bedrohung darstellte und durch nichts Ärger erregt hatte, obwohl ich gestehen muss, dass die monate- und jahrelange antisemitische Propaganda und Gehirnwäsche meine eigene Wahrnehmung der Wirklichkeit zu beeinflussen begonnen hatte. Hin und wieder hatte ich mich sogar gefragt, ob an den Behauptungen der Nazis über manche Juden nicht etwas Wahres dran sein könnte: dass sie unehrlich, parasitisch, unrein und arbeitsscheu seien. Während der ersten Tage meiner Inhaftierung hatte ich mich zu versichern versucht, bestimmt nicht einer dieser zweifellos verwerflichen Kategorien von Juden anzugehören. Kulturell und in meinem Herzen war ich Österreicher – und außerdem sah ich nicht einmal jüdisch aus! Sicherlich würde meine Unschuld bald erkannt und ich freigelassen werden.

Meine Verurteilung zu harter Arbeit in Jasenovac versetzte meinen Hoffnungen einen schweren Schlag; es war der denkbar schlechteste Ausgang. Alle wussten zu dem Zeitpunkt – mich eingeschlossen –, dass Jasenovac das härteste aller Konzentrationslager war, außerdem hatte ich von niemandem meines Alters gehört, der dorthin geschickt worden wäre. Doch das war nun mein Schicksal, und während ich in diesem Büro stand und versuchte, mich mit dem, was passiert war, abzufinden, schossen mir zahlreiche Gedanken durch den Kopf: »Ich bin erst siebzehn, ich habe nie etwas Falsches getan, vielleicht geschieht mir nichts, wenn ich hart arbeite und allen Befehlen gehorche; vielleicht liegt in der gewissenhaften Ausführung aller Befehle der Schlüssel zu meinem Überleben.« Diese törichten Gedanken und Trugbilder sollten sich schnell auflösen, nachdem ich in Jasenovac eingetroffen war.

Zwölf weitere Gefängnisinsassen wurden in den Raum gebracht, und soweit ich es erkennen konnte, handelte es sich bei allen um Serben. Wir waren nun zu dreizehnt. Es war der 1. Februar 1942; drei Tage später sollte ich als Einziger noch am Leben sein.

Ustascha-Wachen führten uns zu einem Polizeibus und fuhren mit uns zum Zagreber Bahnhof, wo wir angewiesen wurden, in einen Viehwaggon zu klettern. Das Dorf Jasenovac liegt nur etwa einhundert Kilometer südöstlich von Zagreb, und dennoch dauerte die Reise mehrere Stunden, vielleicht weil unser Waggon an einen Frachtzug angehängt worden war, der sehr langsam fuhr und oft anhielt.

Wir kamen nach Einbruch der Dunkelheit an, wurden aber nicht sofort ins Konzentrationslager gebracht, das sich einige Kilometer außerhalb des Dorfes befand. Die Ustascha sperrten uns über Nacht in einem Kellerraum eines kleinen Gebäudes ein, wahrscheinlich handelte es sich dabei um die örtliche Polizeistation. Der Raum besaß eine einzige kleine, vergitterte Öffnung, die hoch oben in der Wand auf Straßenniveau eingelassen war. Kurz nachdem wir eingesperrt wurden, bemerkten wir ein kleines Gesicht, das auf uns herunterblickte. Es war ein junges Mädchen, vielleicht acht oder neun, das süß zu lächeln schien. Einer der Gefangenen hatte etwas Geld bei sich – ich weiß nicht, wie er geschafft hatte, es trotz der wiederholten Leibesvisitationen, denen wir unterzogen worden waren, zu behalten – und fragte das kleine Mädchen, ob sie etwas Brot für uns kaufen könnte. Als sie bereitwillig zustimmte, warf er die Münzen zu ihr hinauf. Als sich das Geld sicher in ihren Händen befand, begann sie zu schimpfen und Steine auf uns hinunterzuwerfen. Dann rannte sie weg, Brot haben wir natürlich keines mehr gesehen. Bedauerlicherweise vermag der Anblick eines lächelnden kleinen Mädchens seitdem Erinnerungen an dieses Ereignis in mir wachzurufen.

Im Laufe der Nacht wurde es kälter und kälter. Uns wurde klar, dass der einzige Weg, um nicht zu erfrieren, darin bestand, ständig in Bewegung zu bleiben. Da der Raum ziemlich klein war, bildeten wir einen Kreis und schlurften, zitternd und unsere Hände gegen unsere Seiten schlagend, die ganze Nacht lang hintereinander her. Als der Morgen anbrach, wurden wir in das Konzentrationslager Jasenovac gebracht. Es war ein schrecklich kalter Tag, und die gesamte Gegend lag unter einer Decke aus Schnee und Eis.

5. Jasenovac

Ein hoher Stacheldrahtzaun, der von Wachtürmen unterbrochen wurde, umgab das gesamte Lager. Wir wurden durch das Eingangstor zum Hauptgebäude geführt und zu den Häftlingsunterkünften gebracht, die aus sechs oder sieben langen Holzbaracken bestanden. Der für meine Baracke zuständige Häftling händigte mir eine Schüssel, einen Löffel und eine dünne Decke aus und brachte mich zu meiner Schlafkoje. Zwei Reihen dreistöckiger Etagenbetten erstreckten sich über die gesamte Länge der Baracke, entlang jeder Seite eine. In der Mitte befand sich ein kleiner Holzofen. Eine jede der Kojen, die weniger als eineinhalb Meter breit waren, diente drei Häftlingen als Schlafplatz. Allein in meiner Baracke befanden sich weit über zweihundert Häftlinge.

Ich erinnere mich nicht an alles, was geschah, während ich in Jasenovac war. Ich war nicht ganz siebzehn, als ich interniert wurde, verbrachte nur drei Wochen dort und habe in den darauffolgenden sechzig Jahren alles versucht, um diesen höllischen Ort zu vergessen. Trotzdem haben sich manche Vorfälle und ein allgemeines Gefühl des Grauens und der Hoffnungslosigkeit als unauslöschlich erwiesen.

Der Anblick und Geruch von Exkrementen und Tod waren allgegenwärtig. Die Häftlinge trugen schmutzige, übelriechende Lumpen. Sie waren ausgemergelt, unrasiert und äußerst schwach, und trotz der Eiseskälte und des vereisten Bodens hatte keiner von ihnen richtige Schuhe. Ihre Füße waren größtenteils in Lumpen eingewickelt, und sie schleppten sich mit glasigem und starrem Blick mühevoll von einem Ort zum nächsten. Mich schockierte dieser Anblick: Nichts drückte sich darin aus, nicht einmal Angst. Sie glichen lebenden Toten.

Innerhalb weniger Tage wurde ich einer von ihnen. Was mir bevorstand, so wurde mir allmählich klar, war der drohende

Das Vernichtungslager Jasenovac (Teilansicht)

schmerzhafte, wüste, kalte Tod. Ich, und offensichtlich auch alle anderen, würden mit Sicherheit sterben – entweder, indem wir erschossen, erstochen oder von einem Ustascha-Wächter erschlagen würden, oder infolge von Erschöpfung, Unterernährung, Krankheit und Kälte. Es war mit Sicherheit nur eine Frage von Tagen, und es gab nichts, das man dagegen tun konnte.

Es war so kalt, dass niemand sich jemals auszog – ich schlief sogar in meinen Schuhen. Die Decke, die ein jeder von uns erhalten hatte, war so dünn, dass sie praktisch nutzlos war. In der Nacht, wenn ich mich in meine Koje zwängte, benutzten die beiden Häftlinge neben mir und ich unsere Decken gemeinsam, indem wir alle drei über unsere zitternden Körper breiteten, im Versuch, uns irgendwie warm zu halten.

Natürlich gab es keinerlei Waschgelegenheiten. Sehr bald wurde ich, so wie alle anderen, heftig von Körper- und Kopfläusen befallen. Bald begann ich auch an schwerem Durchfall zu leiden, die Folge unserer einzigen täglichen Mahlzeit, die aus wässriger Bohnensuppe bestand.

Das Gefühl absoluter Hilflosigkeit und Resignation war so groß, dass kaum jemand jemals mit irgendjemandem sprach. Obwohl ich zu niedergeschlagen war, um von irgendetwas Notiz zu nehmen, hatte ich den Eindruck, dass sich in meiner Baracke eine zufällige Mischung aus Serben, Kroaten und Juden befand. Eines Tages erkannte ich in einem Häftling einen Juden aus Wien, dem ich bereits in Zagreb begegnet war. Sogleich fragte ich ihn, ob er wisse, was mit meinem Stiefvater, Friedrich Löbl, passiert war, der nur zwei Monate zuvor im Dorf Derventa zusammen mit einer Gruppe anderer jüdischer Männer verhaftet und nach Jasenovac deportiert worden war. Die Ustascha haben ihn getötet, erzählte der Mann, ebenso gleich nach ihrer Ankunft im Lager die ganze Gruppe.

Alle, nach denen ich mich erkundigte, waren bereits tot, einschließlich Dr. Lavoslav Šik, jenem Anwalt, der mich in Zagreb beherbergt und beschützt hatte und wie ein Vater zu mir gewesen war.

Ich war gemeinsam mit dreizehn anderen im Lager angekommen. Innerhalb weniger Tage waren die anderen zwölf tot. Normalerweise hätte ich davon nichts mitbekommen, doch hörte ich drei Tage nach meiner Ankunft in Jasenovac einen Ustascha-Beamten eine Liste von etwa fünfzig Namen ausrufen. Er befahl den Häftlingen, in Marschordnung Aufstellung zu nehmen, vier in einer Reihe. Wir alle nahmen an – ich bin nicht sicher, warum, vielleicht war es tatsächlich verkündet worden oder wir hatten darauf gehofft –, dass die Gruppe in ein anderes Konzentrationslager, nach Đakovo, verlegt werden würde, wo die Bedingungen angeblich besser waren. Es hieß, dass es dort Schneider- und Tischlerwerkstätten gäbe und man in Hütten und Verschlägen arbeiten würde, anstatt der Witterung ausgesetzt zu sein, und dass dort weniger mutwillig gemordet würde.

Ich fasste mir ein Herz und fragte den Ustascha-Offizier – der mich, wenn er es gewollt hätte, an Ort und Stelle hätte erschießen können, allein dafür, dass ich gewagt hatte, ihn anzusprechen –, warum ich nicht auf der Liste stand. Ich wies darauf hin, dass mein Name irrtümlicherweise ausgelassen worden sein müsse, da die anderen zwölf, mit denen zusammen ich angekommen war, soeben ausgerufen worden waren. Er winkte mich träge weg, ohne zu antworten.

Tags darauf fanden wir heraus, dass die gesamte Gruppe hinausgebracht und erschossen worden war. Ob dies von Anfang an so geplant war oder sie versammelt worden waren, um verlegt zu werden, und die Wachen später ihre Meinung geändert und beschlossen hatten, sie zu töten, blieb unklar, und es spielte auch keine Rolle. Auch andere wurden auf diese Art aus dem Lager hinausgeführt und in der Nähe erschossen, ihre Körper wurde in die Save oder in Massengräber geworfen.

Erst später begriff ich, dass »Transfer nach Đakovo« in Wirklichkeit nichts anderes war als ein oft benutzter, zynischer Euphemismus für die sofortige Eliminierung.

Sehr bald nach meiner Ankunft wurde ich einem Totengräbertrupp zugewiesen, einer Gruppe von fünfzehn bis zwanzig Häftlingen, deren Aufgabe es war, jeden Morgen durch die Baracken zu gehen und die Körper derjenigen einzusammeln, die in der Nacht gestorben waren. Die meisten der Menschen im Lager starben tagsüber, sie wurden ermordet, während sie Zwangsarbeit leisteten oder in einem Amoklauf der Ustascha; doch viele, geschwächt durch Unterernährung, Entkräftung und Krankheit, starben einfach während der eiskalten Nächte in ihren Schlafkojen.

Weder hatte ich jemals zuvor eine Leiche gesehen noch tatsächlich jemanden sterben. Obwohl ich bereits vierzehn war, als meine Großmutter 1939 verstarb, hatte meine Familie mich von ihrem Totenbett und sogar von ihrem Begräbnis ferngehalten. Nach ein paar Tagen in Jasenovac wurden Leichen zu etwas Alltäglichem und berührten mich nicht mehr. Zweimal wachte ich morgens auf, um festzustellen, dass die Person, die unter der gemeinsam benutzten Decke neben mir lag, in der Nacht gestorben war. Ich war einzig davon überrascht, dass ich geschlafen hatte, ohne ihre Tode zu bemerken. Weder kannte ich ihre Namen, noch erinnere ich mich an ihre Gesichter. Ich erinnere mich auch nicht daran, aufgebracht gewesen zu sein; ich hatte das Gefühl, dass es keinen Unterschied machte. Ohnehin würde niemand von uns noch viel länger leben.

Unsere Aufgabe als Totengräber war es, die Leichen aus den Baracken hinauszuziehen – wir fanden morgens in jeder Hütte zehn bis fünfzehn – und auf einen großen Lastschlitten zu verladen. Sobald der Schlitten voll beladen war, führten uns mehrere bewaffnete Wachen durch das Lagertor hinaus aufs offene Feld.

Jasenovac, 1942. Ein Häftling (rechts oben im Bild) – möglicherweise wie ich ein Totengräber – und eine Ustascha-Wache stehen inmitten von Leichen.

Wir verbrachten den ganzen Tag auf dem Feld, gruben Massengräber in den gefrorenen Boden und warfen die Leichen hinein. Jedes Grab war dafür vorgesehen, rund vierhundert Leichen aufzunehmen. Das Graben war vermutlich die anstrengendste Lagerarbeit, doch war das unerheblich für mich; ich hatte akzeptiert, dass dies der Ort war, an dem ich sterben würde. Die Erde war hartgefroren, und die Arbeit anstrengend und schmerzhaft: Niemand von uns hatte Handschuhe, sie waren uns bei unserer Ankunft abgenommen worden. Wir waren völlig geschwächt und mussten dennoch ohne Unterbrechung arbeiten.

Wie viele von den Totengräbern selbst an einem x-beliebigen Tag ermordet wurden – unter dem Vorwand, sie hätten zu langsam gearbeitet –, hing allein von der Laune der Wachen ab.

Bevor uns erlaubt wurde, die Leichen in die Gräber zu werfen, durchsuchten die Wachen sie nach möglichen Wertgegenständen. Eigentlich waren uns alle Wertsachen (und sogar wertlose Dinge) abgenommen worden, als wir in Jasenovac eintrafen. Allerdings waren die Wachen besonders an den Zähnen der Leichen interessiert, und wenn sie Goldbrücken oder Kronen fanden, rissen sie sie gierig heraus. Sobald sie mit den Leichen fertig waren, waren wir an der Reihe, um zu sehen, ob wir noch etwas verwerten könnten. Gelegentlich nahmen wir ein Kleidungsstück von einer Leiche, wenn es wärmer aussah als unser eigenes. Ich selbst nahm mir einmal Socken von einem Paar toter Füße und auch einen Löffel aus der Tasche eines Leichnams, ohne dabei ein Gefühl von Ekel oder Reue zu verspüren.

Einer der Lagerwachen, die uns oft begleiteten, war ein Junge in meinem Alter, nicht älter als siebzehn. Soweit ich es beurteilen konnte, war ich der jüngste Lagerinsasse – und er der jüngste Wächter. Ich erinnere mich an sein Gesicht, nicht aber daran, seinen Namen gekannt zu haben; wir durften keine Namen kennen. Woran ich mich erinnere, ist, dass er immer einen muslimischen Fez trug, den er zur Seite gezogen hatte. Die meisten Lagerwachen waren katholische Kroaten (einmal war ein ehemaliger Priester Kommandant von Jasenovac), doch gab es unter ihnen auch Muslime, denen gestattet wurde, ihre charakteristische Kopfbedeckung zu tragen.

Eines Tages begann dieser Wächter mich anzuschreien, dass ich nicht fest genug graben würde. Ich erinnere mich noch immer an seinen Gesichtsausdruck, primitiv und brutal zugleich, bar jeder Menschlichkeit. Ich arbeitete so energisch wie ich konnte, doch das reichte nicht, um ihn zufriedenzustellen. Er schrie, dass er mich töten würde.

Er trieb mich zum Rand des nächsten Grabes, in dem bereits mehr als hundert Leichen lagen, stieß mich mit dem Kolben seines Gewehres hinein und drückte die Mündung gegen meine linke Schläfe. Ich beschwor ihn, mich nicht zu töten, obwohl ich wusste, dass es keinen Sinn hatte. Er zog den Abzug. Ich hörte den Mechanismus des Gewehres klicken, doch es kam keine Kugel heraus. Vielleicht war das Gewehr nicht geladen, was unwahrscheinlich ist. Wachen trugen im Regelfall geladene Gewehre und Pistolen, und ich hatte diesen Wächter bereits andere Totengräber hinrichten sehen.

Er zog den Abzug nicht noch einmal, sondern drehte stattdessen seine Waffe um und begann, mit dem Gewehrstumpf auf mich einzuschlagen. Ich hatte keinen Zweifel daran, dass er versuchte, mir den Rücken zu brechen. Sicherlich wäre er auch erfolgreich gewesen, wenn ich nicht auf mehreren Schichten von Leichen gelegen hätte, die die Schlagkraft seiner Hiebe etwas abfingen; ich kann noch immer die aus ihren toten Lungen herausgepresste Luft entweichen hören. Nach einiger Zeit – er muss mir zwanzig oder vielleicht sogar dreißig Schläge versetzt haben – gab er auf. Er befahl mir, aus dem Grab herauszuklettern und weiterzugraben. Ich solle besser härter arbeiten, sagte er, oder er würde mich sofort töten. Ich weiß nicht, wie, doch gelang es mir tatsächlich, härter zu arbeiten. Als wir abends zurück ins Lager marschierten, befahl er mir, Ustascha-Lieder zu singen.

Wir bekamen nur einmal am Tag etwas zu essen, ungefähr zur Mittagszeit. Normalerweise kehrten wir vom Ausheben der Gräber zum Lager zurück und standen mit unseren Schüsseln und Löffeln Schlange, während ein Häftling Bohnen aus einem Kessel schöpfte. Sie waren ungesalzen, und wir erhielten nichts anderes, nicht einmal Brot. Anschließend wurden wir zurückgebracht, um das Ausheben fortzusetzen. Innerhalb kurzer Zeit bekam ich, wie beinahe alle anderen auch, schrecklichen Durchfall, der mich zunehmend schwächte. Als Kind war ich immer ein heikler und wählerischer Esser gewesen, was meine Mutter dazu zwang, alle möglichen Tricks anzuwenden, um mich dazu zu bringen, etwas Gehaltvolles zu essen. Wie schnell sich das in Jasenovac ändern sollte. Eines Tages sah ich ein Stück rohen, blutigen Knorpel, wahrscheinlich Schwein, der auf einem Müllhaufen entsorgt worden war. Ich stellte sicher, dass niemand mich sah (man konnte aus irgendeinem Grund an Ort und Stelle erschossen werden), hob ihn auf und kaute ein paar Stunden lang gierig daran herum.

Etwa eine Woche nach meiner Ankunft wurde auch mein Onkel Oskar, der gleichzeitig mit mir verhaftet worden war, im Lager interniert. Doch wir sprachen kaum miteinander; wir wussten, dass wir nichts füreinander tun konnten.

Es war einer der kältesten Winter seit Menschengedenken. Es schneite stark und, wie mir schien, ohne Unterbrechung. Ich begann an Erfrierungen an meinen Zehen zu leiden, was mich stark in meiner Gehfähigkeit beeinträchtigte.

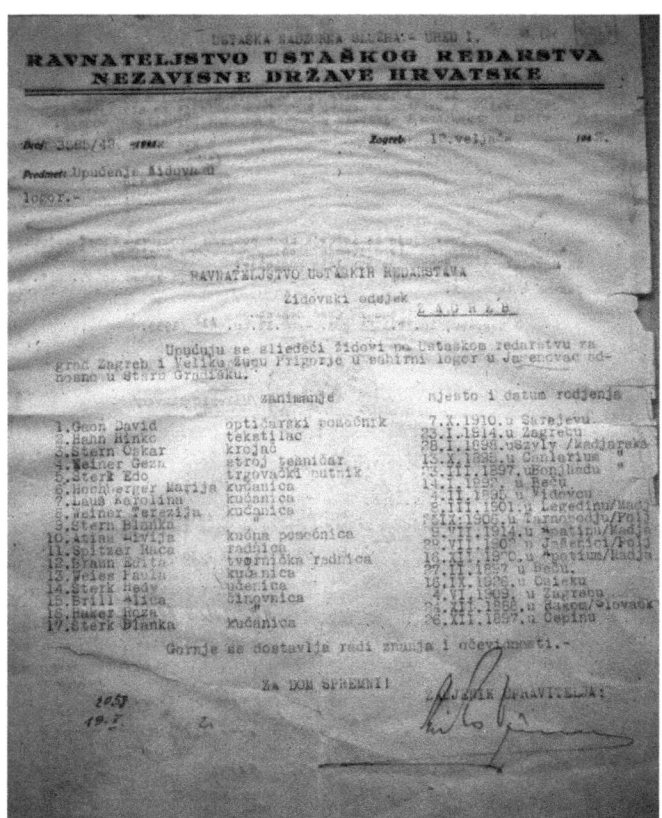

Ich kehrte im Sommer 1981 nach Jasenovac zurück und besuchte das auf dem Gelände befindliche kleine Museum. In einem der Schaukästen war ein Ustascha-Dokument ausgestellt, datiert auf den 12. Februar 1941, das von der Deportation jüdischer Männer nach Jasenovac und jüdischer Frauen nach Stara Gradiška berichtete. Onkel Oskar, Schneider von Beruf (»krojač«), ist der Dritte auf dieser Liste. Die Fotografie wurde 1981 durch das Vitrinenglas aufgenommen. 2005 kontaktierte ich das Archiv von Jasenovac und bat um eine bessere Kopie. Mir wurde geantwortet, dass das Dokument während der Plünderung, die im Zuge des Bürgerkrieges 1992 stattgefunden hatte, verschwunden sei.

Eines Morgens wurde mir befohlen, anstatt mit dem Totengräbertrupp hinauszugehen, den frisch gefallenen Schnee von einem der Wege im Lager wegzuschaufeln. Ein Ustascha ging an mir vorbei, eine Pistole in der Hand. Ich schaufelte so schnell und fest, wie ich konnte; trotzdem versetzte er mir mit seiner Waffe einen heftigen Stoß. Ich fiel hin, stand aber schnell wieder auf und schaufelte mit aller Kraft weiter, im Bewusstsein, dass dies meine einzige Chance war, nicht auf der Stelle erschossen zu werden. Er schlug mit seiner Pistole noch einmal zu; ich fiel wieder hin, stand jedoch auf und schaufelte weiter. Scheinbar zufrieden, setzte er seinen Rundgang fort. Ein paar Meter weiter weg schaufelte ein anderer Häftling ebenfalls Schnee. Der Ustascha versetzte auch ihm einen Schlag mit seiner Pistole, und der Gefangene fiel zu Boden. Entweder war er zu benommen oder zu schwach, um sofort wieder aufzustehen, und der Ustascha schoss ihm in den Kopf. Ich schaufelte weiter.

Trotz der beißenden Kälte war der allseitige Gestank der Lebenden, Sterbenden und Toten unbeschreiblich. Mir war angesichts meines sich rapide verschlechternden körperlichen Zustandes bewusst, dass die Kälte und erschöpfende Arbeit mich in ein bis zwei Wochen erledigen würde – falls man mich nicht schon vorher ermordete. Weder hatte ich Angst vor dem Tod, noch freute ich mich auf ihn als das Ende meines Leidens; es war einfach ein unausweichlicher, unentrinnbarer Ausgang, gegen den nichts auszurichten war. Jegliche Hoffnung war ausgelöscht worden. Und mit dem Tod der Hoffnung starb auch die Möglichkeit, dass ein Gott existierte. Wie alle Kinder war ich lang der Fantasie eines allmächtigen Schöpfers, der über mein Leben wachte, nachgegangen. Nach wenigen Tagen in Jasenovac war ich mir sicher, dass Gott nicht existiert, und bin es noch immer.

Anfangs haderte ich mit meinem Schicksal: Weshalb bin ich in diesem Todeslager? Warum soll ich hier sterben? Ich habe weder diesen Ustascha etwas getan noch sonst jemandem. Bei alldem musste es sich um einen schrecklichen Irrtum handeln. Alles ist aussichtslos. Mein Schicksal interessiert niemanden. Es gibt keinen Gott.

Ich erinnere mich auch, dass ich über die Sinnlosigkeit irdischer Güter nachdachte; viele meiner Mithäftlinge waren einst reich und einflussreich gewesen, und jetzt nützte ihnen all das nichts. Wiewohl ich nicht ernsthaft in Erwägung zog, meinem Leben ein Ende zu setzen – es gab keinen sicheren Weg, Selbstmord zu begehen, das heißt, nicht mit der Garantie eines schnellen Erfolgs –, dachte ich auch nicht über den Versuch nach, zu flüchten. Es schien aussichtslos zu sein, auch in dem Fall, dass ich es schaffen sollte. Wo hätte ich mich verstecken können, wo überleben in den schnee- und eisbedeckten Feldern und Wäldern? Ich war mir sicher, es gab nicht die geringste Chance, von der einheimischen Bevölkerung Schutz oder Hilfe zu erhalten. Sie alle waren Bauern oder Dörfler, gehirngewaschen und von den Ustascha dazu gezwungen, zu glauben, dass jeder Häftling ein gefährlicher Staatsfeind sei; am wahrscheinlichsten war, dass sie mich ausliefern würden. Außerdem erlebte ich bald mit, was wieder ergriffenen Häftlingen angetan wurde.

Eines Nachts wurden wir geweckt und mussten uns draußen in der Kälte aufstellen. Es wurde verlautbart, dass ein Häftling aus meiner Baracke geflüchtet war. Zwei Ustascha gingen an uns vorbei und zählten uns ab: »eins … zwei …«. Die »Zweier« wurden zu ihren Betten zurückgeschickt, während die »Einser« angewiesen wurden, sich neu aufzustellen.

Ich war unter den »Einsern«. Sie ließen uns stundenlang in der eisigen Nacht stehen. Wir versuchten, uns aufzuwärmen, indem wir auf der Stelle marschierten und mit unseren Füßen so energisch stampften, wie wir uns getrauten, um unsere Durchblutung in Gang zu halten. Nach einer Weile wurde klar, dass wir in Vergeltung für die Flucht getötet werden würden. Ich war zu erfroren, schwach und müde, um mich zu bekümmern – und sicher, in jedem Fall bald zu sterben. Ich hatte mich vollständig meinem Schicksal ergeben. Den anderen muss es ähnlich ergangen sein, physisch wie seelisch, da niemand weinte, ohnmächtig wurde oder sonst wie reagierte. Wir stampften einfach auf dem eisigen Boden weiter.

Massentötungen fanden immer außerhalb des Lagers statt. Im Morgengrauen, kurz bevor wir ausrücken mussten, wurden wir darüber informiert, dass der entflohene Häftling gefangen worden war und man uns begnadigt hatte.

Alle Häftlinge wurden versammelt, und der erfolglos Geflüchtete wurde uns zur Warnung präsentiert. Er war nackt, nicht mehr in der Lage zu stehen und wurde von zwei Wachen gestützt. Ich stand zu weit weg, um ihn genau sehen zu können, gewann aber den Eindruck, dass sein Körper eine dunkle, schimmernde Farbe hatte, so als ob man ihm die oberste Hautschicht abgezogen hätte. Doch ich empfand weder Erbarmen noch Mitleid; das einzige Gefühl, an das ich mich erinnere, war Hass. Mein Hass richtete sich jedoch nicht gegen die Ustascha – er richtete sich gegen ihn. Ich empfand eine heftige Abscheu gegen ihn, nicht weil er mir unnötiges Leid verursacht hatte, sondern weil er die Lagerregeln gebrochen hatte. Ich fand, dass sein Fluchtversuch ihn zu einem Verbrecher machte, der verdiente, bestraft zu werden. Auf dieses entsetzliche Maß waren meine Sinne und mein Urteilsvermögen reduziert worden. Der Ustascha war es gelungen, mich körperlich wie moralisch zu verrohen; ich war der Logik des Lagers anheimgefallen und hatte sie zu meiner eigenen gemacht.

Wir begruben ihn am Vormittag, zusammen mit den anderen Leichnamen, die sich über Nacht in den Baracken angesammelt hatten.

An meinem achtzehnten Geburtstag kam ich zu spät für die Mittagsbohnen. Das morgendliche Gräberausheben hatte länger gedauert als sonst, und als wir zum Lager zurückkehrten, war die Suppenausgabe schon so gut wie beendet. In meiner Verzweiflung, die einzige Mahlzeit des Tages zu verpassen, humpelte ich so schnell ich konnte zur Baracke, um Schüssel und Löffel zu holen – an den Zehen hatte ich mittlerweile schlimme Erfrierungen und ich fühlte mich sehr schwach –, und eilte wieder zurück. Als ich zurückkam, war die Schlange von Gefangenen bereits weg (man durfte nie Nachschlag holen), doch ein Ustascha-Offizier stand neben dem Kessel und rief den Namen »Oskar Stern«. Ich zögerte. Ich wusste, dass mindestens zwei weitere Häftlinge im Lager so hießen, und bezweifelte, dass es mein Onkel war, nach dem sie suchten. Er war ja ein ganz gewöhnlicher Gefangener, ein Schneider aus Wien, der kein Wort Serbokroatisch sprach und über keinerlei besondere Kenntnisse, etwa als Tischler oder Techniker, verfügte, was die Ustascha manchmal praktisch fanden. Man wusste nie, was einen erwartete, wenn man einen Ustascha ansprach, weshalb ich das Verhalten des Offiziers einen Moment lang abwog, zum Schluss kam, dass er nicht sonderlich bedrohlich wirkte, auf ihn zuging und sagte, dass ich einen Onkel namens Oskar Stern hatte. Er fragte mich, ob mein Onkel Deutscher sei, was ich bestätigte (tatsächlich war er Österreicher, doch war Österreich nach dem »Anschluss« 1938 dem Deutschen Reich eingegliedert worden). Dann fragte er, ob ich jemanden mit dem Namen Imre Rochlitz kennen würde. Es stellte sich heraus, dass er meinen Namen mehrmals gerufen hatte, während die Bohnen ausgeteilt worden waren, und, da niemand geantwortet hatte, davon ausgegangen war, ich wäre tot.

Ich sagte zu dem Beamten, dass ich Imre Rochlitz sei. Er antwortete, dass ich keine Zeit zum Essen hätte, und befahl mir, sofort meinen Onkel zu holen, anschließend brachte er uns beide zum Hauptgebäude. Ein anderer Ustascha registrierte uns in einer Art Protokoll und führte uns in ein Wachzimmer, wo wir auf eine Bank gesetzt und an ihr angekettet wurden. Nach einer Weile sah ich, dass eine der Wachen eine Orange schälte. Ich hatte meine täglichen Bohnen versäumt, und mein Onkel und ich waren furchtbar hungrig und schwach, weshalb ich meinen Mut zusammennahm und den Wächter fragte, ob wir die Orangenschalen kauen dürften. Er lachte und schmiss die Schalen an uns vorbei, sodass sie, da wir angekettet waren, außerhalb unserer Reichweite landeten.

Wir saßen die ganze Nacht über dort. Bei Tagesanbruch brachte eine Wache einige halbwegs saubere Kleidungsstücke, die offensichtlich toten Häftlingen gehört hatten, und befahl uns, sie anzuziehen. Unsere eigene Kleidung stank unerträglich, war zerlumpt und vom Kauern neben dem kleinen Barackenofen angekohlt. Wir gehorchten dieser eigenartigen Anweisung, ohne eine Ahnung zu haben, was sie bedeuten könnte.

Eine schwere Kette samt Schloss wurde gebracht. Onkel Oskar und ich wurden an den Handgelenken aneinandergekettet, und ein Offizier brachte uns zum Bahnhof, wo wir einen Zug bestiegen. Der Offizier führte uns in ein Abteil, setzte sich uns gegenüber hin, begann Zeitung zu lesen und beachtete uns nicht weiter. Der Zug fuhr los. Ich beobachtete den Offizier. Er schien ziemlich teilnahmslos und gleichgültig und keine besondere Feindseligkeit gegen uns zu hegen. Nachdem ich mich im Flüsterton mit meinem Onkel beraten hatte, beschloss ich, ihn anzusprechen. In so unterwürfigem Ton wie möglich, fragte ich ihn, ob er mir erlauben würde, eine Frage zu stellen. Als er bejahte, fragte ich ihn, ob er uns sagen könnte, wohin wir fuhren. Mit ruhiger und gleichgültiger Stimme sagte er, dass er den Befehl erhalten hatte, uns zum Polizeihauptquartier der Ustascha in Zagreb zu bringen, wo wir, wie er annahm, an die Deutschen übergeben werden würden, um hingerichtet zu werden, in Vergeltung für die Ermordung eines deutschen Soldaten durch Partisanen. Dann wandte er sich wieder seiner Zeitung zu.

Die Reise nach Zagreb dauerte mehrere Stunden. Zu unserer Verblüffung fuhren wir vom Zagreber Bahnhof öffentlich weiter und nahmen eine Straßenbahn, die am Zrinjevac, einer der größten Alleen der Stadt, entlangfuhr. Mein Onkel und ich müssen ein spektakulärer Anblick gewesen sein – eingefallen, schmutzig, stinkend und aneinander gekettet. Verständlicherweise schreckten die anderen Passagiere vor uns zurück. Ihre Reaktion rührte nicht, so fand ich, von einem Hass gegen Juden oder Regimegegner her, sondern von einem grundlegenden Instinkt des Selbstschutzes und schlichtem Entsetzen über unser Aussehen. Sie wussten, dass es am sichersten war, zu einer unter Arrest stehenden Person klar auf Distanz zu gehen, und mich überraschte nicht, dass sie keine Sympathien für uns zu empfinden schienen.

Plötzlich bemerkte ich, dass es sich bei einem der in der Straßenbahn sitzenden Passagiere um einen ehemaligen Lehrer von mir handelte, dessen Vorzeigeschüler ich im Vorjahr am *Druga Muška Realna Gimnazija* gewesen war, jenem Zagreber Gymnasium, das ich einige Monate lang besucht hatte. Unsere Blicke trafen sich, und ich sah, wie seine Miene in Entsetzen umschlug, als er mich erkannte. Er fand seine Fassung schnell wieder und wandte seinen Blick ab. Ich konnte ihm deswegen keinen Vorwurf machen; es gab nichts, das er hätte tun können, um mir zu

Das Formular meiner Entlassung aus dem Vernichtungslager Jasenovac, 20. Februar 1942

helfen, selbst wenn er es gewollt hätte, und jede Zurschaustellung von Mitgefühl seinerseits hätte sein eigenes Leben in Gefahr bringen können. (Als ich Zagreb 1981 wieder besuchte, entdeckte ich, dass die Straßenbahn noch immer derselben Route folgte; siehe das Foto auf S. 82).

Nachdem wir das Polizeihauptquartier erreicht hatten – jenes Gebäude, in dessen Keller ich etwas mehr als einen Monat zuvor in Einzelhaft gehalten worden war –, wurden wir über mehrere Stockwerke hinaufgeführt, losgekettet und in einen kleinen Raum gesperrt.

Oskar und ich verbrachten darin den gesamten Abend und die folgende Nacht, ohne Nahrung und Wasser. Es war, als hätten sie uns vergessen. Ich hatte seit fast zwei Tagen nichts gegessen und war nicht nur sehr hungrig, sondern fühlte mich äußerst unwohl, da mein unkontrollierbarer Durchfall mittlerweile meine Unterwäsche stark verschmutzt hatte. Ich klopfte an die Tür und bat die Wache, mich zu einer Toilette zu bringen. Sobald die Klotür hinter mir zu war, zog ich meine Unterhose aus und versuchte sie hinunterzuspülen. Zu meinem Entsetzen verstopfte sie den Abfluss. Wasser begann in der Kloschüssel aufzusteigen, und, da ich die Ustascha kannte, wurde ich von der Angst gepackt, dass sie mich jetzt töten würden – dafür, wenn nicht aus irgendeinem anderen Grund. Eine ganze Weile kämpfte ich mit dem Stück Unterwäsche, bis mir irgendwie gelang, es aus dem Abflussrohr herauszuziehen und die Verstopfung in der Toilette zu lösen. Als ich das Wasser wieder frei fließen sah, atmete ich erleichtert auf.

Am Morgen wurde Onkel Oskar aus dem Raum geführt. Eine halbe Stunde verging, und gerade als ich mir sicher war, dass sie ihn getötet haben mussten, kamen sie, um mich zu holen. Ich wurde in ein mehrere Stockwerke tiefer gelegenes Büro geführt, wo man mich zum zweiten Mal innerhalb von zwei Tagen nach meinen Personalien fragte. Ich konnte es nicht fassen, als ich von dem Ustascha-Offizier, der mich verhörte, als »Herr Rochlitz« angesprochen wurde.

Ich bekam ein Stück Papier ausgehändigt und wurde angewiesen zu warten.

Nach einer Weile wagte ich, einen Blick auf das Dokument zu werfen: Darin stand, dass ich aus Jasenovac entlassen würde, da die restliche Zeit meiner zweijährigen Haftstrafe erlassen worden war. Ich war völlig fassungslos. Ich hörte eine Stimme sagen, dass ich jetzt gehen könne. Ohne ganz zu verstehen, was mit mir geschah, oder zu wissen, wie weit ich kommen würde, erhob ich mich und ging zum Ausgang.

Draußen am Gehsteig wartete Onkel Oskar auf mich, zusammen mit Tante Camilla, die ich seit unserer Verhaftung nicht mehr gesehen hatte. Wir fielen uns in die Arme, ungläubig und heftig schluchzend.

6. Entlassung und Flucht

Als ich am 20. Februar 1942 aus Jasenovac entlassen wurde, wog ich 44 Kilogramm. Mit einer Größe von einem Meter achtzig war ich praktisch ein wandelndes Skelett – mit dem Unterschied, dass ich kaum gehen konnte. Meine Zehen wiesen derart starke Erfrierungen auf, dass ich mich nur humpelnd fortbewegen konnte. Onkel Oskar war in geringfügig besserer Verfassung, vielleicht weil er ein paar Tage weniger im Lager verbracht hatte als ich. Tante Camilla war in Stara Gradiška interniert gewesen, einem Frauenlager, wo die Bedingungen nicht so fürchterlich gewesen waren wie in Jasenovac. Sie kümmerte sich sofort darum, dass wir gesund gepflegt wurden. Sie selbst sah nach Onkel Oskar, während ich von der Familie Kurt Asners aufgenommen wurde, eines guten Freundes, der im Jahr zuvor, als ich in Zagreb das Gymnasium besucht hatte, mein Schulkamerad gewesen war.

Die Asners – Vater, Mutter und die Söhne Freddy und Kurt – lebten immer noch in ihrer schönen Wohnung im Zentrum Zagrebs, und das, obwohl sie jüdisch waren. Sie genossen eine Art Galgenfrist, weil Herrn Asners Stellung als Geschäftsführer einer Speiseölfabrik als lebensnotwendig für die kroatische Wirtschaft erachtet wurde. Sie durften ihren Besitz behalten und führten ihr Leben praktisch ungestört weiter, selbst von der Pflicht, den gelben Davidstern zu tragen, waren sie befreit. Die ganze Familie war äußerst liebenswürdig und gastfreundlich, nahm mich ohne Zögern auf und tat ihr Bestes, um mich gesund zu pflegen.

Mein schlimmstes Leiden waren meine Erfrierungen. Meine Finger und Zehen – insbesondere meine Zehen – waren vollkommen gefühllos und hatten begonnen, schwarz zu werden. Man rief Dr. Rechnitzer, jenen Arzt, dessen geheime Vorlesungen über Einstein und Freud wenige Monate zuvor mich so sehr inspiriert hatten (und der glücklicherweise noch lebte und in Zagreb war).

Seine erste Diagnose lautete, dass meine beiden großen Zehen amputiert werden müssten. Er entschied aber, einen allerletzten Rettungsversuch zu unternehmen und verschrieb mir Wechselbäder mit heißem und kaltem Wasser, begleitet von vorsichtigen Massagen. Auf wundersame Weise schlug diese Behandlung an. Es gelang ihm, meine Zehen zu retten, allerdings musste er mir ein Stück Fleisch aus der linken Ferse schneiden – was mich später jedoch nicht in meiner Gehfähigkeit einschränken sollte.

Ich blieb vier oder fünf Wochen lang im Bett, während derer ich hauptsächlich schlief oder aß. Die einzige unmittelbar zur Verfügung stehende Speise waren Pferdewürstel, die zur Grundnahrung meiner Genesung wurden. Frau Asner sorgte dafür, dass ich untertags so viel essen konnte, wie ich wollte, und stellte mir abends mehrere Wurstbrote und Gläser voll Milch ans Bett. Heißhungerattacken ließen mich alle zwei bis drei Stunden aufwachen; ich verschlang dann ein Sandwich, stürzte – ohne das Bett zu verlassen – ein Glas Milch hinunter – und schlief gleich wieder weiter. Nach ungefähr fünf bis sechs Wochen hatte ich wieder mein normales Gewicht erreicht.

Auch Onkel Oskar erholte sich, ebenso Tante Camilla. Wir begannen, die Fakten unserer unglaublichen Entlassung zusammenzutragen. Es stellte sich heraus, dass wir unser Leben zuallererst Onkel Ferdinand zu verdanken hatten.

Als Camilla, Oskar und ich im Jänner 1942 von den Ustascha verhaftet wurden, befand sich Onkel Ferdinand gemeinsam mit seinen Brüdern Julius und Robert in der italienischen Besatzungszone an der kroatischen Küste bereits in relativer Sicherheit. Sie warteten darauf, dass wir uns ihnen anschlössen. Als wir nicht erschienen, begriffen sie, dass wir verhaftet worden waren. Von irgendwoher wusste Onkel Ferdinand, dass einer der ranghöchsten Nazis Kroatiens ein Österreicher war, ein ehemaliger Leiter des österreichischen Kriegsarchivs namens Edmund von Glaise-Horstenau. Onkel Ferdinand hoffte, General von Glaise-Horstenau, der das Archiv jahrelang geleitet hatte, würde ihm gegenüber angesichts der Tatsache, dass er ein österreichischer Kriegsheld und Träger der Goldenen Tapferkeitsmedaille war, der höchsten Auszeichnung für Heldenmut, aufgeschlossen sein.

General von Glaise-Horstenau (links) neben dem kroatischen Diktator Pavelić. Mit seinem Kleidungsstil und Auftreten äfft Pavelić augenscheinlich Hitler nach.

Er schrieb einen Brief an den General, in dem er inständig um unser Leben bat; und erstaunlicherweise erzielte sein Brief die gewünschte Wirkung.

Von Tante Camilla, die zwei Tage vor Onkel Oskar und mir entlassen worden war, erfuhr ich, dass sie im Polizeihauptquartier der Ustascha vom Adjutanten des Generals, einem gewissen Major Knehe, empfangen worden war. Der Major hatte ihr mitgeteilt, dass wir von nun an unter dem persönlichen Schutz von General von Glaise-Horstenau stünden. Wir sollten nicht versuchen, den General direkt zu kontaktieren, könnten im Bedarfsfall aber Knehe zu jeder Tages- und Nachtzeit erreichen. Er hatte Camilla dafür eine besondere Telefonnummer gegeben und ihr aufgetragen, stets ein oder zwei nichtjüdische Freunde über unseren Aufenthaltsort unterrichtet zu halten. Für den Fall, dass wir erneut von der Ustascha verhaftet würden, sollten diese Freunde ihn kontaktieren, und der General würde sich wieder dafür einsetzen, dass wir freigelassen würden.

Major Knehe hatte außerdem klargestellt, dass der General die Ustascha nicht direkt ersucht hatte, uns aus dem Lager zu entlassen, aus Angst, dass sie uns sofort töten und ihn informieren würden, wir wären eines »natürlichen Todes« gestorben oder ge-

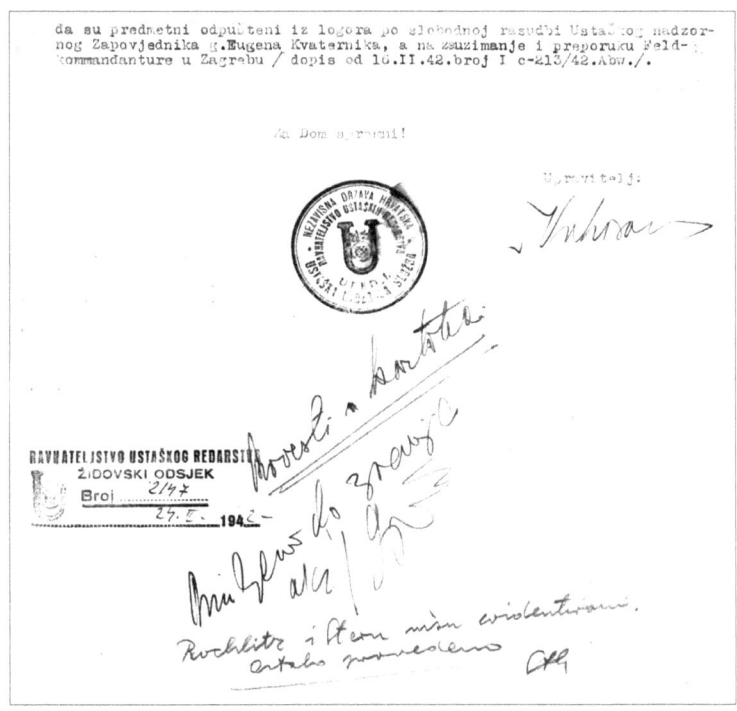

tötet worden, da wir versucht hätten zu flüchten. Glaise-Horstenau hatte stattdessen darum ersucht, dass die Ustascha uns zurück nach Zagreb bringen sollte, durchblicken lassen, wir würden von den Deutschen hingerichtet – und machte anschließend von seiner Autorität Gebrauch, um uns befreien zu lassen.

Ein Ustascha-Dokument mit konkretem Bezug auf unsere Freilassung wurde in den 1990er Jahren von Dr. Menachem Shelah, dem Herausgeber des Yad-Vashem-Bandes zum Holocaust in Jugoslawien, im kroatischen Staatsarchiv gefunden (das vom 20. Februar 1942 datierende Dokument wurde auch online auf der Webseite der Gedenkstätte Jasenovac veröffentlicht). Die Abbildung oben zeigt die zweite von insgesamt zwei Seiten:
Das Dokument trägt den Stempel der »Jüdischen Sektion« der Ustascha und hält fest, dass Onkel Oskar, Tante Camilla und ich auf-

grund der »freien Entscheidung« des Ustascha-Kommandanten Eugen Kvaternik und auf Initiative und Empfehlung der Deutschen Feldkommandatur in Zagreb entlassen wurden. Eine handschriftliche Notiz in roter Tinte am unteren Seitenrand besagt: »Rochlitz und Stern konnten nicht aufgefunden werden.« Glücklicherweise hat man uns gefunden.

Im Jahr 2000 empfing mich während meines Besuchs des österreichischen Kriegsarchivs in Wien Dr. Peter Broucek, der Biograf von General von Glaise-Horstenau (Ein General im Zwielicht, Wien, 1980). Wir öffneten Onkel Ferdinands Personalakte und fanden seinen Wehrdienstakt samt diverser ehrenvoller Erwähnungen. Des Weiteren fanden wir einen von Onkel Ferdinand 1937 hinterlegten maschingeschriebenen Bericht über eine Schlacht des Ersten Weltkrieges, an der er teilgenommen hatte. 1937 war von Glaise-Horstenau Leiter des Archivs und ein bekannter Historiker zum Ersten Weltkrieg. Es ist daher möglich, dass die beiden einander kannten, was – neben der Tatsache, dass er ein ausgezeichneter Kriegsheld war – erklären könnte, warum Onkel Ferdinand fünf Jahre später der Meinung war, sein Hilfegesuch direkt an von Glaise-Horstenau richten zu können, und damit rechnete, von ihm Antwort zu erhalten.

Das waren die Umstände meiner Entlassung aus Jasenovac, dem Lager, das praktisch niemand lebend verließ. Es ist immer noch schwierig für mich, zu akzeptieren, dass ich mein Leben einem Nazi-General verdanke, einem Mann, der vorher in der Hierarchie der österreichischen Nazipartei nur noch von Arthur Seyß-Inquart übertroffen wurde. Und doch ist es unbestreitbar seine Intervention, die mich rettete. Ich habe niemals von anderen gehört, die auf diese Art und Weise gerettet worden wären, und sicherlich bildet meine Rettung eine höchst ungewöhnliche, wenn nicht einzigartige Ausnahme. Von 1941 bis 1944 war von Glaise-Horstenau oberster Vertreter der Deutschen Wehrmacht in Kroatien und trug in dieser Eigenschaft zweifellos eine Mitverantwortung für die unbeschreiblichen Gräueltaten, die sowohl von den Deutschen als auch von ihren Ustascha-Verbündeten begangen wurden. Und gleichzeitig schreckte er nicht davor zurück, Onkel Ferdinands Gesuch zu beantworten. Die Geschichtsforschung hat gezeigt, dass von Glaise-Horstenau bei verschiedenen Gelegenheiten schriftlich gegen die Abscheulichkeiten protestierte, die in Kroatien von Ustascha an Zivilisten (obwohl diese nicht jüdisch waren) begangen wurden. Er wurde 1945 von der US-Armee festgenommen und nahm sich ein Jahr später im Gefängnis das Leben, nachdem er bei den Nürnberger Prozessen ausgesagt hatte.

Paradoxer- und tragischerweise wurde das trügerische Gefühl von Sicherheit, das die Intervention des Generals bewirkt hatte, achtzehn Monate später zur Mitursache des Todes von Camilla, Oskar und Ferdinand selbst.

Doch es war immer noch der Frühling des Jahres 1942. Camilla, Oskar und ich hatten uns von unserem Lagererlebnis körperlich mehr oder weniger erholt. Es war an der Zeit zu entscheiden, was wir als Nächstes tun sollten. Obwohl uns der Adjutant des Generals versichert hatte, unter dessen Schutz zu stehen, wurde uns klar, dass Zagreb eine tödliche Falle blieb. So wussten wir beispielsweise, dass unser eigener Verwandter, der Rechtsanwalt Dr. Lavoslav Šik, einmal dank der Intervention eines früheren Klienten, einer deutschen Firma, die angegeben hatte, seiner Dienste weiterhin zu bedürfen, aus Jasenovac entlassen worden war. Und obwohl ihm zugesichert wurde, nicht länger verfolgt zu werden, verhafteten ihn die Ustascha bald erneut und schickten ihn zurück nach Jasenovac. Als ein neuerlicher Antrag auf seine Freilassung eingebracht wurde, antworteten sie, er sei nicht mehr am Leben. Niemand erfuhr jemals, ob er tatsächlich tot war oder der Antrag selbst seinen Mord veranlasst hatte. Sein Schicksal war eine Lektion, die wir nicht ignorieren konnten.

Die einzige Fluchtmöglichkeit stellte die italienische Besatzungszone an der dalmatinischen Küste dar, und wir beschlossen, einen weiteren Versuch zu unternehmen, sie zu erreichen. Die Reisebeschränkungen waren nach wie vor streng, doch gelang es uns nochmals, an gefälschte Reisedokumente zu kommen, *Propusnice*, die uns gestatteten, von Zagreb in eine kleine Stadt im von den Deutschen besetzten Süden Kroatiens zu reisen, unserem vermeintlichen Wohnsitz. Die direkte Bahnverbindung von Zagreb dorthin wurde regelmäßig vom Widerstand (Tschetniks oder Partisanen) gesprengt, sodass Reisende gezwungen waren, einen Umweg zu machen, der sie durch die in der italienischen Besatzungszone gelegene Stadt Split führte. Das war der Ort, an dem Onkel Robert auf uns wartete und wo wir planten, zu »verschwinden« und illegal zu bleiben.

Die Italiener waren aufgrund der großen Zahl an Jüdinnen und Juden, die in ihrer Zone Zuflucht suchten, alarmiert und verschärften ihre Vorschriften. Nun mussten alle ein Sondervisum beantragen, auch wenn es nur darum ging, das von ihnen kontrollierte Gebiete zu durchqueren. Ich erklärte mich bereit, zum italienischen Konsulat in Zagreb zu gehen und für uns drei Transitvisa zu beantragen. Ich erinnere mich, dass ich dem Konsularbeamten erklärte, die Visa seien »für meine Tante, meinen Onkel und für mich« bestimmt. Er zögerte nicht, mir und Camilla (deren Dokumente noch immer den aus ihrer früheren Scheinehe herrührenden Nachnamen enthielten) auszustellen, weigerte sich aber, dies auch für Onkel Oskar zu tun, mit der Begründung, »Oskar Stern« sei ein jüdischer Name. Ich war ziemlich verwundert über seine Argumentation: Wenn mein Onkel jüdisch war, bestand dann nicht ein hohe Wahrscheinlichkeit, dass auch ich und meine Tante jüdisch sein könnten? Doch der Beamte stellte keine Fragen, und als ich ging, verstand ich, dass er versucht hatte, seine Dienstanweisungen so nachsichtig wie möglich auszulegen, und Visa nur dann verweigerte, wenn er keinen Ausweg sah.

Sehr zufrieden mit mir selbst ging ich nach Hause, obwohl ich nur zwei von drei Visa erhalten hatte. Mich befriedigte, wie ich, ganz auf mich gestellt, mit dem Konsularbeamten umgegangen war. Das Erfolgserlebnis muss mich ziemlich beflügelt haben, denn als ich nach Hause kam, waren meine Taschen leer: Die Dokumente waren unterwegs herausgefallen. Mich packte die Verzweiflung. Es war so schwierig – und teuer – gewesen, sie zu beschaffen, und was würden wir jetzt tun? Ich rannte aus dem Haus und ging denselben Weg sorgfältig noch einmal ab. Zu meiner ungeheuren Erleichterung fand ich die Papiere unberührt auf dem Gehsteig liegen.

Obwohl Onkel Oskar kein italienisches Transitvisum besaß, beschlossen wir drei, den Versuch zu unternehmen, in die ita-

Die Route unserer geplanten Flucht von Zagreb in die italienische Besatzungszone

lienische Zone zu gelangen. Wir wussten, dass die italienischen Grenzbeamten dazu befugt waren, an Ort und Stelle Transitvisa auszustellen, was uns ermutigte, und eine andere Wahl hatten wir sowieso nicht. Ich verabschiedete mich von den wunderbaren Asners und machte mich bereit zur Abreise. (Alle Asners überlebten den Krieg, bis auf Herrn Asner, der wenig später verhaftet und in Jasenovac ermordet wurde).

Eines Morgens im Juni 1942 bestiegen wir den Zug nach Split. Es war am frühen Abend, als dieser bei einem von der italienischen Militärpolizei besetzten Kontrollpunkt an der Demarkationslinie zwischen der Zone Kroatiens, die von der Ustascha kontrolliert wurde, und der von den Italienern kontrollierten stehen blieb. Ich sprang aus dem Zug und ging unverzüglich zum Wachhäuschen, wo der junge diensthabende Korporal einen gelangweilten und müden Eindruck machte und – was noch wichtiger war – überhaupt kein Interesse daran hatte, Identitäten zu überprüfen. Er stempelte, ohne zu fragen, ein Transitvisum auf die Papiere meines Onkels, und wir konnten nach Split weiterfahren.

Der Zug fuhr gegen zehn Uhr abends im Bahnhof von Split ein. Es war die letzte Haltestelle auf der Strecke, und alle mussten aussteigen. Unser Ziel war es, in Split zu bleiben, wo Onkel Robert auf uns wartete, doch wussten wir, dass die Italiener nach Flüchtlingen Ausschau hielten und wir sehr vorsichtig sein mussten.

Die Passagiere durften den Zug nur durch einen Ausgang verlassen, und italienische Soldaten überprüften sämtliche Reisedokumente. Ich drängte zum Anfang der Schlange und sah, dass nur Ortsansässige ungehindert passieren durften und die Dokumente von denjenigen, die wie wir Transitvisa besaßen, einbehalten wurden. Diese Passagiere eskortierten die Italiener direkt zum Hafen (der sich gegenüber dem Bahnhof befand) und gaben ihnen ihre Papiere erst zurück, wenn sie sich sicher an Bord eines Schiffes befanden, das im Begriff war, ihre Besatzungszone zu verlassen. Ich bahnte mir meinen Weg zurück zu Camilla und Oskar. Wir besprachen rasch diese unerwartete Komplikation und beschlossen, dass unsere einzige Chance darin bestand, eine List anzuwenden. Wir trennten uns und mischten uns unter die aussteigenden Passiere. Ich stieg zuerst aus dem Zug und erzählte den Soldaten, großteils in Zeichensprache, dass ich in Split lebte und meine Eltern, die noch im Zug seien, meine Dokumente hätten. Sie ließen mich durch. Kurz darauf stieg Onkel Oskar aus dem Zug und versuchte zu erklären, dass er in Split lebte und seine im Wageninneren befindliche Frau seine Dokumente hätte – und sie ließen auch ihn durch. Schließlich stieg Tante Camilla zusammen mit der letzten Passagiergruppe aus und behauptete, dass ihr Mann die Papiere bereits vorgezeigt hätte. Die italienischen Soldaten – die alles andere als einen motivierten Eindruck machten und wahrscheinlich nicht einmal verstanden, was sie sagte – winkten sie einfach durch.

Wie vereinbart, trafen wir uns nahe dem Hauptausgang des Bahnhofs. Zu unserer Bestürzung wurden wir mit einer neuen Hürde konfrontiert: Alle Passagiere mussten den Bahnhof durch diesen Ausgang verlassen und italienischen Wachen ihre Papiere zeigen, die diesmal wesentlich gründlichere Überprüfungen durchführten. Nach einer kurzen Beratung einigten wir uns darauf, dass es tollkühn wäre, dasselbe Manöver nochmals zu versuchen; wir benötigten Zeit, um uns etwas einfallen zu lassen. Wir betraten das kleine Bahnhofsrestaurant und setzten uns so gelassen, wie wir konnten, hin – es war nach dreiundzwanzig Uhr, und wir bemühten uns, keine Aufmerksamkeit zu erregen. Nachdem wir unsere Situation abgewogen hatten, entschieden wir, dass ich – der ich besser Serbokroatisch sprach als meine Tante und mein Onkel – versuchen würde, ein beiläufiges Gespräch mit einem der beiden Kellner anzufangen, einem Kroaten mittleren Alters. Wir hofften, dass ihn die Sorge um das tägliche Brot für seine Familie mehr umtrieb als die Politik. Ich sprach ihn zaghaft an. Er verstand sofort, dass wir geflüchtet waren, und als ich sah, dass seine Reaktion keine unfreundliche war, kam ich sogleich zum Punkt: Ich fragte ihn, ob er uns helfen könnte, aus dem Bahnhof zu gelangen, ohne unsere Papiere herzeigen zu müssen. Ich bin mir ziemlich sicher, dass ich ihm keine Entschädigung angeboten habe und er auch keine verlangt hat. Er schien mitfühlend und bereit, einen Weg vorzuschlagen. Das Bahnhofsrestaurant würde über Nacht offenbleiben, sagte er; wir sollten die ganze Nacht lang hier an unserem Tisch sitzen bleiben und unauffällig dösen, so als würden wir auf einen Frühzug warten. Zwischen Mitternacht und dem Morgengrauen war in Split für Zivilisten eine Ausgangssperre in Kraft, weshalb es nicht unbedingt Verdacht erregen würde, die Nacht im Restaurant zu verbringen. Es gab eine Tür, die aus dem Restaurant direkt auf die Straße führte und die die Italiener nicht unmittelbar überwachten, sondern von ihrer entfernten Position beim Hauptausgang im Auge behielten. Am frühen Morgen würden sie zu beschäftigt mit dem Verkehr sein, der sich durch den Hauptausgang bewegte, um dem Restaurantausgang besondere Beachtung zu schenken: Zu dieser Tageszeit waren die meisten Restaurantgäste Einheimische, die für ihren Frühstückskaffee vorbeikamen. Wir sollten uns unter die frühstückenden Einheimischen mischen und anschließend, mit Abstand zueinander und ohne unser Gepäck, durch den Restaurantausgang hinausgehen und weiterspazieren.

Dieser Kellner half uns aus einer schwierigen Situation. Sein Rat erwies sich als vollkommen vertrauenswürdig, und wir drei gelangten genau so aus dem Bahnhof hinaus wie von ihm vorgeschlagen. Jetzt waren wir illegale Bewohner eines von Italien kontrollierten Gebiets, einem Verbündeten der Achsenmächte. Dennoch hatten wir zum ersten Mal das Gefühl, dem unmittelbaren Zugriff der Deutschen und Ustascha entkommen zu sein. So hofften wir wenigstens.

7. Split

Onkel Robert hatte zwei Räume in einer alten Villa auf dem Marjan gemietet, mit Blick auf die Stadt Split. In Friedenszeiten war die schöne dalmatinische Küste ein Lieblingsziel von Urlaubern aus Mittel- und Südeuropa gewesen; jetzt, unter italienischer Militärbesatzung und angesichts des stockenden Tourismus, standen zahlreiche Unterkünfte zur Verfügung.

Unser Vermieter war ein kränklicher und gebrechlicher alter Mann, der mit seiner deutlich jüngeren Frau und seinen zwei hübschen Töchtern zusammenlebte. Sie gehörten einer bekannten einheimischen Familie an, die kriegsbedingt verarmt war, und vermieteten zwei Räume an uns, den restlichen Teil ihres großen Hauses bewohnten sie selbst. Obwohl sie gebildet und einst ziemlich vermögend gewesen waren, stellten sie in vielerlei Hinsicht typische Einwohner der dalmatinischen Küste dar: ethnische Kroaten und gläubige Katholiken mit engen Verbindungen zur italienischen Kultur. Dalmatien war über vier Jahrhunderte eng an Italien gebunden gewesen, insbesondere an die Republik Venedig, und Split rühmte sich, der Geburtsort Diokletians, eines der großen römischen Herrscher, zu sein. Ich war verblüfft, wie sehr sich unsere Vermieter mit der italienischen Kultur identifizierten, die sie für reicher und raffinierter als ihre eigene hielten; sie lasen hauptsächlich italienische Literatur und sprachen auch manchmal Italienisch miteinander. Und doch sahen sie sich, wie viele Dalmatiner, in einem moralischen Dilemma: Als Kroaten lehnten sie die ihnen aufgezwungene italienische Herrschaft strikt ab (die Faschisten hatten Split an Italien angeschlossen und es in Spalato umbenannt) und beschränkten ihren Umgang mit den italienischen Besatzern auf ein absolutes Minimum; gleichzeitig waren sie nicht einverstanden mit der extremistischen Politik des barbarischen Ustascha-Regimes, das für sich beanspruchte, sie zu repräsentieren. Als wir uns näher kennenlernten, entwickelte sich zwischen unseren beiden Familien eine tiefe, von gegenseitigem Respekt und Verständnis geprägte Verbundenheit. Sie konnten die Nöte, die wir durchlebten, nachempfinden, genauso wie unsere Zukunftsängste; umgekehrt wussten wir die Art zu würdigen, mit der sie durch die heimtückischen Wasser navigierten, in die der Krieg sie geworfen hatte: Sie taten ihr Bestes, um ihr gegenwärtiges und zukünftiges Leben nicht zu gefährden und versuchten gleichzeitig, mit ihrem Gewissen im Reinen zu bleiben.

Ich war natürlich besonders an den Schwestern interessiert. Die ältere der beiden war Anfang zwanzig, also ein paar Jahre älter als ich. Sie war eine auffallend schöne junge Frau mit einem feurigen, unabhängigen Temperament. Sie träumte davon, Opernsängerin zu werden, eine Profession, für die sie zweifellos alle nötigen Eigenschaften bis auf eine besaß – eine gute Stimme. Das hielt sie nicht ab. Sie übte voller Disziplin und Entschlossenheit und schmetterte zu jeder Tages- und Nachtzeit (leider vor allem nachts) Tonleitern und Übungen. Manchmal fanden wir es zermürbend und ärgerlich, doch mussten wir es mit Humor nehmen; schließlich hielten wir uns illegal in Split auf und wollten keine unnötige Aufmerksamkeit auf uns ziehen, indem wir das Quartier wechselten.

Carmen, die jüngere Tochter, die siebzehneinhalb war, und ich wurden gute Freunde. Ich war begeistert von der Gelegenheit, endlich eine Freundschaft mit einem Mädchen meines Alters anknüpfen zu können, zumal Carmen hübsch, intelligent, charmant und in jeder Hinsicht reizend war. Sie war bereits mit einem angehenden lokalen Dichter verlobt, der etwa zehn Jahre älter war als sie, trotzdem – oder gerade deshalb (er war etwas zu alt und ernst für sie) – gedieh unsere Freundschaft prächtig. Wir verbrachten Stunden damit, am Zaun vor ihrem Haus zu lehnen, über jedes nur erdenkliche Thema zu sprechen und uns einfach an der Gesellschaft des anderen zu erfreuen. Unsere Beziehung blieb platonisch, und weder ihr Verlobter noch ihre Eltern hatten Vorbehalte dagegen. Eine aufrichtigere und beglückendere

Beziehung als diese Sommerfreundschaft mit Carmen habe ich nie gekannt.

Nach den Schrecken, die wir unter der Herrschaft der Ustascha erlebt hatten, war das Leben in Split paradiesisch. Obwohl ich anfangs Bedenken hatte – immerhin war das faschistische Italien der wichtigste Verbündete Nazideutschlands –, wurde mir zu meinem Erstaunen bald klar, dass die italienischen Besatzungstruppen keine Bedrohung für uns darstellten. Es gab keine antisemitischen Einschränkungen, ebenso wenig die Verpflichtung, einen gelben Stern zu tragen, und die Italiener schienen keine Anstalten zu machen, illegale Flüchtlinge aufzuspüren und zu identifizieren. Vor allem aber hinderten sie ortsansässige Mitglieder der Ustascha daran, andere zu schikanieren, egal ob Juden oder Serben.

Dennoch lag eine beträchtliche Spannung in der Luft. Die Einstellung unserer Vermieter wurde von den meisten Einheimischen geteilt, die die faschistische Besatzung und Annexion ablehnten und ihr feindlich gegenüberstanden. Obwohl im Prinzip nur eine kleine Minderheit das Ustascha-Regime unterstützte, war der Widerstand gegen die aufgezwungene italienische Identität praktisch einhellig. Vielleicht war das einer der Gründe, warum die italienischen Besatzer sich von den jüdischen Flüchtlingen nicht bedroht fühlten und ihre Gesellschaft sogar schätzten; wir alle waren ihnen zutiefst dankbar für ihre menschliche Haltung, ihren Schutz und wünschten uns sehr, dass sie bleiben würden, wohl wissend, dass ihre Gegenwart die einzige Barriere zwischen einem brutalen, sicheren Tod und der Chance zu überleben darstellte.

Zum ersten Mal seit mehr als einem Jahr fühlte ich mich frei. Trotz meines illegalen Status ging ich mit Carmen in der Stadt spazieren, promenierte den *Corso* (die Promenade) hinauf und hinunter, ging an den Strand, saß in Straßencafés und besuchte häufig das örtliche Kino, in dem hauptsächlich italienische Filme gezeigt wurden (Vittorio De Sica war der Liebling unter den jungen Romantikern, Beniamino Gigli der führende romantische Tenor). Unser einziges wirkliches Problem war der Mangel an Lebensmitteln: Obst gab es zwar meist im Überfluss, andere

Lebensmittel waren allerdings nur eingeschränkt und unregelmäßig verfügbar. Aber wir waren niemals wirklich hungrig und erhielten so manche Essenslieferung und Unterstützung von der örtlichen jüdischen Gemeinde.

Eines Tages im Juni 1942 fand ein brutaler antisemitischer Angriff statt. Onkel Robert, der zugegen war, erzählte mir von den Vorfällen. Er war zum freitäglichen Abendgebet in die alte Synagoge von Split gegangen, als plötzlich eine Schlägerbande hereinstürmte. Zur Überraschung aller waren es Italiener, Mitglieder der örtlichen faschistischen Miliz. Sie attackierten die Mitglieder der Gemeinde, beraubten sie ihrer Wertgegenstände und schlugen mehrere von ihnen zusammen, einschließlich Onkel Robert, der schwer verletzt wurde. Dann plünderten sie das Gebäude und setzten es in Brand. Etliche nahegelegene jüdische Wohnungen und Geschäfte wurden unter Beteiligung von einigen italienischen Soldaten sowie Feuerwehrleuten und Polizisten ebenfalls geplündert. Erst das Einschreiten der italienischen Militärpolizei konnte der Gewalt ein Ende setzen.

Laut der Geschichte des Holocausts in Jugoslawien von Yad Vashem missbilligte das örtliche italienische Militärkommando diesen Angriff entschieden. Angeblich war er durch die Demolierung jener Marmortafel »provoziert« worden, die anlässlich der italienischen Einnahme von Split angebracht worden war. Die Beteiligung gewöhnlicher italienischer Soldaten veranlasste den kommandierenden General, ihnen mit dem Militärgericht zu drohen, alle Urlaube bis auf Weiteres zu streichen und strikte Befehle zu erteilen, die die künftige Teilnahme an »politischen Demonstrationen« untersagten.
Zudem wurde der faschistischen Miliz verboten, derartige Aktionen zu wiederholen. Soweit ich weiß, ist nichts Derartiges nochmals passiert. Onkel Robert erholte sich vollständig von seinen Verletzungen.

Das von den Italienern besetzte Gebiet zu erreichen, hatte unsere Überlebenschancen ganz offensichtlich erheblich verbessert. Meine Mutter befand sich jedoch immer noch in Derventa, und damit auf kroatischem, von den Ustascha und den Deutschen kontrolliertem Gebiet. Als wir im Juni unsere Flucht aus Zagreb planten, hatten wir ihr geschrieben und sie angefleht, sich uns anzuschließen. Doch sie antwortete uns, dass sie Frau Löbl, ihre Schwiegermutter, nicht im Stich lassen könne. Vor seiner Verhaftung und Deportation nach Jasenovac hatte Herr Löbl meiner Mutter das Versprechen abgenommen, seine Mutter, die ich als unangenehme, streitsüchtige alte Frau in Erinnerung habe, niemals zu verlassen, wiewohl die heftige Abneigung, die ich gegen ihren Sohn empfand, meine Haltung ihr gegenüber zweifellos beeinflusste. Herr Löbl war inzwischen ermordet worden, und meine Mutter fühlte sich selbstverständlich verpflichtet, ihr Versprechen einzuhalten. Sie hatte die Möglichkeit, zusammen mit Frau Löbl zu uns zu kommen, in Erwägung gezogen, sich aber dagegen entschieden, da ihre Schwiegermutter schlicht zu krank und schwach war, um eine so beschwerliche Zugreise anzutreten. So blieb meine Mutter, als wir in die italienische Zone flüchteten, zurück. Nachdem wir sicher in Split angekommen waren, schrieben wir ihr allerdings weiterhin und baten sie, nachzukommen. Gegen Ende Juli 1942 stimmte sie schließlich zu. Sie schrieb, dass sie vor Ort eine vertrauenswürdige Familie gefunden habe, bei der sie Frau Löbl habe unterbringen können, und nun bereit sei, die Reise anzutreten.

Meine Mutter benötigte gefälschte Reisedokumente, vergleichbar jenen, die wir benutzt hatten, um in die italienische Zone zu gelangen. Wir machten jemanden in Split ausfindig, der in der Lage war, diese zu besorgen. In einem örtlichen Café wurde ein Treffen vereinbart, und ich wurde hingeschickt, um Dokumente abzuholen. Aus irgendeinem Grund konnte ich die Frau, die sie mir verkaufen sollte, nicht finden; entweder hatte ich missverstanden, wo ich sie treffen sollte, oder ich war zur falschen Zeit eingetroffen. Erst bei unserem zweiten Termin, einige Tage später, traf ich sie an und konnte die Dokumente erfolgreich entgegennehmen. Wir schickten sie sofort nach Derventa, doch es war schon zu spät: Meine Mutter – und ihre Schwiegermutter – waren verschwunden.

Kurz darauf hörte ich ein letztes Mal von meiner Mutter. Unglaublicherweise war es ihr gelungen, eine Postkarte aus dem deutschen Zug, in dem sie deportiert wurde, zu schreiben. Sie

Irene Rochlitz (1898–1942)

schrieb, dass sie in ein Konzentrationslager geschickt werde, doch wir sollten uns nicht sorgen, sie werde überleben, und dass wir uns wiedersehen würden, sobald all dies vorbei sei.

Es existieren Berichte über mehrere Transporte von Jugoslawien nach Auschwitz im August 1942. Meine Mutter und ihre Schwiegermutter müssen in einem solchen gewesen sein. Sie haben nicht überlebt.

Ich werfe mir bis heute vor, das erste Treffen versäumt zu haben; wenn die Dinge anders gelaufen wären, hätte meine Mutter die Reisedokumente vielleicht zeitgerecht erhalten. Es ist ein Zweifel, der niemals aufhören wird, mich zu quälen.

Wenn ich an meine Mutter denke, die im Alter von vierundvierzig Jahren in Auschwitz ermordet wurde, so ist es beinahe ein Trost, mich daran zu erinnern, dass sie, während ich Jahrzehnte später diese Zeilen schreibe, aufgrund ihres hohen Alters mit ziemlicher Sicherheit bereits tot wäre.

Doch was ist mit ihren Mördern? Es lässt mir keinen Frieden, dass meine Mutter, ein junger, guter, freundlicher, intelligenter, liebender Mensch, der niemals jemandem etwas zuleide getan hat und das Leben gern hatte, kaltblütig in Auschwitz ermordet wurde, gemeinsam mit so vielen anderen – während ihre Mörder noch viele Jahre später ein selbstgerechtes Leben in Freude und Wohlstand genossen, ohne Strafe oder gar Reue.

Manchmal denke ich, es wäre am besten, wenn alle, die den Holocaust durchlebt haben, Opfer wie Täter, bereits tot wären, sodass die Menschheit frei von den Schrecken dieser unmittelbaren Erfahrung leben könnte, und von der unmittelbaren Schuld daran.

8. Novi

Ende August 1942 verkündete die italienische *Questura* (Polizei) in Split eine Amnestie. Illegale Flüchtlinge, die sich bei den italienischen Behörden selbst anzeigten und registrierten, würden nicht verhaftet oder deportiert, sondern in andere, unter italienischer Kontrolle befindliche Gebiete umgesiedelt. Begierig nutzten wir diese Gelegenheit. Wir hatten gehört, dass die Italiener im Gefolge früherer Amnestien zahlreiche Flüchtlinge aufs italienische Festland überführt hatten, und hofften inständig, dass sie uns genauso behandeln würden. Da die Deutschen und Ustascha der von Italien besetzten Adriaküste gefährlich nahe waren, bestand die reale Gefahr, dass eine Änderung der politischen oder militärischen Lage uns noch einmal in ihre Gewalt bringen würde. Der ständig brodelnden Gerüchteküche zufolge waren die ans italienische Festland überstellten jüdischen Flüchtlinge in kleinen Dörfern, hauptsächlich im Norden des Landes, angesiedelt worden. Der (in meinen Ohren) fabelhafte Begriff, den die Italiener verwendeten, um den Status dieser Flüchtlinge zu beschreiben, lautete *confino libero* (Konfinierung). Geprägt durch meine deutsche Erziehung verblüffte mich dieses Konzept. Wie konnte jemand zugleich interniert und frei sein? Bald stellte ich fest: Den Geflüchteten war es zwar verboten, die Dörfer, denen sie zugeteilt worden waren, zu verlassen, innerhalb des Dorfgebiets aber konnten sie ihrem Leben nachgehen. Sie wurden in Privathäusern untergebracht, Familien durften zusammenbleiben, und Geflüchtete erhielten die gleichen Rationen wie die einheimische Bevölkerung – die sich, wie man hörte, zumeist mitfühlend verhielt. Die einzige ernsthafte Einschränkung, mit der sich die Geflüchteten konfrontiert sahen, bestand in der Verpflichtung, sich regelmäßig bei der örtlichen Polizeistation zu melden, um zu beweisen, dass sie nicht untergetaucht waren. Wie schön es wäre, dachte ich, wenn auch wir in die Sicherheit eines abgelegenen italienischen Dorfes gebracht würden, um den Krieg in Ruhe und Frieden zu überstehen, so weit weg wie möglich von den Schrecken des Balkans.

Onkel Robert, der sich seit Dezember 1941 in Split befand, hatte von einer früheren Amnestie profitiert und war deshalb bereits »legal«, genauso wie meine Onkel Ferdinand und Julius, die ungestört weiter südwärts in der von den Italienern besetzten Stadt Metković lebten. Deshalb meldeten nur Tante Camilla, Onkel Oskar und ich uns im August 1942 bei der Questura in Split. Unsere Hoffnungen, nach Italien überstellt zu werden, wurden allerdings sofort zerschlagen. Uns wurde mitgeteilt, dass Flüchtlinge, die sich meldeten, an unterschiedlichen Orten entlang der dalmatinischen Küste konzentriert würden, und zwar in Gebieten, die unter italienischer Kontrolle standen, jedoch nicht formell an Italien angeschlossen worden waren.

Einige Tage später sagte ich meiner lieben Freundin Carmen Lebewohl und kletterte gemeinsam mit Tante Camilla und meinen Onkeln Oskar und Robert in einen italienischen Militärlastwagen. Stundenlang wurden wir die kurvige Küstenstraße entlang gefahren, bis der Lkw endlich in einem kleinen Dorf namens Novi Vinodolski stehenblieb, etwa dreihundert Kilometer nördlich von Split.

Novi, wie alle es nannten, war in der Friedenszeit ein beliebter Ferienort gewesen; nun, da der Tourismus komplett brachlag, gab es dort mehr als genug Platz, um Geflüchtete unterzubringen. Uns wurden zwei Räume in einem kleinen Haus zugewiesen, und wir bekamen einen Vorgeschmack des *confino libero*. Die Italiener gewährten uns völlige Bewegungsfreiheit innerhalb von Novi, und die einzigen Einschränkungen bestanden in der Einhaltung der nächtlichen Ausgangssperre, die auch für die einheimische Bevölkerung galt, sowie in der Verpflichtung, sich in regelmäßigen Abständen beim Carabinieri-Posten im Dorf zu melden.

Novi war im Vergleich zu Split klein und öde, und bald begann ich, mich zu langweilen und isoliert zu fühlen. Da die Einheimischen nicht sonderlich freundlich waren, beschränkte ich meinen Umgang mit ihnen auf ein absolutes Minimum. Ich spürte

Die Reise von Split nach Novi Vinodolski, wo die Italiener uns in »freier Internierung« unterbrachten.

eine an Feindseligkeit grenzende Kälte von ihnen ausgehen, vielleicht weil wir nicht die betuchten Urlauber waren, mit denen sie es bisher zu tun gehabt hatten. Außerdem hatte ich den Eindruck, dass sie eher mit dem Ustascha-Regime sympathisierten als die weltoffeneren Bewohner von Split. Bei mehreren Gelegenheiten bekam ich zufällig mit, wie sie ganz unumwunden ihrer Unterstützung der mordlustigen kroatischen Faschisten Ausdruck verliehen.

Mein Aufenthalt in Novi wäre ein trauriger gewesen, hätte ich nicht eine außergewöhnliche Begegnung gemacht, die mein Leben tiefgreifend verändern sollte. Innerhalb weniger Tage nach meiner

Ankunft bemerkte ich ein merkwürdiges Kommen und Gehen in der Nähe einer kleinen Villa, die sich in Sichtweite unseres Hauses befand. Tiere jeder Art, Nutztiere und Haustiere, wurden zu praktisch jeder Tageszeit dorthin gebracht. Fasziniert näherte ich mich dem Haus und verbrachte die folgenden Tage damit, dieser Tierprozession zuzuschauen. Bald machte ich Bekanntschaft mit dem dort lebenden Paar: mit Vlado Horvatić, einem Mann in seinen Dreißigern, und seiner schönen Frau. Trotz unseres großen Altersunterschieds – ich war erst achtzehn – wurden wir schnell Freunde. Ich erfuhr, dass Vlado in Zagreb Veterinärmedizin studiert hatte; nach der Machtergreifung der Ustascha hatte er sein Studium aufgegeben und war mit seiner Frau in die italienische Besatzungszone geflüchtet. Nachdem wir uns besser kennengelernt hatten, vertraute Vlado mir an, dass er sein Studium hatte aufgeben müssen, weil er halb jüdisch war (seine Frau war Katholikin).

Weder in Novi noch in der näheren Umgebung gab es einen Tierarzt. Vlados Ausbildung und Können sprachen sich schnell herum, und bald brachten ihm Dörfler und Bauern aus der gesamten Umgebung ihre Rinder, Schweine, Schafe, Ziegen, Pferde, Hühner, Katzen, Hunde und Vögel zur Behandlung. Da Vlado sein Studium vor Absolvierung seiner Abschlussprüfung beendet hatte, war er offiziell nicht approbiert und durfte für seine Dienste kein Geld annehmen. Zum Glück brachten die Besitzer seiner Patienten immer Geschenke mit – zumeist essbare –, die er oft mit mir teilte.

Vlado litt an schwerem Stottern, und seine Art konnte manchmal schroff und unnahbar sein. Manche Leute fanden ihn unangenehm, ja sogar arrogant, obwohl für mich klar war, dass sein Verhalten von seiner Behinderung herrührte. Eine bemerkenswerteste Verwandlung vollzog sich aber jedes Mal, wenn er mit Tieren zu tun hatte: Sein Stottern verschwand auf wundersame Weise und ließ ihn mit fester, beruhigender Stimme sicher und flüssig sprechen. Hunde, Katzen, Kühe, Papageien und sogar Mäuse schienen plötzlich des Serbokroatischen mächtig. Sie schmiegten sich voller Zuneigung an ihn und ließen ihn ihre Wunden versorgen oder sich Injektionen verabreichen, ohne auch nur irgendwie Widerstand zu leisten oder gar zu beißen. Manchmal benutzte Vlado seinen Schnurrbart, um das Vertrauen der Tiere zu gewinnen: Er näherte sich langsam ihren Schnauzen und rieb seinen Bart gegen den ihren, schnüffelte und schnaubte wie sie, wobei er kurze, beruhigende Grunzlaute ausstieß. Die Wirkung, die er auf Tiere hatte – und sie auf ihn –, war faszinierend anzusehen.

Ich verbrachte Stunden damit, Vlado bei seiner Arbeit zu beobachten. Ich hoffte, nach dem Krieg Medizin zu studieren, und dachte, dass mir dies, ganz abgesehen vom schieren Vergnügen an dieser Erfahrung, später auch nützlich sein könnte. Zu meiner Freude erlaubte mir Vlado nach kurzer Zeit, ihm bei kleineren Operationen zu assistieren. Ich war sehr angetan von dem Vertrauen, das dieser außergewöhnliche Mensch in mich hatte.

Es gab in Novi nicht mehr als ein Dutzend Geflüchteter, und niemand von ihnen war in meinem Alter, weshalb ich, auch wenn Vlado gerade nicht als Tierarzt arbeitete, meine Zeit mit ihm und seiner Frau verbrachte, beide waren sie sozial genauso isoliert wie ich. Wir drei wurden unzertrennlich; wir gingen zusammen schwimmen, spielten Tischtennis oder hörten Vlados Sammlung amerikanischer Jazzplatten. Manchmal schnitten wir aus Pappkarton die Silhouetten von den auf ihren Instrumenten spielenden Jazzmusikern und klebten sie an die Wände des Hauses. Oft saßen wir auch auf den Felsen in der Nähe ihrer Villa, die auf einer Klippe mit Blick auf die Adria thronte, und sprachen über unsere Hoffnungen.

Wir alle teilten den Traum, eines Tages in die Freiheit und Sicherheit Amerikas zu gelangen, und wir versuchten, uns vorzustellen, wie aufregend es sein würde, dort zu leben. Gleichzeitig zweifelten wir in unserem Innersten daran, jemals seine Küsten zu erreichen.

Die ruhigen, angenehmen Wochen, die ich in Novi verbrachte, wurden von der großen Sorge um das Schicksal meiner Mutter verdüstert. Die Angst, sie vielleicht nie mehr wiederzusehen, setzte ein. Ich fühlte mich hilflos und versuchte, mir nicht auszumalen, was sie wohl durchmachte; ich wusste noch nicht, dass sie bereits tot war.

Über meinen Bruder Max machte ich mir weniger Sorgen, obwohl ich fast einhalb Jahre nichts mehr von ihm gehört hatte. Das Letzte, was ich wusste, war, dass er sich in England aufhielt und in einer landwirtschaftlichen Ausbildung unter der Schirmherrschaft einer zionistischen Organisation stand. Der Nachrichtenverkehr mit England war seit April 1941, als die Achsenmächte in Jugoslawien eingefallen waren, unterbrochen, mich aber tröstete das Wissen, dass wenigsten er frei im Westen war.

Die italienische Garnison in Novi war sehr klein und bestand nur aus einer Handvoll Soldaten. Wir hatten praktisch keinen Kontakt mit ihnen, da meine Onkel und meine Tante kein Italienisch sprachen und von Haus aus nicht sehr gesellig waren. Ich aber hatte inzwischen ein wenig Italienisch aufgeschnappt und konnte mich notdürftig mit ihnen unterhalten. Das war besonders während der Besuche eines im Dorf stationierten Korporals von Nutzen. Ungefähr einmal pro Woche besuchte er uns und brachte Brot und Orangenmarmelade aus seiner persönlichen Wochenration mit. Über unseren herzlichen Dank hinaus wollte er dafür keine Entschädigung. Ich spürte, dass diese kleine Gefälligkeiten – die uns natürlich viel bedeuteten – auch für ihn von großer Bedeutung waren. Es war seine Art, seine Menschlichkeit gegen die Verrohung des Krieges zu verteidigen.

Einmal nahm er mich zur Seite und erzählte mir, dass Tante Camilla ihn an seine Mutter erinnere, was ihn dazu bewogen habe, uns zu helfen. Andere Flüchtlingsfamilien, vor allem jene, die attraktive junge Frauen zu ihren Mitgliedern zählten, bekamen mehr Aufmerksamkeit als wir von den kontaktfreudigen, extravertierten Italienern, die sich in dieser unwirtlichen Umgebung offenkundig unwohl fühlten und ihr Zuhause und ihre Familien vermissten. Die Italiener waren durchwegs zuvorkommend und freundlich, doch beunruhigte uns, dass sie behaupteten, nicht zu wissen, was uns bevorstand. Tatsächlich sprachen sie die Wahrheit: Weder sie noch wir hätten uns vorstellen können, dass unser Schicksal, und das von viertausend weiteren jüdischen Flüchtlingen, die sich unter italienischer Besatzung in Kroatien befanden, zu diesem Zeitpunkt Gegenstand intensiver diplomatischer Verhandlungen zwischen der deutschen und italienischen Regierung war.

Ministero degli Affari Esteri
Gabinetto

APPUNTO PER IL DUCE

Bismarck ha dato comunicazione di un telegramma a firma Ribbentrop con il quale questa Ambasciata di Germania viene richiesta di provocare istruzioni alle competenti Autorità Militari italiane in Croazia affinchè anche nelle zone di nostra occupazione possano essere attuati i provvedimenti divisati da parte germanica e croata per un trasferimento in massa degli ebrei di Croazia nei territori orientali.

Bismarck ha affermato che si tratterebbe di varie migliaia di persone ed ha lasciato comprendere che tali provvedimenti tenderebbero, in pratica, alla loro dispersione ed eliminazione.

L'Ufficio competente fa presente che segnalazioni della R.Legazione a Zagabria inducono a ritenere che, per desiderio germanico, che trova consenziente il Governo ustascia la questione della liquidazione degli ebrei in Croazia starebbe ormai entrando in una fase risolutiva.

Si sottopone, Duce, quanto precede per le Vostre decisioni.

Roma, 21 agosto 1942-XX

Ein frappierendes Dokument aus dem Archiv des italienischen Außenministeriums verdeutlicht, was vor sich ging. Ein interner Bericht an Mussolini vom 21. August 1942 informierte den »Duce« darüber, dass die Deutschen die Italiener um ihre Kollaboration bei der Deportation von Tausenden Jüdinnen und Juden aus der italienischen Besatzungszone Kroatiens ersucht hatten. Aus dem Bericht ging klar hervor, dass diese Tausenden zur Beseitigung und Vernichtung bestimmt waren (die Unterstreichungen im Dokument stammen von mir).

Mussolini war davon offenbar nicht irritiert gewesen, weil er »Nulla Osta« (keine Einwände) in die obere rechte Ecke gekritzelt und mit seinem charakteristischen stilisierten »M« unterzeichnet hatte. Er hatte uns faktisch zum Tode verurteilt. Geschichtliche Forschungsarbeiten, die nach dem Krieg veröffentlicht wurden, haben gezeigt, dass hochrangige italienische Soldaten und Diplomaten scharf auf Mussolinis Autorisierung unserer Deportation reagierten. Sie kritisierten eine solche Vorgehensweise mit Nachdruck insofern, als sie italienischen Werten zuwiderlaufe und das Ansehen Italiens beschädige. Mit starkem Widerstand innerhalb der eigenen Reihen gegen eine Zusammenarbeit in der »Endlösung« konfrontiert, sah sich Mussolini gezwungen, nachzugeben. Die italienische Armee und das Außenministerium stimmten in der Folge ihre Anstrengungen, uns zu retten, miteinander ab, wandten Verzögerungstaktiken an und erfanden Rechtfertigungen, um die Deutschen zu beschwichtigen.

Wir hatten keine Ahnung, dass unser Schicksal in allseitigem Interesse lag. Es war deshalb sehr besorgniserregend, als am 1. November 1942 um fünf Uhr morgens die Carabinieri an unsere Tür klopften. Höflich, aber bestimmt, gaben sie uns eine Stunde Zeit, unsere Sachen zu packen und uns auf unsere Überstellung vorzubereiten. Ich fragte den diensthabenden Carabiniere, wohin wir gebracht würden, und war angesichts seines Beharrens, dass er es nicht wisse, zutiefst beunruhigt. Doch wir hatten keine Wahl und machten uns bereit, aufzubrechen.

Um sechs Uhr hielt ein offener Lkw vor unserem Haus, der mehrere andere Flüchtlinge samt ihrem Gepäck trug. Ich versuchte, den Fahrer nach unserem Reiseziel zu befragen – ohne Erfolg. Schweren Herzens kletterten wir auf den Lastwagen. Zwei weitere Fahrzeuge tauchten auf, beladen mit sämtlichen anderen jüdischen Flüchtlingen aus Novi – mit Ausnahme meines Freundes Vlado, der offensichtlich nicht als Jude registriert war.

Wir fuhren los in Richtung Norden. Der kleine Konvoi passierte die Stadt Crikvenica, wo sich ihm einige weitere mit Flüchtlingen beladenen Lastwägen anschlossen, und bewegte sich nordwärts weiter. Uns war bewusst, dass wir bald zu einer Weggabelung gelangen würden: Falls die Lastwägen nach links abbogen, würden wir in der italienischen Zone bleiben und möglicherweise nach Italien selbst gebracht werden. Als wir uns der Gabelung näherten, wuchs die Spannung unter uns rasant und schlug fast in Panik um; die Weigerung der Carabinieri, uns irgendeine Information zukommen zu lassen oder uns in irgendeiner Weise Mut zu machen, ließ das Schlimmste befürchten.

Ich erinnere mich lebhaft an die gewaltige Welle der Erleichterung, von der wir erfasst wurden, als der Konvoi bei der Weggabelung nach links abbog. Wir begannen zu hoffen, dass wir vielleicht sogar auf unserem Weg nach Italien waren. Als der Lastwagen weiterrollte, fantasierte ich, dass ich bereits in einem abgelegenen italienischen Dorf wäre, weit weg von den Ustascha und den Deutschen, Englisch und Italienisch lernte und das Kriegsende in Abgeschiedenheit und Sicherheit abwartete.

Doch es sollte nicht so kommen. Nachdem wir einige weitere Kilometer zurückgelegt hatten, bog unser Konvoi in das Dorf Kraljevica ab, das sehr nahe an der italienischen Grenze, aber noch in der italienischen Zone lag. Die Lastwägen fuhren durch ein Tor mitten in einem hohen Stacheldrahtzaun und blieben stehen. Wir brauchten nicht lange, um zu begreifen, dass wir nun in etwas eingeschlossen waren, das auf bedrohliche Weise einem Konzentrationslager ähnelte, ausgestattet mit Holzbaracken, Wachtürmen, bewaffneten Wächtern und Suchscheinwerfern.

9. Kraljevica

Der erste Anblick des italienischen Lagers für Zivilinternierte in Kraljevica rief unheimliche, noch junge Erinnerungen in mir wach. Es gab vier große Holzbaracken und acht kleinere, die auf einem abschüssigen Feld zusammengedrängt standen, das die herbstlichen Regengüsse bereits in einen schlammigen Sumpf verwandelt hatten. Mächtige Suchscheinwerfer strahlten von den Wällen des alten Schlosses, das über dem Lager aufragte, auf uns herab.

Als unser kleiner Konvoi am 1. November 1942 ankam, liefen bereits Hunderte Menschen umher. Wir kletterten von den Lastwägen, und italienische Soldaten teilten die Männer von den Frauen ab. Die Männer wurden den vier großen Baracken zugewiesen (die, wie ich später herausfand, der jugoslawischen Kavallerie als Ställe gedient hatten), während die kleineren Baracken für die Beherbergung der Frauen und Kinder vorgesehen waren. Als ich mein Gepäck zu meiner Baracke trug, bemerkte ich, dass ein hoher Maschendrahtzaun, an dem Wachposten patrouillierten, das gesamte Lager umgab, und ein weiterer Zaun zwischen den Baracken verlief und die Unterkünfte der Männer von den Frauenbaracken trennte.

Doch hier endete die Ähnlichkeit mit Jasenovac. Es wurde rasch klar, dass dies ein Konzentrationslager war, in dem die Häftlinge dazu bestimmt waren, zu überleben. Die Lagerwächter waren einfache italienische Soldaten, keine Mitglieder der faschistischen Miliz, und es war offenkundig nicht Teil ihrer Weltanschauung, Juden zu hassen. Ihr Hass, falls sie einen solchen in sich trugen, richtete sich gegen den Krieg und die Verwüstung, die er in ihrem Leben anrichtete. Nach einer sehr kurzen Zeit der Vorsicht sah ich ihre Höflichkeit als selbstverständlich an.

Das italienische Lager, in dem ich im November 1942 interniert wurde, im Schatten des Schlosses Kraljevica.

Dennoch war es ein Konzentrationslager, und es galt, Härten zu bewältigen. Die größte Unannehmlichkeit bestand in der Überbelegung. Da jedem Häftling ein eigener Schlafplatz und eine Strohmatratze zustanden, hatten die Italiener, um alle von uns unterzubringen, jegliche verfügbare Fläche Reihe um Reihe mit Doppelstockbetten vollgestellt, wodurch es so gut wie keinen Platz gab, um sich zu bewegen.

Eine weitere Schwierigkeit stellte die Knappheit an Lebensmitteln dar. Wir erhielten ausschließlich reduzierte italienische Armeerationen, die aus einer morgendlichen Tasse schwarzer Flüssigkeit (die entfernt an Kaffee erinnerte) und einer minestroneartigen Suppe mittags und abends bestand, die etwas Pasta, Bohnen oder anderes Gemüse enthielt. Zusätzlich erhielten wir eine kleine Tagesration Brot und jede Woche hundert Gramm Salami oder Parmesankäse, wovon wir zwei bis drei Tage lang zu zehren versuchten. Ich versuchte, den Parmesan etwas ausgiebiger zu machen, indem ich seine harte und unappetitliche Rinde über einem heißen Ofen röstete, bis sie weich und essbar wurde. Die Aufgabe, die Suppe aus den riesigen, dampfenden Kesseln zu schöpfen, wurde den Häftlingen nach einem Rotationsprinzip zugeteilt.

Immer, wenn ich mich für eine Mahlzeit anstellte, war ich sehr hungrig. Ich konzentrierte all meine mentale Kraft auf die Person, die für die Essensausgabe zuständig war, und versuchte, sie dahingehend zu hypnotisieren, dass sie den Schöpflöffel zum Boden des Kessels führte, wo sich für gewöhnlich die wertvollen, nahrhafteren festen Teile gesammelt hatten. Manchmal hatte ich den Eindruck, dass diese Technik tatsächlich funktionierte, zweifellos noch besser war allerdings, sich mit derjenigen Person gut zu stellen, die gerade den Schöpflöffel hielt. Da die Zuständigen häufig wechselten, war das leider nicht immer möglich.

Ungefähr 1 200 Jüdinnen und Juden waren Anfang November 1942 in Kraljevica (oder Porto Re, wie die Italiener es nannten) interniert. Die meisten stammten aus dem ehemaligen Jugoslawien, es gab aber auch österreichische, tschechische, ungarische und andere Nationalitäten unter ihnen. Die Lagerbevölkerung repräsentierte nicht den Querschnitt der Gesellschaft, egal ob jüdisch oder nicht. Eine unverhältnismäßig hohe Zahl von ihnen war mittleren Alters oder älter (als die Ustascha an die Macht kam, waren die Ersten, die ermordet wurden, junge Menschen), und sowohl ihr Bildungsgrad als auch die wirtschaftliche Stellung, die sie vor dem Krieg innegehabt hatten, lagen weit über dem Durchschnitt. Viele von ihnen waren Ärzte, Anwälte, Lehrer, Unternehmer, Bankdirektoren oder Geschäftsleute.

Bei unserer Ankunft war nichts konfisziert worden – man hatte uns nicht einmal durchsucht –, und einige Häftlinge besaßen immer noch Bargeld oder Goldmünzen. Sie konnten die magere Lagerkost aufwerten, indem sie sich von den Einheimischen aus Kraljevica Essen anliefern ließen. Manchmal schaute ich neidig zu, wenn den wohlhabenderen Häftlingen köstlich anmutendes, warmes Essen zum privaten Verzehr gebracht wurde. Obwohl dieser Handel offiziell eine Übertretung der Lagerbestimmungen darstellte, fanden die Italiener einen Weg, ihn zu dulden, indem sie ihn aus »medizinischen Gründen« genehmigten. Die Mägen von uns anderen waren niemals wirklich satt, doch litten wir zu keinem Zeitpunkt an richtiger Unterernährung. Ironischerweise erwiesen sich diese Umstände für manche Häftlinge sogar als vorteilhaft. Übergewichtige Flüchtlinge mittleren Alters, die lange an verschiedenen körperlichen Beschwerden gelitten und nie die Disziplin aufgebracht hatten, einer Diät zu folgen, wurden im Lager auf wundersame Weise geheilt. Der Mangel an Nahrung und die äußerst flüssige, fettarme Diät ließ sie in kürzester Zeit abnehmen, mit dem Resultat, dass viele ihrer gesundheitlichen Leiden – insbesondere Leberbeschwerden – zusammen mit ihren schmerbäuchigen Taillen einfach verschwanden.

Ein paar Tage nach meiner Ankunft wurden im Lager Wahlen abgehalten. Die Italiener hatten darum ersucht, dass wir einen dreiköpfigen Verwaltungsausschuss wählten, der uns in allen Angelegenheiten mit ihnen vertreten sollte. Eine Liste mit Kandidaten wurde erstellt, alle erwachsenen Häftlinge – männliche und weibliche – erhielten das Recht zu wählen, und mit der Hilfe der Italiener wurde eine geheime Wahl organisiert. Im Winter 1942 war das Lager für Zivilinternierte von Kraljevica wahrscheinlich die einzige Einrichtung im gesamten von den Achsenmächten besetzten Teil Europas mit demokratisch gewählten Vertretern. Nachdem wir die drei gewählt hatten, bestand der Lagerkommandant allerdings darauf, sie feierlich zum Verwaltungsausschuss zu »ernennen«.

Der das Männer- vom Frauenquartier trennende Zaun wurde bald abgebaut, und zwei zusätzliche Holzbaracken wurden errichtet, eine für Mütter mit kleinen Kindern, und eine weitere, in der eine Krankenstation, die Lagerverwaltung, ein Lagergericht, ein Friseur, eine Schneiderei sowie eine Kapelle für nichtjüdische Eheleute und Konvertiten zum Christentum (es gab einige davon unter uns) untergebracht wurden.

Eines der Zentren gesellschaftlicher Aktivitäten, besonders nachts, waren die Latrinen. Da unsere sehr flüssige Kost zu häufigem Harndrang führte, mussten beinahe alle – nicht nur die Alten und Inkontinenten – wenigstens einmal pro Nacht aufstehen. Manche hatten Nachttöpfe oder Flaschen neben ihren Betten stehen, doch die meisten zogen es vor, den Verschlag aufzusuchen, in dem sich die Latrinen befanden. Dadurch gab es ein konstantes nächtliches Kommen und Gehen, das zeitweise ziemlich dicht war und Gelegenheiten bot, entlang des Weges Familienmitglieder und Freunde zu treffen. Anfangs waren diese Begegnungen unangenehm und sogar peinlich. Mitteleuropäische Juden wie wir waren stark darauf konditioniert, jegliche Anspielung auf physiologische Bedürfnisse zu vermeiden, insbesondere in Gegenwart von Zugehörigen des anderen Geschlechts. Mit der Zeit allerdings überwand ich meine Hemmungen und freute mich während meines allnächtlichen Gangs zu den Latrinen darauf, zufällig Freunde zu treffen und eine Zeit lang zu tratschen, um anschließend zurück ins Bett zu schlendern.

Die Latrinenbaracken waren in einen Männer- und einen Frauenabschnitt unterteilt, und zwar nur durch eine hölzerne Trennwand, die zwischen Decke und Boden aufgehängt war, ohne diese zu berühren. Es war deshalb unvermeidlich, von der anderen Seite herrührende Stimmen und Geräusche zu hören. Eines Abends entfuhr jemandem auf der Damenseite lautstark ein Wind. Nach einem Augenblick verlegener Stille fragte ein Witzbold auf der Männerseite: »Bist du es, Sara?« Es gab schallendendes Gelächter, und die Geschichte, die zu einem beliebten Witz wurde, verbreitete sich im Lager wie ein Lauffeuer.

Ein anderes Ereignis, das die Latrinen betraf, wurde für eine Weile zum Gesprächsthema. Eines Abends fiel die volle Geldbörse von einem der wohlhabenderen Häftlinge in die Latrinengrube. Er war sehr verzweifelt und versprach allen, die sich bereitwillig hinunterwagten, um sie herauszufischen, eine ansehnliche Belohnung. Nach einigem Zögern entschloss sich ein junger Mann hinabzutauchen. Er war schon vor seinem Abstieg nicht sonderlich beliebt bei uns, und als er wieder auftauchte, war seine Beliebtheit noch weiter gesunken. Doch er hatte sich seine Belohnung verdient.

Die Latrinen gaben uns außerdem Gelegenheit dazu, das Ausmaß der Sorge schätzen zu lernen, das die Italiener unserem Wohlergehen zuteilwerden ließen. Unser Lager befand sich praktisch direkt an der Adria, und mit dem Wintereinbruch begannen eisige Winde und starke Regenfälle unsere nächtlichen Ausflüge beschwerlich zu machen. Nachdem einige Leute darüber geklagt hatten, durch das nächtliche Ausgesetztsein witterungsbedingt sogar krank geworden zu sein, baten wir den Lagerkommandanten um Hilfe. Er reagierte sofort und ordnete seinen Truppen an, überdachte Holzkorridore zu errichten, die direkt von den Baracken zu den Latrinen führten. Sie wurden innerhalb von wenigen Tagen fertiggestellt. Vom rauen Wetter geschützt, konnten wir unsere nächtliche Routine relativ komfortabel fortsetzen.

Ich – und alle anderen – waren über unsere plötzliche Internierung beunruhigt. Was konnte sie bedeuten? War sie ein erster Schritt auf dem Weg zu unserer Auslieferung an die Ustascha und Nazis, oder gab es andere Hintergründe? Während des gesamten Krieges wurde der US-amerikanische Präsident Franklin D. Roosevelt von so gut wie allen verfolgten Jüdinnen und Juden im besetzten Europa wie ein Messias verehrt, und wir machten dabei keine Ausnahme. Deshalb besagte die vorherrschende Theorie, die in Kraljevica die Runde machte, dass Roosevelt höchstpersönlich für unsere menschliche Behandlung durch die Italiener verantwortlich sei; im Gegenzug hatte er ihnen wahrscheinlich versprochen, sie nachsichtig zu behandeln, sobald der Krieg – den die Alliierten sicher gewinnen würden – vorbei war.

In meinen Gesprächen mit italienischen Soldaten hatte ich häufig Sympathien für die Vereinigten Staaten bemerkt. Viele hatten Verwandte, die dort lebten, oder davon geträumt, selbst dort einzuwandern. So wie wir sahen sie in den Vereinigten Staaten das Gelobte Land, und es war offensichtlich, dass Mussolinis Propaganda die Italiener nicht davon hatte überzeugen können, die Vereinigten Staaten zu hassen oder die Deutschen zu lieben.

Es war eine herbe Enttäuschung für mich, Jahre später zu erfahren, dass die Alliierten – sowohl die Amerikaner als auch die Briten – sich kaum weniger um unser Schicksal hätten scheren können. Einigen Historikern zufolge schützten uns die italienischen Soldaten und Diplomaten in erster Linie aus humanitären Gründen. Sie waren schockiert angesichts der Gräueltaten, die von den Ustascha begangen wurden, und lehnten es ab, Mittäter der »Endlösung« zu sein. Aus Sicht dieser Italiener hatten wir »unter italienischer Flagge Zuflucht gesucht«, und es stand nach ihrer Auffassung im Widerspruch zu ihrer Ehre und ihrer Würde, uns im Stich zu lassen. Andere Historiker vertraten die Meinung, dass der italienische Schutz der Jüdinnen und Juden in Kroatien (wie auch jener in Frankreich, Griechenland und anderswo) hauptsäch-

Venedig, 1941 – Der italienische Außenminister Chiano spricht bei der Zeremonie anlässlich des Beitritts Kroatiens zu den Achsenmächten. Links, sitzend, der kroatische Diktator Ante Pavelić. Rechts, sitzend, der deutsche Außenminister Joachim von Ribbentrop. Eingekreist: Marchese d'Ajeta (links) und Graf Luca Pietromarchi (dessen Frau jüdischer Abstammung war); diese beiden höheren italienischen Beamten spielten eine zentrale Rolle in der Vereitelung unserer Deportation. Pietromarchi, der in den 1950er Jahren italienischer Botschafter in der Sowjetunion war, hinterließ ein detailliertes privates Tagebuch, in dem er die Bemühungen beschrieb, die er und andere unternahmen, um uns zu retten.

lich politisch motiviert war, um das Ansehen Italiens zu steigern, seine wirtschaftlichen Interessen zu schützen und seine imperialen Ansprüche zu stärken. Vielleicht liegt die Wahrheit irgendwo dazwischen. Klar ist jedenfalls, dass unsere Festnahme und Konzentration hinter Stacheldrahtzaun im November 1942 nichts anderes war als ein Versuch, den Deutschen Sand in die Augen zu streuen: Sie sollten dazu verleitet werden, zu denken, dass dies ein erster Schritt in Richtung unserer Deportation sei, während die Italiener in Wirklichkeit auf das Gegenteil abzielten. Gegen Ende des Jahres 1942 besuchte der Kommandant der 2. Armee [2ª Armata, A. d. Ü.] in Kroatien, General Mario Roatta, Kraljevica und traf unseren Verwaltungsausschuss. Die Mitglieder des

Ausschusses erzählten uns später, dass, Roatta zufolge, der Druck vonseiten der Deutschen, uns auszuliefern, enorm war. Der General hatte ihnen erzählt, dass er uns alle am liebsten für die kommenden sechs Monate in ein U-Boot stecken würde, bis der Sturm über unseren Köpfen sich gelegt hätte. Jedenfalls hatte Roatta versprochen, dass niemand uns ein Haar krümmen werde, solange er das Kommando innehatte.

General Roatta wurde später wegen Kriegsverbrechen angeklagt, Gräueltaten, die unter seinem Kommando stehende Truppen in Slowenien und Kroatien gegen die Zivilbevölkerung begangen hatten. Unter seinem Befehl hatten italienische Soldaten Dörfer niedergebrannt, Gefangene gefoltert, Geiseln hingerichtet und Tausende »rebellische« Sloweninnen und Slowenen eingesperrt: Männer, Frauen und Kinder waren in Konzentrationslager deportiert worden, wo viele von ihnen an Missbrauch, Unterernährung und Krankheit starben. Roatta war es offenbar ermöglicht worden, 1945 in Rom aus seiner Gefängniszelle zu flüchten, wodurch ein Prozess verhindert wurde, der für die italienische Regierung politisch blamabel gewesen wäre. Er ging ins Exil in Frankos Spanien, profitierte allerdings später von einer Amnestie und kehrte nach Italien zurück, wo er 1968 starb.

Eine Reihe von Beamten des italienischen Außenministeriums war an dem Versuch beteiligt, Mussolinis Einverständniserklärung, uns an die Deutschen auszuliefern, zu umgehen. Einer wegweisenden Untersuchung dieses Vorfalls durch den israelischen Historiker Daniel Carpi (Yad Vashem, 1977) zufolge, kam der Druck, uns zu schützen, von zwei anderen Seiten: von der DELASEM [Delegazione per l'Assistenza degli Emigranti Ebrei, A. d. Ü.], einer italienisch-jüdischen Hilfsorganisation für Flüchtlinge, die wiederholt an die italienische Obrigkeit appellierte, uns menschenwürdig zu behandeln; und, erstaunlicherweise – wenigstens für mich – vom Vatikan. Von Beginn unseres Leidensweges der antijüdischen Verfolgung an hatte meine Familie das Schweigen der Kirche zutiefst verärgert. In Wien waren wir erschüttert – wenngleich nicht wirklich überrascht, als Kardinal Innitzer die Nazis willkommen geheißen und seine Gläubigen darin bestärkt hatte, es ihm gleichzutun. Später, in Zagreb, entmutigte uns die offensichtliche Verbindung des Erzbischofs Stepinac mit dem

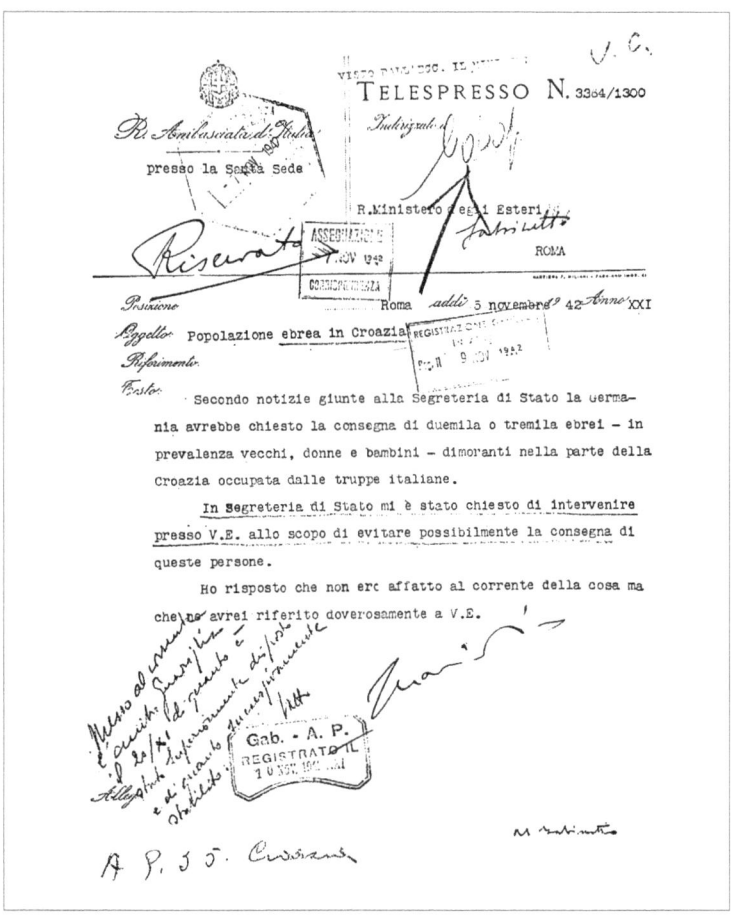

Ustascha-Regime noch mehr. Ich habe wenig Zweifel daran, dass jene, die Gräueltaten begingen, die fehlende explizite Verurteilung derselben durch Kirchenführer als Einverständnis mit ihren Taten interpretierten. Die Kirche besaß die moralische Autorität, vielen Mördern Einhalt zu gebieten, und entschied sich dagegen, sie auszuüben. Der Vatikan seinerseits rechtfertige sein Schweigen mit dem Argument, er habe hinter den Kulissen daran gearbeitet, die Verfolgung in Schach zu halten. Ich habe diese Argumentation immer infrage gestellt und sie im Wesentlichen als Schönfärberei und Bigotterie erachtet. Wenn *allerdings Beweise auftauchen, die dazu beitragen, die Behauptungen des Vatikans zu erhärten, ist es richtig, sie anzuerkennen. Das Dokument auf der vorigen Seite, das in Carpis Untersuchung aufscheint, bezieht sich direkt auf uns – auf die paar Tausend jüdischen Flüchtlinge unter italienischer Besatzung an der kroatischen Küste. Es handelt sich um eine Depesche des italienischen Botschafters im Vatikan, Raffaele Guariglia, an seinen Vorgesetzten, Außenminister Ciano. Das Dokument datiert auf den 5. November 1942, fünf Tage nachdem man uns zusammengetrieben und in Kraljevica interniert hatte. Guariglia berichtet, dass Beamte des Vatikans von einem deutschen Gesuch an die Italiener erfuhren, zwei- oder dreitausend Juden, die unter ihrer Besatzung in Kroatien lebten – hauptsächlich alte Menschen, Frauen und Kinder, an sie auszuliefern. Guariglia übermittelt ein Ansuchen des Vatikans an die Italiener, dies, »wenn möglich«, zu unterlassen. Der Historiker Jonathan Steinberg schreibt in seinem Buch* All or Nothing – The Axis and the Holocaust, 1941– 1943 *(Routledge, 1990), dass keinerlei Beweise dafür vorliegen, dass die Intervention des Vatikans zugunsten der Juden die italienische Politik in Sachen Auslieferung im Oktober und November 1942 beeinflusste. Trotzdem, ergänzt er, war der Einfluss des Vatikans sicherlich »im Hintergrund präsent«. Für mich macht dieser handfeste Beweis, dass sie den Versuch unternahmen, uns zu helfen, unabhängig davon, ob es die Intervention des Vatikan war, die unsere Deportation verhinderte oder nicht, einen himmelweiten Unterschied.*

Innerhalb des Lagers von Kraljevica versuchten wir in den Zusicherungen General Roattas gegenüber unserem Verwaltungsausschuss, dass uns nichts zustoßen würde, Trost zu finden. Gleichzeitig wussten wir sehr gut, dass die Faschisten 1938 in Italien strenge antisemitische Gesetze erlassen hatten. Italienische Jüdinnen und Juden waren zwar nicht der Gefahr von Deportation und Ausrottung ausgesetzt (diese trat erst nach dem Zusammenbruch Italiens im September 1943 ein, doch waren sie bereits die Opfer beschämender Diskriminierung und Verfolgung). Obwohl Italien seine antisemitische Gesetzgebung nicht auf seine besetzten Gebiete ausgeweitet hatte, waren wir uns unseres sehr unsicheren Status bewusst: Wir waren aus dem besetzten Europa geflüchtet, und die meisten von uns waren illegal in das italienisch besetzte Gebiet eingereist. Der Krieg tobte, und wir erkannten, dass wir nicht ewig auf den Schutz Italiens zählen konnten.

Aber wenigstens vorläufig fühlten wir uns sicher und versuchten, weiterzumachen. Unser Verwaltungsausschuss begann, Geld für zusätzliche Lebensmittelvorräte von außerhalb des Lagers zu sammeln, indem Steuern von den wohlhabenderen Insassen eingehoben wurden. Er organisierte außerdem eine Schule, die sowohl eine Primar- als auch eine Sekundarstufe umfasste. Obwohl ich nur die achte Klasse abgeschlossen und kriegsbedingt zwei Schuljahre versäumt hatte, wurde ich zur elften Klasse zugelassen – die aufgrund geringer Anzahl Schülerinnen und Schüler mit der zwölften zusammengelegt wurde. In Anbetracht dieser Umstände verfügte die kleine provisorische Mittelschule über ein Lehrpersonal von außerordentlicher Qualifikation. Viele der Lehrenden waren ehemals bedeutende Universitätsprofessoren, die enthusiastisch die Gelegenheit ergriffen, wieder zu unterrichten, anstatt den ganzen Tag tatenlos herumzusitzen. Die Unterrichtssprache war Serbokroatisch, aber wir lernten auch Latein, Griechisch und Italienisch. Wir lernten kein Englisch, das der Kommandant nicht toleriert hätte, und kein Deutsch, das wir nicht ertragen hätten. In meine Klasse gingen nicht mehr als ein Dutzend Schülerinnen und Schüler, und wir besaßen kaum Lehrbücher, doch nichts konnte den Enthusiasmus dämpfen, mit dem wir unsere Ausbildung, die durch den Krieg abgebrochen worden war, fortsetzten.

Seit meiner Flucht aus Wien mehr als vier Jahre zuvor hatte ich das zerrissene Leben eines Flüchtenden geführt und nicht die Möglichkeit eines normalen Umgangs mit jungen Leuten meines Alters gehabt, ganz zu schweigen davon, wirkliche Freundschaften mit ihnen zu knüpfen. Mit langen Phasen sozialer Isolierung zurechtzukommen, ist in jedem Alter schwierig, doch für einen Jugendlichen kann es beinahe unerträglich sein. Meine Freude, endlich wieder in Gesellschaft Gleichaltriger sein zu können, war deshalb riesig. Ich war begeistert von der Gelegenheit, Freundinnen und Freunde zu finden, und manche Freundschaften, die ich im Lager knüpfte, hielten über viele Jahre.

Mein bester Freund war Ivo Herzer, der wie ich achtzehn Jahre alt war. Ivo war ursprünglich aus Zagreb und mit seiner Mutter und seinem Vater im Lager. Obwohl wir viele Interessen teilten, war es der Traum von einem neuen Leben in den Vereinigten Staaten, der uns am tiefsten verband. Überzeugt davon, es irgendwann und irgendwie zu schaffen (was uns beiden schließlich gelang), begannen wir, uns auf unsere Zukunft vorzubereiten, so gut wir konnten. Unser erstes Ziel war es, Englisch zu lernen. Es gelang uns, ein englisch-deutsches Taschenwörterbuch in die Finger zu bekommen, und wir machten uns daran, systematisch alle 1 200 Einträge von A bis Z auswendig zu lernen. Das rudimentäre kleine Wörterbuch bot für ein jedes englisches Wort bloß eine deutsche Übersetzung und machte auch keine Angaben zur korrekten englischen Aussprache. Oft mussten wir raten, wie Wörter ausgesprochen wurden, und produzierten dabei wohl eine Reihe äußerst komischer Laute. Doch derlei kleine Hürden stellten für uns kein Hindernis dar: Mit methodischer Entschlossenheit ackerten wir uns durch die ramponierten Seiten des Bandes und waren überzeugt, uns auf kluge Art und Weise auf unsere Zukunft vorzubereiten. Ich bezweifle allerdings, dass ein Muttersprachler auch nur ein Wort unseres Englisch verstanden hätte.

Unser Verwaltungsausschuss begann, eine Reihe interner Regeln und Verordnungen zu veröffentlichen. So verfügte er etwa, dass diejenigen, die arbeitsfähig waren, Aufgaben zum Wohle des Lagers und seiner Insassen übernehmen sollten. Mein Arbeitseinsatz bestand als Schüler der Lagerschule darin, zu den Essenszeiten mitzuhelfen, die großen Kessel von der Küche zu den Baracken zu tragen. Wir aßen auf unseren Betten sitzend oder, wenn das Wetter es zuließ, im Freien.

Obwohl niemand dazu gezwungen wurde, irgendwelche Dienste für die italienische Armee zu leisten, wurde von uns erwartet, jedes Mal akkurat strammzustehen, wenn die italienische Fahne gehisst oder eingeholt wurde. Wir taten es, gewöhnlich unter einigem Kichern und Schlurfen, was den Lagerkommandanten, der dieser kleinen Zeremonie oftmals beiwohnte, nicht zu stören schien. Er war ein Armeekommandant von ungefähr fünfundvierzig Jahren, stets makellos gekleidet und trug einen beein-

Insassen von Kraljevica in italienischen Uniformen, um 1942/43

druckend gut gepflegten Kinnbart zur Schau (jeder italienische Offizier hatte eine Ordonnanz, die sich um seine persönlichen Bedürfnisse kümmerte). Als echter Gentleman der alten Schule benahm er sich uns gegenüber immer zivilisiert – wiewohl es nicht schadete, dass er sich bald in eine unserer Mitgefangenen verliebte, eine hübsche junge Frau, die sich durch seine Aufmerksamkeiten geschmeichelt zu fühlen schien. Als wir im Frühjahr 1943 Pessach feierten, organisierten wir eine traditionelle Sedermahlzeit, an der er und Mitglieder seines Personals als Ehrengäste teilnahmen.

Das gesamte militärische Personal, das wir in Kraljevica antrafen, auch jene von ihnen, die nicht in jemand Inhaftierten verliebt waren, behandelte uns anständig. Es war für Offiziere nichts Ungewöhnliches, gemütlich durchs Lager zu schlendern und dabei gelegentliche Bemerkungen über die zu haltende Ordnung oder zu entfernenden Abfall zu machen. Mir wurde klar, dass ihre Äußerungen zumeist kaum verhüllte Vorwände waren, um freundliche Gespräche über die verschiedensten Themen mit uns anzufangen. Ich verstand, dass sie gelangweilt und einsam waren und einfach nach jemandem suchten, mit dem sie reden konnten. Im gesamten von den Achsenmächten besetzten Europa waren wir Jüdinnen und Juden nur des Todes würdig; hier, in diesem gottverlassenen Lager an der Adriaküste, waren wir begehrte Gesprächspartner.

Die Italiener versuchten fortwährend, unsere Lebensumstände zu verbessern. Sie versorgten uns mit Medikamenten, Decken, Küchenutensilien und sogar mit militärischen Kleidungsstücken. Nur ein Italiener verhielt sich uns gegenüber unhöflich und bezahlte möglicherweise bitter dafür. Ein gewisser Leutnant Santangeli sprach die Inhaftierten manchmal weniger freundlich an als seine Offizierskollegen, erhob gelegentlich sogar seine Stimme und bediente sich einer rohen Sprache. Eines Tages fühlte sich ein Häftling durch Santangelis Verhalten beleidigt genug, um beim Lagerkommandanten eine offizielle Beschwerde einzureichen. Innerhalb weniger Tage wurde der Leutnant aus dem Lager abgezogen. Nachträglichen Gerüchten zufolge wurde er an die russische Front entsandt – ich hoffe allerdings inständig, dass dies nicht stimmt, weil es eine unverhältnismäßig harte Bestrafung gewesen wäre, die er nicht verdient hat.

Nachdem der Verwaltungsausschuss sich um unsere grundlegenden Bedürfnisse gekümmert hatte, galt seine Aufmerksamkeit trivialeren Dingen. Ein »interner Sicherheitsdienst« wurde gegründet und zählte nur einen Mann, den wir scherzhaft unseren Polizeichef nannten. Niemand wusste so recht, wofür er zuständig war – am wenigsten er selbst –, doch seine Ernennung mag dazu gedient haben, die Italiener davon zu überzeugen, dass im Lager Recht und Ordnung herrschten (was sowieso der Fall war, ob er da war oder nicht). Obwohl ich mir nichts hatte zuschulden kommen lassen, war ich einer der wenigen Insassen, die seinem Tatendrang Vorschub leisteten. Eines Morgens, während ich meinen Kaffee aus meiner persönlichen Schale trank, biss ich auf etwas Hartes. Ich zog es aus meinem Mund und stellte zu meiner Verblüffung fest, dass es sich um eine abgebrochene Rasierklinge handelte. Pflichtbewusst meldete ich diesen bizarren Vorfall dem Polizeichef, der, weil er nichts Besseres zu tun hatte, sofort eine umfassende Untersuchung des Vorfalls in Angriff nahm. In seinem Ansinnen, herauszufinden, wer ein Motiv haben könnte, mich zu töten oder zu verletzen, verfolgte er Spuren von Neid und unerwiderter Liebe sowie einem Strauß weiterer Annahmen, die alle ebenso aufregend wie unwahrscheinlich waren. Unser Spürhund suchte hartnäckig nach Hinweisen und befragte Verdächtige – die meisten von ihnen waren meine Mitschüler –, doch förderte er keinerlei Beweise für eine verbrecherische Tat zutage und schaffte es nicht, einen Schuldigen zu identifizieren, falls es überhaupt einen solchen gab. Schließlich gab er auf.

Allerdings ist unserem Späher zugute zu halten, dass er einen beruhigenden Einfluss im Falle von Streitigkeiten ausübte, die oftmals zwischen Häftlingen aufbrannten und eine Folge unserer beengten Lebensumstände waren. Die anhaltende übermäßige Nähe, die Menschen, welche einander zumeist überhaupt nicht kannten, aufgebürdet (und durch beinahe unbegrenzte Freizeit noch verschärft) wurde, war ein beständiger Spannungsquell; zugleich begünstigte sie auch ein beinahe unnatürlich intensives Sozialleben. Es kam zu Liebesaffären (wobei ich nicht sagen kann, wo sie hätten ausgelebt werden können), Paare trennten sich, andere kamen zusammen. Einige dieser Familienverhältnisse und Beziehungen, die im Lager neu entstanden, hielten weit über den Krieg hinaus.

Unser größter Feind war die Langeweile. Manche spielten Karten oder Schach, andere lernten Fremdsprachen, so wie Ivo und ich, und wieder andere verbrachten ihre Tage mit Unterhaltungen und Tratsch, kommentierten die neuesten Gerüchte über den Kriegsfortschritt oder diskutierten Aspekte unseres Alltagslebens. Gelegentlich, und ohne Vorwarnung, kamen wir in den Genuss einer Gottlieb-Kraus-Debatte. Dr. Hinko Gottlieb und Dr. Hans Kraus, beide Rechtsanwälte, waren zwei der herausragendsten Persönlichkeiten im Lager. Dr. Gottlieb war vor dem Krieg in Zagreb ein bekannter Dichter, Autor und zionistischer Anführer gewesen. Er sah sehr vornehm aus, ein Gentleman, der als gebildeter und tiefgründiger Denker breite Anerkennung genoss. Sein Redestil war ernst und getragen. Dr. Kraus hingegen war ein Schelm und hatte eine leichte Ähnlichkeit mit dem Schauspieler Peter Lorre. Kraus war ein typischer Wiener Kaffeehausintellektueller der Zwischenkriegszeit, redselig und herausfordernd, der es genoss, seine Zuhörer durch unkonventionelle Ansichten zu schockieren. Obwohl Kraus den Eindruck eines typischen Wiener Juden auf mich machte, behauptete er von sich, überhaupt nicht jüdisch zu sein und Wien aus freien Stücken verlassen zu haben, aus Solidarität mit seinen verfolgten jüdischen Freunden. Manche glaubten ihm, ich aber vermutete, dass dies nur ein weiteres Beispiel für seine Lust am Provozieren war. Die Gottlieb-Kraus-Debatten, die auf Deutsch geführt wurden, brachen unvermittelt aus. Sie wurden zu einem festen Bestandteil des Lagerlebens und widmeten sich einer breiten Palette von Themen – literarischen, künstlerischen, politischen und philosophischen. Dabei waren sie ein jedes Mal sowohl unterhaltsam als auch lehrreich. Obwohl der ehrwürdige Dr. Gottlieb Kraus nicht ganz ernst zu nehmen schien – Kraus nahm sich selbst nicht allzu ernst –, hatte er ganz offensichtlich Spaß am Widerstreit der Argumente und schätzte Kraus' umfassende Belesenheit und sein Debattiertalent.

Dr. Hinko Gottlieb veröffentlichte nach dem Krieg einen Fantasy-Roman namens The Key to the Great Gate *(Simon and Schuster, 1947). Eine der Hauptfiguren des Buchs ist Dr. Hans Strauss, ein streitlustiger kleiner Anwalt aus Wien. Die Figur basiert eindeutig auf Dr. Hans Kraus, Gottliebs Diskussionspartner in Kraljevica.*

Auf der Suche nach Beschäftigung gründeten einige Häftlinge ein Puppentheater. Im Frühling 1943 organisierten wir sogar »Lager-Olympiaden«, mit Wettbewerben in einer Vielzahl an Sportarten. Doch die beliebteste Lageraktivität war das Musizieren. Wir hatten das Glück, mehrere gute Musiker unter uns zu haben, insbesondere Herrn Nadasi, der vor dem Krieg Dirigent eines Kleinstadtorchesters gewesen war. Obwohl als einzige Instrumente nur einige wenige Geigen und Violas zur Verfügung standen – sowie ein Akkordeon –, gelang es Nadasi, mehrere klassische Stücke für dieses bescheidene und ungewöhnliche Ensemble zu transkribieren, auf Notenpapier, das die Italiener zur Verfügung stellten. Das Ergebnis war erstaunlich und klang – für meine ungeschulten Ohren – imposant wie ein ganzes Symphonieorchester. Der Stargeiger in diesem Orchester war Erwin Glasner, ein Junggeselle aus Wien von ungefähr fünfzig Jahren (der es später schaffte, in die Vereinigten Staaten zu gelangen und sich den New Yorker Philharmonikern anzuschließen). Meine Freunde und ich waren tief beeindruckt von seinen musikalischen Fähigkeiten, besonders aber gefiel uns sein unerschütterlicher Pessimismus. Es gab keinen Zeitungbericht, kein Gerücht, kein Schnipsel an Information, in dem er nicht Zeichen unseres bevorstehenden Untergangs entdeckte. Wann immer uns ein Bericht über den Kriegsfortschritt erreichte, gelang es ihm jedes Mal, diesen in einer Weise zu interpretieren, die die schlimmstmöglichen Folgen für uns alle vorhersagte. Gleichzeitig trug er beinahe ständig ein Lächeln im Gesicht – auch wenn ein zweiter Blick genügte, um zu sehen, dass es sich um das unverkennbare Grinsen grimmiger Gewissheit handelte.

Unser Musizieren wurde durch die Anwesenheit mehrerer guter Sänger bereichert: einen professionellen Sopran (Nadasis Ehefrau), einen guten Amateur-Tenor und einen kompetenten, wenngleich etwas akademischen Bass, der uns mit Liedern Schuberts und Wolfs verwöhnte. Drei Teenagerinnen, Dora, Rena und Mira, bildeten das Do-Re-Mi-Trio, das die neuesten (hauptsächlich italienischen) Gassenhauer in berückender dreistimmiger Harmonie vortrug.

Die Italiener waren von all dieser musikalischen Betriebsamkeit begeistert, und wann immer Konzerte stattfanden (zumindest einmal pro Woche), strömten musikhungrige italienische Soldaten und Offiziere aus der gesamten Gegend ins Lager. Das klassische Repertoire bestand zunächst ausschließlich aus kurzen Orchesterstücken, doch bald, mit der Gründung des Lagerchors, umfasste es auch Opernauszüge. Trotz meines bescheidenen Gesangstalents trat ich gemeinsam mit ein paar anderen unmusikalischen Kameraden dem Chor bei.

Eines Tages stand eine Vorführung von »[Voci misteriose] a bocca chiusa«, auch »Summchor« genannt, aus der Oper *Madame Butterfly* auf dem Programm. Nachdem das Stück von Puccini komponiert worden war, um von der Seiten- oder Hinterbühne gesungen zu werden, waren die Italiener so zuvorkommend, eine große Kulisse aus Zeltplane für uns zu errichten, sodass wir singen konnten, ohne vom Publikum gesehen zu werden. Als wir an der Reihe waren, nahmen wir hinter der Plane Aufstellung und begannen zu summen. Plötzlich fiel jemandem auf, dass der Stoff über und über mit der im Lager rarsten und begehrtesten Ware bedeckt war: Knöpfen. Da der »Summchor« nur einige Minuten lang dauert, wussten wir, dass wir schnell handeln mussten. Außer Sicht und so musikalisch wie möglich weitersummend, fielen wir über die Knöpfe her. Manche hatten Taschenmesser, andere verwendeten ihre bloßen Hände, und innerhalb kürzester Zeit hatten wir die Zeltbahn vollständig abgeräumt. Wir hatten Glück, nicht die gesamte Konstruktion zum Einsturz zu bringen. Als wir am Ende des Stücks nach vorne kamen, um den Applaus entgegenzunehmen, waren unsere Taschen prallgefüllt mit Zeltbahnknöpfen, was den italienischen Gästen aber nicht aufzufallen schien. Bis heute denke ich, wenn ich Puccinis Summchor höre, ausnahmslos an Knöpfe.

Trotz der vereinzelten amüsanten Momente, der grundsätzlich friedlichen Atmosphäre und der Rückkehr zum Anschein eines normalen Lebens waren die tiefen persönlichen Tragödien, die der Krieg verursacht hatte, nicht zu übersehen. Die meisten der Internierten hatten einen Sohn, Bruder, Vater oder anderen nahen Verwandten, der nach Jasenovac deportiert worden und verschwunden war. Aufgrund dessen wurde ich zum Ziel häufiger, eindringlicher Befragungen durch ängstliche Familienmitglieder, die verzweifelt auf Nachricht ihrer Lieben warteten. Ich hatte allerdings nur dreieinhalb Jahre lang in Zagreb gelebt, davon die meiste Zeit illegal, und nicht viele Menschen kennengelernt. Deshalb konnte ich wahrheitsgemäß behaupten, nicht zu wissen, ob diese oder jene Person noch lebte, als ich im Konzentrationslager war. Tatsache war auch, dass meine Sinne durch das schiere Grauen von Jasenovac abgestumpft waren: Ich hatte kaum die Kraft gehabt, mich selbst durchzubringen, ganz zu schweigen davon, mit anderen Inhaftierten zu sprechen und Informationen auszutauschen. Konfrontiert mit der Verzweiflung ihrer Verwandten, gab ich mein Bestes, um so aufmunternd und optimistisch wie möglich zu sein, ohne geradeheraus zu lügen, im vollen Bewusstsein, dass die Chance, in Jasenovac zu überleben, praktisch bei null lag.

Es gab eine besonders schmerzhafte Situation, die mich bis heute verfolgt. Sie betraf nur zwei Menschen, doch steht sie für Tausende ähnlicher Tragödien, die sich abspielten. Unter den Lagerinsassen war eine gebrechliche alte Frau, die schlecht hörte und kaum in der Lage war, für sich selbst zu sorgen. Sie wurde nur von ihrem Enkel begleitet, einem kleinen Jungen von vier oder fünf Jahren, dessen Eltern von den Ustascha oder den Deutschen deportiert und ermordet worden waren. Dieser kleine Junge war ein widerspenstiges und rebellisches Kind, mit dem zurechtzukommen selbst ein energischer Erwachsener schwierig gefunden hätte. Die alte Frau war natürlich völlig überfordert. Immer, wenn sie nicht mehr konnte, bat sie mich, zu übernehmen; aus irgendeinem Grund schien ich die einzige Person im Lager zu sein, die den kleinen Buben zu beruhigen wusste. Er freute sich jedes Mal, mich zu sehen, und war sehr anhänglich, vielleicht, weil ich ihn an seinen Vater erinnerte. Er beruhigte sich dann beinahe sofort, nahm meine Hand und ging mit mir eine Runde um die Baracken. Sehr bald entwickelte sich zwischen uns eine enge Beziehung. Eine Zeit lang überlegte ich sogar, ihn zu adoptieren, doch es gab zu viele Hindernisse: Ich war erst achtzehn und praktisch selbst noch ein Kind. Wie konnte ich einen fünfjährigen Jungen adoptieren, während wir beide Insassen eines Konzentrationslagers waren? Es war unmöglich, und doch hatte ich das Gefühl, dass er verloren wäre, wenn ich es nicht täte; sowohl er als auch seine Großmutter waren völlig abgeschnitten – nicht nur von uns anderen, sondern auch von der Wirklichkeit. Sie hatte ihr Leben gelebt, doch welche Möglichkeit würde er haben? Es war eine schwere Entscheidung, aber ich adoptierte ihn nicht. Ich weiß nichts über das Schicksal des Jungen. Ich erinnere mich nicht einmal an seinen Namen. Ich befürchte, dass er nicht überlebt hat und glaube noch immer, dass ich ihn hätte retten können.

Der Frühling 1943 wurde zum Sommer. Wir wussten sehr wenig über den Kriegsfortschritt, da die einzigen uns zur Verfügung stehenden Nachrichtenquellen ein paar italienische und kroatische Zeitungen waren – natürlich enthielten sie ausschließlich die offiziellen Nachrichten der Achsenmächte und Propaganda – sowie die wilden, unbestätigten Gerüchte, die gelegentlich im Lager kursierten. Uns war klar, dass die Italiener uns zu unserem eigenen Schutz interniert hielten, doch konnten wir nicht sicher sein, dass sie schlussendlich nicht dem deutschen Druck nachgeben und uns ausliefern würden. Herr Glasner – und er war nicht allein mit dieser Meinung – war vollkommen überzeugt, dass die Italiener dies eines Tages auch tun würden.

Während die Monate verstrichen, lernte ich allerdings immer mehr zu schätzen, welch sicherer Platz das Lager war, um darin den Krieg zu überstehen; einmal lehnte ich sogar eine Gelegenheit zur Flucht ab. Ein Korporal, mit dem ich mich angefreundet hatte, schlug mir vor, eine italienische Uniform – die er beschaffen würde – anzulegen und durch das Haupttor hinauszugehen, während er dort Wache hielt. Ich war mir sicher, dass er es ernst meinte und es sich nicht um eine Falle oder Provokation handelte, doch musste ich ihm zu verstehen geben, dass ich keineswegs versucht war, das Lager zu verlassen. Wohin konnte ich gehen? Ich hatte keine Lust, mich den kommunistischen Partisanen oder den monarchistischen Tschetniks anzuschließen, und wollte bestimmt nicht riskieren, erwischt und in ein Vernichtungslager zurückgeschickt zu werden.

Nach allem, was ich gesehen und erlebt hatte, sehnte ich mich danach, zu bleiben, wo ich war, geschützt vor den Ustascha und den Nazis, und zu warten, bis der Krieg enden oder wir von den Alliierten befreit werden würden.

10. Rab

Anfang Juli 1943 evakuierten die Italiener alle zwölfhundert von uns aus dem Lager Kraljevica. Auf Lastwägen wurden wir etwa achtzig Kilometer die adriatische Küste entlang in den Süden gefahren und auf die Insel Rab (Arbe auf Italienisch) verschifft. Die Italiener internierten uns in einem Lager, das einige Kilometer außerhalb der Inselhauptstadt lag, die ebenfalls Rab heißt und vor dem Krieg ein florierender Urlaubsort gewesen war. Das neue Lager umfasste mehrere Reihen kleiner Holzhütten, was die Überbelegung noch schlimmer machte, als sie bereits in Kraljevica gewesen war; bis zu zehn Personen mussten sich in eine Baracke zwängen. Der einzige Vorteil dieser neuen Unterkünfte bestand darin, dass in ihnen, anders als in den großen Männer- und Frauenbaracken Kraljevicas, Familienverbände zusammenleben konnte, zwei bis drei Familien pro Baracke. Ich konnte gemeinsam mit Tante Camilla und meinen Onkeln Oskar und Robert in eine Baracke ziehen – sowie mit fünf oder sechs anderen. Die Wasch- und Kochgelegenheiten waren sehr rudimentär, das Wetter unerträglich heiß und schwül, und wie zuvor waren wir von einem Stacheldrahtzaun umgeben, der ständig von bewaffneten italienischen Soldaten patrouilliert wurde. Doch an der menschlichen Einstellung unserer »Geiselnehmer« änderte sich nichts; an besonders heißen Tagen durfte, wer wollte, am nahegelegenen Strand schwimmen gehen – wenn auch unter bewaffneter Aufsicht –, und zwei leerstehende Hotels in Rab (das Adria und das Imperial) wurden in Spitäler für kranke Häftlinge umfunktioniert.

Mehr als zweitausend weitere jüdische Flüchtlinge hatten an verschiedenen Orten entlang der Adriaküste unter italienischer Besatzung gelebt; auch sie wurden Anfang Juli 1943 nach Rab überstellt und in einem Lager nahe dem unseren interniert. Obwohl es zwischen den beiden Lagern keinen direkten Informationsaustausch gab, erfuhr ich bald, dass meine Onkel Ferdinand und Julius, die die letzten acht Monate in »freier Internierung« im südlichen Dalmatien verbracht hatten, nun mit uns auf der Insel waren.

Meine lebhafteste Erinnerung an das Lager Rab hängt, was überraschen mag, mit einem Literaturwettbewerb zusammen. Ich war nun achtzehn und verbrachte die meiste Zeit mit meinen Freunden, einer Gruppe von acht oder neun jungen Männern zwischen siebzehn und dreiundzwanzig Jahren. Obgleich wir gemeinsame Ziele und Interessen hatten, war das Maß an intellektueller Rivalität zwischen uns nicht unbeträchtlich, was unsere Diskussionen oftmals befeuerte. Eines Tages schlug jemand vor, einen Kurzgeschichtenwettbewerb zu veranstalten. Wir versammelten uns und wählten per Mehrheitsbeschluss ein Thema: In Anlehnung an Lord Byrons »Jeder von uns soll eine Geistergeschichte schreiben«, wie er an einem regnerischen Tag des Jahres 1816 in Genf verkündet hatte (ein Vorschlag, der zur Entstehung von Mary Shelleys *Frankenstein* führte), beschlossen auch wir, dass ein »jeder von uns eine schaurige Geschichte schreiben« sollte. Wir einigten uns auf eine Frist von zwei Wochen, nach der wir uns versammeln und einander unsere Geschichten vorlesen würden. Danach würde es eine Abstimmung geben. Das Treffen sollte von einem Literaturprofessor moderiert werden, einem Gruppenmitglied, nur wenig älter als wir. Jeder Teilnehmer musste eine Zwei-Kuna-Münze (die kaum etwas wert war) als Preisgeld beisteuern, und der Gewinner sollte alles bekommen.

Mich ergriff Panik. Ich hatte mich nie daran versucht, irgendetwas zu schreiben, geschweige denn eine Geschichte zu verfassen, und schaffte es nicht, einen Anfang zu machen. Auch war ich eingeschüchtert durch das Niveau des Bewerbs, besonders durch Vlado Gottlieb, den Sohn des Meisterdebattierers und Autors Dr. Hinko Gottlieb. Vlado war einer der großartigsten und sarkastischsten Menschen, die ich jemals kennengelernt habe. Er verfügte bereits über etwas Schreiberfahrung und überragte intellektuell uns alle – obwohl meine Freunde Ivo Herzer, Zdenko Kronfeld und Vlado Granski ebenfalls sehr gescheit und talentiert waren. Ich beschloss, aus dem Wettbewerb auszuscheiden. Lieber mit der Schande leben, als Feigling zu gelten, als das Gespött ertragen, das mich für die Einreichung einer zweitklassigen Geschichte erwarten würde. Ich versuchte, einen Rückzieher unter dem Vorwand zu machen, dass mich die Voraussetzung, auf Serbokroatisch zu schreiben, der Muttersprache aller Mitbewerber mit Ausnahme von mir, auf ungerechte Weise benachteiligen würde. Doch meine Freunde blieben unnachgiebig; sie kamen überein, dass ich auf Deutsch schreiben dürfte, eine Sprache, die alle von ihnen gut verstanden.

Ich war in die Enge getrieben. Am Abend vor dem Abgabetermin fasste ich den Entschluss, die Geschichte doch zu schreiben. Ich schrieb eine im Grunde einfache, aber ausgeklügelte Erzählung über zwei in einem Wanderzirkus arbeitende Schwestern, die sich in den Löwenbändiger verlieben. Jede der beiden Schwestern ersinnt für die andere ein böses Ende und hofft, damit davonzukommen, ohne verdächtigt zu werden. Einer Schwester gelingt es, die andere zu vergiften, doch als sie sich zum Schlafen hinlegt, fällt eine Axt, die in einer speziellen Vorrichtung über ihrem Bett eingehängt wurde, herab und köpft sie. Der unschuldige Löwenbändiger wird schließlich des Doppelmordes angeklagt, für schuldig befunden und hingerichtet.

Am nächsten Tag trafen wir uns in einer leeren kleinen Baracke auf dem Lagergelände. Wir zündeten Kerzen an, und jeder von uns las in ihrem flackernden Licht seine Schauergeschichte vor.

Vlado Gottliebs Geschichte »Sassafras« war zweifellos die beste (später, bei Tageslicht besehen, waren sich alle darüber einig). Sie handelte von einem grünen Seegras (oder war es in Wirklichkeit ein Geist oder ein Wesen aus dem Weltall?), das Sassafras hieß und Menschen verschlang, am Ende auch den Autor selbst.

Ivo Herzers Geschichte war ebenfalls herrlich gruselig: Eine blutende Erscheinung in einem vorbeifahrenden Aufzug verschwindet spurlos, bevor es dem Erzähler, der die Treppen hinunterläuft, um sie einzuholen, gelingt, ihn aufzubrechen.

Zu meinem Erstaunen gewann ich. Ich war nicht der Meinung, dass meine Geschichte die beste war und hatte das Gefühl, dass die für mich geltende Ausnahmeregelung, nicht auf Serbokroatisch schreiben zu müssen, mir wahrscheinlich einen ungerechten Vorteil gegenüber den anderen verschafft hatte. Die meisten Menschen, die beide Sprachen kennen, würden darin übereinstimmen, dass das Deutsche wesentlich reicher und ausdrucksvoller als das Serbokroatische ist, und bestimmt geeigneter, um Schauergeschichten zu verfassen. Dennoch habe ich das Ergebnis des Wettbewerbs als einen Moment des süßen, unverhofften Triumphs in Erinnerung behalten.

Im Laufe des Sommer 1943 wurde zunehmend deutlich, selbst in den offiziellen italienischen Nachrichtenmeldungen, dass das Blatt in diesem Krieg sich entschieden gegen die Achsenmächte gewendet hatte. Doch obwohl Mussolini am 25. Juli gestürzt worden war, blieb Italien Deutschland weiterhin verbunden. Isoliert, wie ich auf der kleinen Adriainsel war, schien mir, als ob der Krieg ewig weitergehen würde. Ich fragte mich, ob ich jemals wieder würde frei sein und leben können, ohne gejagt zu werden.

Die Kapitulation Italiens gegenüber den Alliierten am 8. September 1943 kam völlig überraschend. Plötzlich tauchten Titos Partisanen auf Rab auf, die Italiener legten ihre Waffen nieder, und die Tore des Lagers wurden aufgestoßen. Es gab keinen Kampf. Die Partisanen gestatteten den entwaffneten Italienern, sich zu einigen ihrer Truppentransportfahrzeuge zurückzuziehen, die in der Nähe umherfuhren. Wir wurden zurückgelassen; angesichts des Durcheinanders, in dem die Italiener sich zurückzogen, bezweifle ich aber, dass sie uns hätten mitnehmen können, selbst wenn sie es gewollt hätten.

Die Partisanen nahmen den Lagerkommandanten, Oberst Vincenzo Cuiuli, fest. Neben den drei Lagern für jüdische Flüchtlinge auf Rab, in denen menschenwürdige Bedingungen herrschten, gab es ein großes Gefangenenlager für slowenische »Rebellen«. Die Italiener, die zwei Jahre lang versucht hatten, den slowenischen Widerstand gegen ihre Besatzung und Annektierung zu zerschlagen, hatten Tausende Männer, Frauen und Kinder in diesem Lager gefangen gehalten. Die Bedingungen waren äußerst hart, Unterernährung und Krankheiten grassierten, und nicht weniger als viertausend Menschen sind vermutlich dort umgekommen und in Massengräbern begraben worden. Einem Gerücht zufolge sollte Cuiuli nach Slowenien überstellt und vor ein slowenisches Volksgericht gestellt werden. Angeblich beging er wenige Tage nach seiner Festnahme in seiner Zelle Selbstmord. Obwohl Cuiuli einen gerechten Prozess zur Feststellung seiner Verantwortlichkeiten verdient gehabt hätte, lassen meine Kenntnisse über die auf der Insel von den Kommunisten ausgeübte »Volksjustiz« mich daran zweifeln, dass er einen solchen bekommen hätte – und sie werfen für mich Fragen über die Echtheit solcher willkommenen Selbstmorde auf. Kurz nachdem sie an Land gegangen waren, nahmen die Partisanen vier junge jüdische Frauen fest, Mitgefangene von mir, und exekutierten sie. Sie waren angeklagt worden, die Partisanen zugunsten der Italiener auspioniert zu habe. Erst Jahre später erfuhr ich mehr über die Hintergründe dieser Geschichte. Ich hörte sie von Fausto Bacchetti, einem italienischen Botschafter in Israel und später in Österreich, der während des Krieges in Jugoslawien als rangniederer Offizier in der Besatzungsarmee gedient hatte. Bacchetti zufolge hatte ein Oberst der italienischen Besatzungsarmee eine jüdische Geliebte (kein besonders ungewöhnliches Vorkommnis). Sie wollte sich mit zwei jüdischen Freundinnen treffen, die von den Italienern irgendwo an der Adriaküste interniert worden waren. Um seiner Geliebten diesen Gefallen zu tun, hatte der Oberst den beiden Freundinnen Sonderreisepapiere besorgt, in denen vermerkt war, dass sie der italienischen Armee im Kampf gegen die Partisanen assistieren würden. Diese Sonderpapiere befreiten die Frauen von den für Geflüchtete geltenden Bewegungseinschränkungen wie der Ausgangssperre und ermöglichten ihnen, die Geliebte des Obersten zu besuchen, wann immer sie wollten. Nicht die geringste Wahrheit lag in der weit hergeholten Behauptung, dass sie die Kriegsanstrengungen der Italiener unterstützt hätten – eine Erfindung des Obersten, um die Reisepapiere glaubwürdig erscheinen zu lassen. Unglücklicherweise gelangten diese Dokumente auf irgendeinem Weg in die Hände der Partisanen. Nachdem sie Rab erreicht hatten, wurde »Volksjustiz« in Form einer standrechtlichen Hinrichtung ausgeübt.

Rab, am 8. oder 9. September 1943. Ich (eingekreist) bewege mich, gemeinsam mit 1200 weiteren Lagerinsassen, Frauen und Männern, zum Lagerausgang. Direkt hinter mir, im dunklen Hemd, ist mein Freund Ivo Herzer zu sehen. Zu diesem Zeitpunkt befanden sich rund 3500 jüdische Flüchtlinge auf Rab. Ich sah diese Fotografie erstmals nach dem Krieg, und mich erstaunt noch immer, dass dieser Augenblick eingefangen wurde. Wer sie gemacht hat, weiß ich nicht.

Ich kenne die Umstände der Hinrichtung der anderen beiden Frauen, ebenfalls beide Lagerinsassinnen, nicht, die Anschuldigung, dass sie Spioninnen gewesen seien, ist jedenfalls nicht weniger absurd.

Mit der Öffnung der Lagertore waren Robert, Oskar, Camilla und ich wieder mit Ferdinand und Julius, die in einem angrenzenden Lager interniert gewesen waren, vereint.

Innerhalb weniger Tage hatten die Partisanen einigen Dutzend von uns befohlen, in ein ehemaliges Schulgebäude in der Stadt Rab zu ziehen. Sie bestimmten, dass die Schule rund um die Uhr zu bewachen sei und wählten für diese Aufgabe drei Achtzehnjährige: meine Freunde Ivo Herzer, Vlado Granski und mich. Jeder von uns erhielt eine Partisanenkappe (mit dem roten Stern darauf), und wir bekamen alle drei ein Gewehr ausgehändigt. Wir hatten nie eine militärische Ausbildung erhalten und keine Ahnung vom Gebrauch einer Schusswaffe, was aber nichts zur Sache tat, da wir auch keine Munition bekommen hatten. Wir erhielten die strenge Anordnung, für die »bewaffnete« Rund-um-die-Uhr-Bewachung des Schulgeländes zu sorgen. Ich erinnere mich an wenige Gelegenheiten, bei denen ich mich mehr gefürchtet hätte. Jedes Mal, wenn eine Windböe durch die Blätter rauschte oder ein Vogel sich auf einem Ast niederließ, besonders nachts, war ich mir sicher, dass die Deutschen oder die Ustascha die Insel erreicht hatten und uns angreifen würden. Eine ungeladene Waffe zu tragen, war viel beängstigender, als gar keine zu besitzen. Anstatt schichtweise Wache zu stehen, blieben Ivo, Vlado und ich die meisten Zeit gemeinsam wach und versuchten, einander Mut zu machen und zu beruhigen.

Diensttaugliche Slowenen wurden rasch bei den Partisanen verpflichtet und ans Festland entsandt, um in den Krieg gegen die Nazis und Ustascha einzutreten. Juden aus dem früheren Jugoslawien, die im kampffähigen Alter waren, bildeten zunächst ein jüdisches Partisanenbataillon. Es wurde bald aufgelöst, und seine Mitglieder traten den regulären Partisaneneinheiten bei. Geflüchtete Jüdinnen und Juden, die nicht aus Jugoslawien, sondern aus anderen Ländern stammten, wie meine Familie und ich, durften versuchen, Süditalien, das sich bereits unter alliierter Kontrolle befand, zu erreichen.

Zu unserem Glück waren die Partisanen die Ersten gewesen, die eintrafen, als die Italiener kapitulierten. Nun erreichte uns die Nachricht, dass die Deutschen sich rasch näherten und es klug wäre, Rab zu verlassen. Es war klar, dass die Partisanen nur vorübergehend anwesend und nicht in der Lage sein würden, die deutsche Armee mit ihren Panzern, bewaffneten Fahrzeugen und ihrer totalen Luftüberlegenheit davon abzuhalten, das Gebiet nach Belieben einzunehmen.

Wir nominierten den vornehmen und beredten Dr. Gottlieb, uns zu repräsentieren. Es gelang ihm, den Verbindungsoffizier der Alliierten bei den Partisanen in Kroatien, einen britischen Offizier namens Captain Hunter, zu kontaktieren. Unser Ansuchen bestand darin, dass die Alliierten wenigstens die Evakuierung der Frauen, Kinder und älteren Menschen nach Italien sicherstellen sollten, da diese am wenigsten in der Lage waren, sich zu verteidigen und zudem eine Belastung für die Partisanen darstellten. Der britische Kommandant versprach, uns innerhalb von zwei bis drei Tagen Antwort zu geben und hielt sein Wort: Sie kam rasch und war abschlägig. Er antwortete, dass die Stützpunkte der Alliierten zu weit entfernt lägen und ein Boot für die Reise nicht zur Verfügung gestellt werden könne.

Die meisten von uns glaubten immer noch – weil wir es unbedingt wollten –, dass die Alliierten darum bemüht waren, uns zu retten. Es brauchte etwas Zeit, um uns von dieser Illusion zu befreien. Tatsächlich hatten die meisten von uns nach dem Krieg das Gefühl, dass die Italiener – die mit den verhassten Deutschen verbündet waren und wenig davon hatten, uns zu beschützen – sich mehr um unser Wohl sorgten und dafür taten, unser Überleben zu gewährleisten, als die Alliierten. Ohne die Möglichkeit, Hilfe von den Briten und Amerikanern zu erhalten, versuchten viele, Italien auf eigene Faust zu erreichen. Einigen Hunderten ehemaligen Häftlingen gelang es, *trabakuli* – kleine örtliche Fischerboote – zu mieten, in denen sie von Insel zu Insel fuhren, bis zur zweihundert Kilometer weiter südlich gelegenen Insel Vis.

Die Insel befand sich angeblich in den Händen der Partisanen und unter dem Schutz von Schiffen der Alliierten. Sie hofften, dass es von Vis aus leichter – und sicherer – sein würde, die Adria in Richtung Bari zu queren, vielleicht sogar mit Unterstützung der Alliierten. Von Insel zu Insel zu fahren, war sehr riskant, nicht nur weil man Stürmen und dem Beschuss deutscher Flugzeuge ausgesetzt war, sondern auch weil sich etliche der kleinen Inseln entlang der Route bereits unter Kontrolle der Ustascha befanden. Außerdem konnte nicht ausgeschlossen werden, dass die Bootsbesitzer ihre Passagiere erpressten oder betrogen. Soweit ich weiß, gelang es aber den meisten, die sich für diese Route entschieden – einschließlich meines Freundes Ivo und seiner Eltern –, Bari zu erreichen. Sie schafften es mit nicht viel mehr als mit dem Hemd, das sie am Leib trugen, doch waren sie endlich frei und sicher.

Eine *trabakula* (Trabakel), jene Art Fischerboot, die von vielen Flüchtlingen im Versuch, Süditalien zu erreichen, verwendet wurde.

Vlado Gottlieb, dem Autor der Sassafras-Kurzgeschichte (und Sohn Dr. Gottliebs), dessen Esprit und Verstand ich so bewundert hatte, gelang ebenfalls die Überfahrt nach Bari, zusammen mit seiner Mutter und seinem Vater. Er starb jedoch kurz darauf bei einem Motorradunfall. In dem Jahr, in dem ich mit Vlado bekannt war, hatte ich begriffen, dass er von der Schuld gepeinigt wurde, seinen jüngeren, so geliebten Bruder Danko überlebt zu haben, der in Jasenovac ermordet worden war. Manchmal gab er mir das Gefühl, das Leben so unerträglich zu finden, dass er unbewusst nach einem Weg suchte, es zu beenden. Dr. Gottlieb widmete sein Buch *The Key to the Great Gate* dem Gedenken an seine beiden Söhne.

Meine Verwandten und ich beschlossen ebenfalls, unser Glück im Inselhüpfen zu versuchen. Wir fanden eine *trabakula*, die bereit war, uns mitzunehmen, und bereiteten uns auf unsere Abreise vor. Plötzlich bekam ich sehr hohes Fieber, was uns dazu zwang, die Reise um mehrere Tage zu verschieben, und als ich wieder gesund geworden war, war es zu spät. Berichten zufolge hatten die Deutschen die Kontrolle über die Seestraßen übernommen, und der Besitzer der *trabakula* war nicht länger bereit, das Risiko auf sich zu nehmen. Wir hatten keine andere Wahl mehr, als die Partisanen zu bitten, uns ans Festland zu evakuieren, das nur zwei Kilometer entfernt lag. Auch zahlreiche weitere Flüchtlinge, die sich noch auf der Insel befanden, baten die Partisanen um Hilfe. Diese reagierten bewundernswert; sie scheuten keine Mühen, eine große Zahl an älteren Personen, Familien mit Kindern und andere ans Festland und von dort in die Berge zu evakuieren und damit aus der unmittelbaren Reichweite der Deutschen zu bringen.

Ungefähr zweihundert Juden verblieben aus ganz unterschiedlichen Gründen auf der Insel: aufgrund ihres hohen Alters, ihrer schlechten Gesundheit oder aus falschem Optimismus. Eine Familie, die Wollners, blieb zurück, weil ein lokaler Freund, den sie aus der Zeit vor dem Krieg kannte, versprochen hatte, sie zu verstecken. Wie sich herausstellte, erreichten die Deutschen Rab erst im März 1944. Sie trieben die zweihundert verbliebenen Juden sofort zusammen, einschließlich der Wollners (deren »Freund« sie verraten hatte), und verschifften sie nach Triest. In Triest wurden sie, zusammen mit den Insassinnen und Insassen der Triestiner Nervenheilanstalt, auf Viehwaggons verladen und nach Auschwitz deportiert. Einem Überlebenden zufolge wurden alle von ihnen bis auf fünf Mädchen im Teenageralter noch am Tag ihrer Ankunft vergast.

11. Lika

Nachdem sie uns am Festland abgesetzt hatten, rieten uns die Partisanen, die Küste so bald wie möglich zu verlassen. Sie gaben uns den Rat, ungefähr einhundert Kilometer landeinwärts, in Richtung einer hügeligen Gegend namens Kordun, zu gehen. Während der anhaltenden Kämpfe wechselten manche Gebiete zwischen den Partisanen und den Deutschen beziehungsweise Ustascha häufig den Besatzer, doch der Kordun galt als mehr oder weniger fest in Partisanenhand. Außerdem waren dort Lebensmittel nicht so sehr Mangelware wie an der Küste.

Wir waren zu sechst: Meine Onkel Ferdinand, Robert und Julius, meine Tante Camilla, ihr Ehemann Oskar und ich. Wir beschlossen, dass es das Beste für uns sei, sich den Levingers anzuschließen, einer großen Familie kroatischer Juden, mit denen wir uns im Lager auf Rab angefreundet hatten. Da wir Ausländer waren, dachten wir, dass sich unsere Chancen angesichts dessen, was uns bevorstand, vergrößerten, wenn wir uns mit ihnen zusammentäten. Die Großfamilie Levinger bestand aus zwei Brüdern in ihren Vierzigern, ihren Frauen und Kindern sowie einer ganzen Reihe weiterer Verwandter. Abgesehen von ihrer grundlegenden Herzlichkeit und Lebhaftigkeit, besaßen alle Levingers die markante Eigenschaft, ungewöhnlich groß gewachsen zu sein – was meinen Onkel Robert, der sich auf die Prägung von Spitznamen verstand, dazu veranlasste, sie den »Levinger'schen Wanderzirkus« zu nennen. Ich für meinen Teil war sehr zufrieden damit, diesem »Zirkus« anzugehören, weil eines der Mädchen, Nada, eine gute Freundin von mir war.

Die Levingers hatten Rab vor uns verlassen und Zuflucht im Küstenort Novi Vinodolski gefunden (wo ich achtzehn Monate zuvor eine Zeit lang unter italienischer »freier Internierung« gelebt hatte). Ortsansässige Partisanen hatten sie gewarnt, dass die

Gegend unsicher sei und sie dazu angehalten, so schnell wie möglich aufzubrechen. Die Levingers waren deshalb nach Süden in die Stadt Senj gezogen, wo wir uns ihnen anschlossen. Später erfuhr ich, dass die geflüchteten Jüdinnen und Juden, die in Novi Vinodolski geblieben waren, in der Folge von den Deutschen gefasst und deportiert worden waren.

Senj entpuppte sich ebenfalls als unsicher. Die Stadt war von den Italienern als Waffen- und Munitionslager genutzt worden, und bei ihrem überstürzten Abzug, der auf die Kapitulation vom 8. September 1943 folgte, hatten sie so gut wie alles zurückgelassen. Die Partisanen waren nun damit beschäftigt, so viel von dieser Kriegsbeute, wie sie konnten, ins Landesinnere zu schaffen, um sie für ihren eigenen Bedarf zu nutzen. Es war offensichtlich, dass die Deutschen versuchen würden, ihnen so bald wie möglich Einhalt zu gebieten, und es existierten Berichte, denen zufolge sie bereits aus dem Norden und Süden in die ehemals italienisch besetzten Gebiete einfielen, im Versuch, die gesamte Küstenlinie einzunehmen und die Versorgungswege zwischen den Alliierten und den Partisanen abzuschneiden. Militärisch gesehen, wussten alle, dass es für die mechanisierte Armee der Deutschen kein großer Aufwand sein würde, die leichtbewaffneten Partisanen von den Küstenstraßen zurückzudrängen und diese gegen sie zu verteidigen.

Der Rückzug in die Berge wurde unumgänglich, und nach nur wenigen Tagen Aufenthalt in Senj machten wir uns auf den Weg. Die Levingers mieteten ein Pferd und einen Karren, um unser aller Gepäck zu transportieren, und wir brachen auf der einzigen Straße, die von der Küste steil aufstieg, Richtung Osten auf in die Berge. Der Levinger'sche Wanderzirkus, dem wir nun als vollwertige Mitglieder angehörten, war spektakulär anzusehen: ein Pferdefuhrwerk, auf dem sich Bündel und Koffer türmten, gefolgt von einer Gruppe aus ungefähr zwanzig Flüchtlingen, von denen viele ungewöhnlich groß waren. Ich erinnere mich daran, bei mir selbst gedacht zu haben, dass sich der Auszug aus Ägypten etwa so angefühlt haben musste.

Wir fuhren tagelang weiter und verbrachten die Nächte in Scheunen. Einmal während unseres Trecks hörten wir, dass die

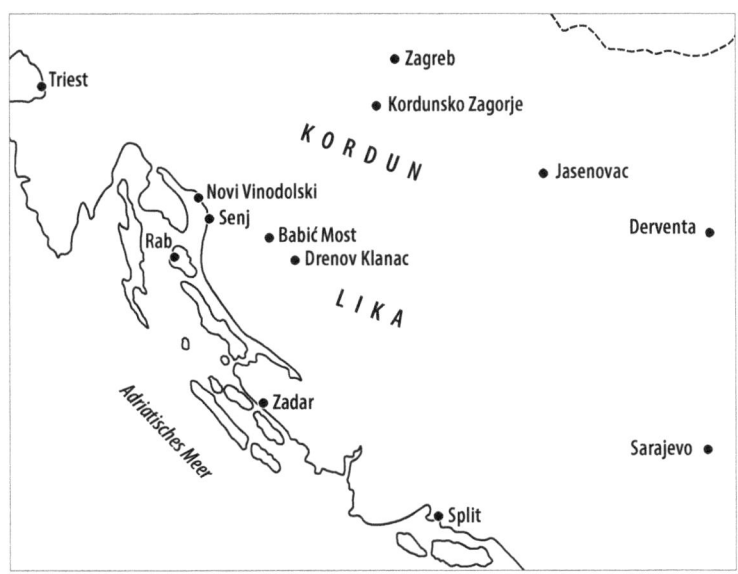

Die Regionen Lika und Kordun in Mittelkroatien, wohin wir uns nach der italienischen Kapitulation gemeinsam mit den Partisanen zurückzogen.

Stadt Senj, die wir gerade verlassen hatten, von deutschen Bombern vernichtet worden war.

Es war bereits Anfang Jänner 1944, als wir das Dorf Babić Most erreichten, das zu der Region Lika gehört und auf unserem Weg zum Kordun lag. Es war sehr kalt geworden und hatte stark zu schneien begonnen. Wir hatten Glück, einen Bauern zu finden, der uns gegen Bezahlung erlaubte, in einer sehr kleinen, aber warmen Scheune Schutz zu suchen. Wir luden den Wagen ab, stapelten unser Gepäck in die Scheune und zwängten uns dann selbst hinein. Es war sehr eng; als die Nacht hereinbrach, hatten wir kaum genügend Platz, um uns alle hinzulegen. Es schneite die ganze Nacht lang, den ganzen nächsten Tag und die gesamte darauffolgende Nacht. Als wir am zweiten Morgen aufwachten, war das kleine Fenster der Scheune, das sich etwa einen Meter über dem Boden befand, vollständig eingeschneit. Wir gruben einen kleinen Pfad durch den Schnee und sahen uns um: Die Landschaft lag unter einer weißen Schneedecke, und es waren weder Straßen noch irgendeine Art von Wegen zu sehen. Wir begriffen, dass es unmöglich sein würde, unseren Weg Richtung Osten fortzusetzen und beschlossen, zu bleiben, bis sich die Bedingungen verbessert haben würden, in der Annahme, dass es auch für die Deutschen schwierig sein würde, in solch tiefem Schnee voranzukommen.

Babić Most war ein typisches jugoslawisches Dorf, das aus zwei Reihen einfacher Häuser bestand, die eine ungepflasterte Landstraße säumten, mit ein paar Scheunen und Hütten in der Nähe. Die Atmosphäre war kühl, unfreundlich und bedrohlich. Die gesamte Lika hatte etwas ausgesprochen Ungastliches an sich; es war bitterkalt, Lebensmittel waren knapp, die Landschaft unwirtlich und selbst die Bevölkerung war nicht besonders gastfreundlich.

Innerhalb weniger Tage machte ich allerdings eine aufregende Entdeckung: In einem Haus am anderen Ende des Dorfes befand sich ein Amerikaner. Ich konnte es kaum erwarten, ihn kennenzulernen. Der einzige Amerikaner, den ich jemals gesehen hatte, war Jimmy Lyggett, der Boxtrainer in Zagreb, doch hatte ich nie den Mut gefunden, tatsächlich mit ihm zu sprechen. Ich hielt Amerikaner für Übermenschen, wundersame Wesen von einem anderen Stern, weshalb ich sehr aufgeregt und beklommen war, als ich mich dem kleinen Haus in Babić Most näherte. Ich fand den Amerikaner im Dunkeln sitzend und ins Leere starrend. Ich werde nie vergessen, wie sein Gesicht aufleuchtete, als er, anstatt des zu erwartenden lokalen Kauderwelschs, von dem er nichts verstand, Laute hörte, die vage ans Englische erinnerten. Obwohl ich Englisch mit großem Fleiß gelernt hatte – vor allem mit meinem Freund Ivo in Kraljevica –, hatte ich mich niemals wirklich mit einem englischen Muttersprachler unterhalten. Es war für mich ungemein befriedigend zu sehen, dass ich mit ihm kommunizieren konnte – obwohl ich anfangs etwas perplex war, als er mir erzählte, in »Idlie« stationiert zu sein. Ich sagte zu ihm, dass ich gedacht hatte, die amerikanischen Basen wären in »Italy«. »Ja«, antwortete er, »das sagte ich ja«.

Bei dem Amerikaner handelte es sich um Horace A. Hanes, einen achtundzwanzigjährigen Major der US Airforce, der vor

Major H. A. »Dude« Hanes (rechts), November 1943

dem Krieg Mathematiklehrer gewesen war. Er war einen P-38-Jagdbomber geflogen und von den Deutschen über Jugoslawien abgeschossen worden. Glücklicherweise war er von den Partisanen aufgelesen worden. Nun war er, wie wir, in Babić Most eingeschneit und wartete ungeduldig darauf, nach Italien evakuiert zu werden, um wieder fliegen zu können.

Major Hanes litt an einer schweren Erkältung; irgendwie schaffte ich es, etwas Aspirin für ihn zu besorgen. Meine Aufregung darüber, mit einem Amerikaner sprechen zu können, war so groß, dass ich ihn über die nächsten paar Tage täglich besuchte. Sehr bald allerdings begannen die Partisanen mich argwöhnisch zu beobachten: In ihren Augen waren alle Westler verdächtig, konterrevolutionäre Spione zu sein, und ein jeder, der sich mit ihnen anfreundete, galt als potenzieller Verräter. Es war Jänner 1944, und die Partisanen verübelten den Alliierten noch immer, dass diese den monarchistischen Tschetniks, dem rivalisierenden jugoslawischen Untergrund im Kampf gegen die Deutschen, die meiste Unterstützung hatten zuteilwerden lassen. Doch bevor die ungute Atmosphäre, die meine Besuche verursachten, zu einem

Problem werden konnte, war Hanes abrupt abgeholt worden und zu seiner Basis in Italien zurückgekehrt.

An dem Tag, an dem ich an die Tür klopfte, um Hanes' Haus leer vorzufinden, ging ich davon aus, ihn niemals wieder zu sehen oder zu hören. Doch sein Name, exotisch wie er für meine mitteleuropäischen Ohren war, blieb mir im Gedächtnis. Mehr als ein Jahrzehnt später fuhr ich nachts auf dem Weg nach New York durch Wisconsin. Es war ungefähr drei Uhr morgens, und ich hielt mich wach, indem ich einen lokalen Radiosender hörte, der die ganze Nacht hindurch sendete. Die Nachrichten liefen, und ich hörte, dass Oberst Horace A. Hanes auf seinem Flug über die Mojave-Wüste soeben einen neuen Überschallweltrekord aufgestellt hatte. Ich war erstaunt, seinen Namen zu hören, und für einen Moment war mir, als wäre ich wieder in Jugoslawien. Ich schrieb ihm einen Brief, in dem ich ihm gratulierte, und eine Zeit lang korrespondierten wir miteinander. Er schied 1973 mit dem Rang eines Generalmajors aus der US Airforce aus und starb 2002.

Nach ein paar Tagen hörte es endlich zu schneien auf. Uns erreichte die Nachricht, dass die Deutschen ihren Vormarsch wieder aufgenommen hatten und es gefährlich war, noch länger in Babić Most zu bleiben. Ich und die fünf anderen Mitglieder meiner Familie trennten uns von den Levingers – wohl weil wir wussten, dass es schwierig sein würde, auch weiterhin Unterkünfte zu finden, die groß genug für uns alle waren – und fuhren ein paar Kilometer landeinwärts in das Dorf Drenov Klanac. Unmittelbar nach unserer Ankunft trafen wir auf einen Bauern, der uns ein gutes Zimmer mit »tekuća voda«, Fließwasser, zur Miete anbot. Eine solche Annehmlichkeit erschien uns ungewöhnlich fortschrittlich für eine so entlegene und rückständige Gegend, und wir stimmten sofort zu, noch ohne das Zimmer gesehen zu haben, und bezahlten die Miete im Voraus, indem wir ihm einige der wenigen noch übrigen Kleidungsstücke aus unserem Gepäck gaben. Als wir das Zimmer betraten, stellten wir fest, dass der Bauer, auf seine Weise, die Wahrheit gesagt hatte: Wasser floss tatsächlich, allerdings in Form eines einige Hundert Meter vom Haus entfernten Bachs. Das Zimmer selbst war jedoch verhältnismäßig warm und gemütlich; wir sechs zogen ein, tauschten noch ein paar weitere Kleidungsstücke gegen Kartoffeln und andere Lebensmittel und verbrachten die nächsten Tage damit, uns auszuruhen und zu warten.

Eines Nachmittags erreichte uns von den Partisanen die Nachricht, dass deutsche Truppen sich näherten und innerhalb weniger Stunden in Drenov Klanac einfallen würden. Ich bestand darauf, sofort unsere Rucksäcke zu packen und noch vor Einbruch der Nacht aufzubrechen, um unseren Marsch in Richtung des von den Partisanen befreiten Kordun fortzusetzen. Onkel Ferdinand, der mit fünfundfünfzig der Älteste in der Familie war und dessen Meinung von allen respektiert wurde, war dagegen. Er fand, das Risiko, weiter in das Territorium der Partisanen vorzudringen, wäre zu hoch. Außerdem, meinte er, war das Wetter immer noch schlecht, und wir alle waren müde. Vor allem aber war er davon überzeugt, dass die deutschen Truppen uns nichts antun würden. Schließlich, so erinnerte er mich, war er im Besitz eines Schreibens von General Glaise-Horstenau, der persönlich interveniert hatte, um Oskar, Camilla und mich aus Jasenovac befreien zu lassen. Offenbar bestand die sich nähernde Kolonne nicht aus wilden Ustascha, sondern aus disziplinierten deutschen Truppen. Sie würden es nicht wagen, Personen, die unter dem persönlichen Schutz eines so wichtigen Generals standen, Schaden zuzufügen. Alle außer mir schlossen sich Onkel Ferdinand an. Sie waren erschöpft von der endlosen Flucht in die Berge und hofften und vertrauten darauf, dass der Schutz des Generals sie retten würde. Doch ich blieb stur und kündigte an, unter keinen Umständen zu bleiben: Ich weigerte mich, das Risiko einzugehen, nochmals den Deutschen oder den Ustascha in die Hände zu fallen, und brannte darauf, mich den Partisanen anzuschließen und zurückzuschlagen.

Der Streit ging eine ganze Weile lang weiter und wurde sehr hitzig, doch niemand war umzustimmen. Schließlich nahm ich einfach meinen Rucksack und ging zur Tür. Erst da beschloss Onkel Robert, mich zu begleiten. Er sagte, dass ich trotz meiner bald neunzehn Jahre noch zu unreif sei, um ihm zu gestatten, mich allein losziehen zu lassen; er sei sicher, dass ich leichtsinnige

Das Dorf Drenov Klanac, in dem ich mich im Jänner 1944 von meiner Tante und meinen Onkeln trennte. Diese Fotografie wurde im Sommer 1981 vom Straßenrand aus gemacht; ich habe es nicht über mich gebracht, näher hinzugehen.

Dinge tun würde, und er habe meiner Mutter versprochen, auf mich aufzupassen, bis ich erwachsen war. Er tadelte mich dafür, so kindisch und stur zu sein und ihm keine andere Möglichkeit zu lassen, als mir hinaus in den Schnee zu folgen. An dieser Stelle verkündete Onkel Julius, der sein ganzes Leben lang für gewöhnlich Roberts Beispiel gefolgt war, sich uns anzuschließen; wir drei gingen fort.

Etwa ein Jahr später fand ich heraus, dass die SS-Division »Prinz Eugen« Ferdinand, Camilla und Oskar erschossen hatte, als sie durch Drenov Klanac fegte.

Ich kann nicht vergessen, dass sie, in gewissem Sinne, starben, weil ich gerettet wurde. Wenn Ferdinand nicht zuvor Glaise-Horstenaus Unterstützung erlangt hätte, um mich aus Jasenovac zu befreien, hätten er und die anderen nicht gewagt zurückzubleiben.

12. Beitritt zu den Partisanen

Robert, Julius und ich stapften mehrere Tage lang durch den Schnee, bis wir endlich das Dorf Kordunsko Zagorje im von den Partisanen kontrollierten Kordun erreichten. Mein brennendster Wunsch war es, aus Jugoslawien hinauszugelangen, Süditalien zu erreichen und der amerikanischen Armee beizutreten – oder, falls das nicht möglich war, der britischen. Doch Ende Jänner 1944 bestand dazu im eingeschneiten Kordun keine Hoffnung. Falls ich mich freiwillig bei einer Kampftruppe melden wollte, war die mir noch verbleibende Option, mich den Partisanen anzuschließen.

Nachdem ich in Kordunsko Zagorje angekommen war, machte ich eine willkommene Entdeckung: Mein guter Freund Vlado Horvatić, dessen tierärztliches Können ich achtzehn Monate zuvor in Novi Vinodolski so bewundert hatte, war bei den Partisanen. Er war Chefveterinär (und der einzige Veterinär) in ihrer Tierklinik, die sich im Dorf befand. Wir freuten uns sehr, einander zu sehen, und stimmten überein, dass es das Beste sei, wenn ich mit ihm gemeinsam dort stationiert sein würde. Um meine Chancen zu vergrößern, riet Vlado mir, dem örtlichen Partisanenkommandanten zu erzählen, ich sei vor dem Krieg Student der Veterinärmedizin gewesen.

So wurde ich Anfang Februar 1944 Partisan. Es gab keine offizielle Anmeldung oder Vereidigung; ich melde mich einfach beim örtlichen Kommandanten, der mich anwies, im Dorf auf Anweisungen zu warten. Robert und Julius, die in ihren Fünfzigern und nicht länger im kampffähigen Alter waren, durften, gemeinsam mit mehreren anderen geflüchteten Jüdinnen und Juden, hauptsächlich Frauen und älteren Männern, in der Nachbarschaft logieren.

Ich verbrachte ein paar Tage mit Warten und hoffte, dass man mich in der Tierklinik einsetzen würde, als sich aus heiterem Himmel eine traumhafte Gelegenheit bot, aus Jugoslawien hinauszukommen: Die Nachricht war eingetroffen, dass sich Partisanen, die über irgendeine Form von Flugerfahrung verfügten, beim Korps-Hauptquartier melden sollten. Mir gelang es herauszufinden, dass die Alliierten Titos Streitkräfte erstmals mit Flugzeugen versorgen würden. Etliche Partisanen würden ins befreite Süditalien geschickt werden und von dort weiter nach Nordafrika, um sich einer Pilotenausbildung zu unterziehen.

Zu fliegen war für Jugoslawien relativ neu; es hatte schon vor dem Krieg kaum ausgebildete Piloten gegeben, und so war es unwahrscheinlich, dass viele von ihnen sich nun den Partisanen anschließen würden. Technisch ausgebildete Personen mit umfangreichen Kenntnissen in der Luftfahrt waren ebenfalls nicht zahlreich vorhanden, und ich rechnete damit, dass es für die Partisanen schwer werden würde, geeignete Kandidaten zu finden. Obwohl ich über keinerlei nennenswertes Wissen oder Erfahrungen verfügte, erschien es mir die perfekte Gelegenheit, zu versuchen, das Land zu verlassen, und, sobald ich draußen sein würde, »abtrünnig« zu werden und mich bei der amerikanischen Armee zu melden.

Ich war so verzweifelt, dass ich bereit war, vor nichts zurückzuschrecken, schon gar nicht vor ein bisschen unschuldiger Fälschung. Ich war in Wien Mitglied der Internationalen Pfadfinder gewesen und hatte die Prüfung über Formsignale, Morsecode und Seemannsknoten bestanden. Obwohl ich beinahe alle meine Dokumente verloren hatte, besaß ich aufgrund einer unerklärlichen Fügung immer noch dieses Zertifikat. Ich bekam eine Schreibmaschine in die Hände und ergänzte das Dokument kunstvoll um eine Anmerkung, aus der hervorging, dass ich darüber hinaus einen Kurs im Segelfliegen absolviert hätte. Dieses »annotierte« Dokument schickte ich, zusammen mit einem Brief, in dem ich meine fliegerischen Leistungen ausschmückte, ans Generalhauptquartier.

Wie ich gehofft hatte, konnten nur sehr wenige andere Partisanen überhaupt eine Verbindung zur Luftfahrt vorweisen. Ich wurde für das Pilotenausbildungsprogramm ausgewählt und bekam die Anweisung, mich umgehend bei einem kleinen regionalen Gefechtsstand in der Lika zu melden. Ich verabschiedete mich von Robert, Julius und Vlado und brach zu dem Gefechtsstand auf, wo ich auf neun andere Partisanen traf, die für den Auftrag ausgewählt worden waren. Wir wurden eingewiesen, und jeder von uns erhielt eine Schmeisser, eine kleines, aber teuflisches deutsches Sturmgewehr. Diese Waffen waren deutschen Leichnamen abgenommen worden und bei den Partisanen äußerst begehrt. Einen weiteren Eindruck unserer Bedeutung erhielt ich, als jeder von uns außerdem eine Ration Konservennahrung erhielt – zu dieser Zeit eine rare und wertvolle Delikatesse.

Unsere Dienstanweisung lautete, uns zu einem Ort nahe der Küstenstadt Zadar aufzumachen, wo uns ein britisches U-Boot zu einer vereinbarten Zeit aufnehmen würde. Wir sollten uns nur nachts fortbewegen und zwei Straßen überqueren, die von den Deutschen befahren und bewacht wurden. Dies stellte die größte aller Gefahren dar, denen wir ausgesetzt waren, doch erschien sie uns nicht unüberwindbar. Wir waren eine sehr kleine Gruppe und wussten, dass die Deutschen nicht das gesamte Straßennetz pausenlos kontrollieren konnten.

Unser Aufbruch war für Mitternacht angesetzt. Da es noch früh am Abend war, nutzte ich meine Zeit, um einen bitteren und anklagenden Brief an ein Mädchen zu schreiben, in das ich im Lager von Rab verliebt gewesen war. Ich war nicht zu trösten, als ich bei meiner Ankunft in Kordunsko Zagorje herausgefunden hatte, dass sie zwischenzeitlich die Freundin eines anderen Partisanen geworden war. Sie war drei Jahre älter als ich und nie meine Freundin gewesen. Ich litt an nichts anderem als an einer Form von Schwärmerei, fühlte mich aber dennoch tief enttäuscht von ihrem Verhalten, und teilte ihr dies ohne Umschweife mit. Ich verschloss meinen dramatischen Abschiedsbrief, vertraute ihn dem Postboten der Partisanen an und machte mich zum Aufbruch bereit.

Kurz vor Mitternacht wurden wir für eine schnelle letzte Überprüfung und Einweisung zum Gefechtsstand einberufen. Jeder von uns wurde nochmals einer genauen Befragung bezüglich unserer politischen Vertrauenswürdigkeit und unseres persönlichen Werdegangs unterzogen. Da wir bereits in den früheren

Phasen des Auswahlprozesses gründlich befragt worden waren, war ich überzeugt, dass diese Befragung reine Routine sei, letzte anspornende Worte. Der mich befragende Offizier war jedoch äußerst überrascht, als er hörte, dass ich vor dem Krieg Veterinärmedizin studiert hatte. Er informierte mich darüber, meine Teilnahme an der Mission aufzulösen, da die Partisanen Tierärzte dringender benötigten als Piloten. Ich war von dieser unerwarteten Wendung schockiert und tat mein Bestes, um meine Verbindungen zur Veterinärmedizin herunterzuspielen (was nicht schwer war). Als ich sah, dass sich der Offizier nicht umstimmen ließ, erinnerte ich ihn daran, dass ich bereits durch höheren Befehl für das Pilotenausbildungsprogramm ausgewählt worden war, eine Entscheidung, über die sich hinwegzusetzen er nicht in der Position war. Doch er durchschaute meinen Bluff; ich sah ungläubig zu, wie er den Generalstab der Partisanen für Kroatien über das Feldtelefon kontaktierte und die offizielle Genehmigung einholte, mich zurückzubehalten.

Ich kann mich an wenige Ereignisse in meinem Leben erinnern, angesichts derer ich so niedergeschlagen war wie damals. Ich hatte bereits den süßen Geschmack der Freiheit des Westens gekostet und war nun mit diesem niederschmetternden Rückschlag konfrontiert. Es war, als ob es mein Schicksal sein sollte, niemals die Flucht in den Westen zu schaffen.

Um es noch schlimmer zu machen, war da noch der Abschiedsbrief, den ich meiner »treulosen« Freundin geschrieben hatte. Da ich sicher gewesen war, für immer wegzugehen und nie mehr zurückzukommen, hatte ich Dinge geschrieben, die es mir unmöglich machten, ihr jemals wieder gegenüberzutreten. Nun, da ich dazu verdammt war, in Jugoslawien zu bleiben, war es allerdings sehr wahrscheinlich, dass wir einander tatsächlich wiedersehen würden. Der Postbote hatte einen annähernd sechsstündigen Vorsprung, doch ich rannte, im verzweifelten Versuch, ihn daran zu hindern, meinen Brief zuzustellen, hinaus in die eiskalte Nacht. Ich jagte ihm stundenlang hinterher und sprang den größten Teil der Nacht durch den tiefen Schnee, bis ich bei Tagesanbruch seiner endlich ansichtig wurde. Ich bekam meinen Brief zurück, und mir entfuhr ein Stoßseufzer der Erleichterung.

Wenigstens war meine Enttäuschung darüber, aus dem Pilotenprogramm ausgeschlossen worden zu sein, nicht zusätzlich begleitet von der Notwendigkeit, meinen äußerst peinlichen Brief erklären zu müssen.

Mein Bedauern darüber, Jugoslawien nicht verlassen zu können, wurde durch meine darauffolgende Ernennung zu Vlados Assistenten in der Tierklinik ein wenig gemildert. Dann, ungefähr einen Monat später, erhielt ich die Nachricht, dass alle neun meiner früheren Kameraden im Pilotentrainingsprogramm auf ihrem Weg an die Küste getötet worden waren, als sie versucht hatten, eine der Straßen, die sich unter deutscher Kontrolle befanden, zu queren.

13. Tierarzt

War ich auch gescheitert in meinem Versuch, in den Westen zu fliehen, so war, mit Vlado Horvatić wieder vereint zu sein, zweifellos die nächstbeste Alternative. Mein Respekt und meine Freundschaft für ihn waren tief, und ich freute mich darauf, mit diesem außergewöhnlichen Menschen Zeit zu verbringen und ihn bei seiner Arbeit unterstützen zu können. Vlado war nicht nur Leiter des *marvena bolnica* (des Tierspitals), sondern auch Cheftierarzt der gesamten achten »Angriffs«-Division der Partisanen (der Titel »Angriff« wurde als Kollektivauszeichnung Einheiten verliehen, die sich im Kampf ausgezeichnet hatten, eine noch höhere Anerkennung stellte die Bezeichnung »proletarisch« dar). Die achte Division, die dem vierten Korps angehörte, bestand aus fünftausend Kämpfern (Männern und Frauen) sowie achthundert Pferden und Maultieren. Die Division besaß zwar einige ramponierte und unzuverlässige Lastwägen, doch das wichtigste Verkehrsmittel bildeten die Tiere, auch für den Transport schweren Geräts; und als solches waren sie von entscheidender Bedeutung.

Widerwillig begann ich mir einzugestehen, dass der Offizier, der mich vom Pilotenausbildungsprogramm abgehalten hatte (und damit unabsichtlich mein Leben rettete), wahrscheinlich recht gehabt hatte: Die Partisanen benötigten dringend eine jede Person, die auch nur die geringste Ahnung von Veterinärmedizin hatte. Obwohl mein bescheidenes Wissen allein daher rührte, dass ich Vlado eineinhalb Jahre zuvor bei der Arbeit beobachtet hatte, ernannte er mich in seiner Dreistigkeit (und mit dem ihm eigenen Sinn für Humor) zu seinem Stellvertreter und kurze Zeit später zum stellvertretenden Leiter der Tierklinik. Er begründete seine Entscheidung damit, dass ich, im Gegensatz zu den meisten anderen der Klinik-Einheit angehörenden Partisanen, lesen und schreiben konnte.

Der Zustrom an verletzten und kranken Tieren zur Tierklinik nahm nicht ab, und ich wurde sogleich in eine fieberhafte Betriebsamkeit gestürzt. Es fehlte uns dringend an Medikamenten, Instrumenten und medizinischer Fachliteratur, und die Klinik selbst bestand aus nicht mehr als einer Ansammlung von Hütten und Bretterbuden, doch konnte Vlado dank seiner Begabung und seines Verstandes erstaunliche Erfolge erzielen. Neben dem Vernähen von Wunden und der Anwendung von reichlich Kampfer und anderen Desinfektionsmitteln kümmerte er sich in erster Linie darum, dass die Pferde und Maultiere sauber gehalten und ordentlich gefüttert wurden und sich so lange wie möglich ausruhen und erholen konnten. Vlados Motto lautete: »Fell sauber, Hufe trocken.« Ich war erstaunt, wie viele schwache, kränkliche und selbst todkranke Tiere sich unter den richtigen Hygiene- und Ernährungsbedingungen wieder erholten, sodass wir letztendlich die meisten von ihnen zurück zu ihren Einheiten schicken konnten. Obwohl ich anfangs ziemliche Angst vor Pferden und Maultieren hatte und eine ganze Reihe heftiger und schmerzhafter Tritte einstecken musste, während ich versuchte, sie zu behandeln, entwickelte ich allmählich eine Zuneigung zu ihnen. In der Welt der Partisanen waren sie äußerst wertvolle Tiere, und ich schätzte mich glücklich, als ich selbst eine Stute bekam (noch glücklicher schätzte ich mich dafür, dass sie zahm und gutmütig war). Ich hatte so gut wie keine Reiterfahrung, und da es weder Sättel noch Steigbügel gab, musste ich – gemeinsam mit dem wachsamen Tier – mit einer Decke und Seilen vorliebnehmen.

Zu unterschiedlichen Zeiten waren dem Spital zwischen zehn und vierzig Partisanen zugeteilt, um bei der Reinigung und allgemeinen Instandhaltung zu helfen und das Personal für die verschiedenen von uns organisierten Arbeitsbereiche zu stellen, darunter die Schmiede und eine Werkstatt, die Bürsten aus Pferdehaar herstellte. Es gab auch einen Bereich, in dem Pferde und Maultiere, die zu schwer verwundet oder krank waren, um behandelt werden zu können, erschossen und zu Würsten verarbeitet wurden. Die meisten unserer Partisanenhelfer waren abgebrühte Kampfveteranen, von denen viele wenigstens einen feindlichen

Die Belegschaft der Tierklinik im Dorf Kordunsko Zagorje Ende 1944. Zu diesem Zeitpunkt war Vlado bereits auf mysteriöse Weise verschwunden, doch wusste ich noch nicht, was ihm widerfahren war. Ich sitze in der ersten Reihe auf dem Boden, als Zweiter von rechts. Der Bursche mit dem lockigen Haar neben mir ist mein guter Freund Paolo, ein ehemaliger italienischer Soldat, der nach der Kapitulation Italiens den Partisanen beigetreten war. Als ich im Sommer 1981 in die Gegend zurückkehrte, machte ich in dem Dorf halt und zeigte die Fotografie dem ersten Bauern, der mir über den Weg lief. Er zeigte auf den kleinen Jungen mit der grauen Weste in der ersten Reihe und sagte: »Das bin ich.«

Soldaten getötet hatten oder dies getan hätten, wäre ihnen nur die geringste Chance dazu gegeben worden, doch wenn es darum ging, einem verletzten Pferd oder Maultier eine Kugel in den Kopf zu schießen, um es von seinem Leid zu erlösen, konnten sie sich einfach nicht überwinden, abzudrücken. Für gewöhnlich mussten wir, Vlado oder ich, diese unangenehme Aufgabe übernehmen.

Ich hätte mir nicht vorstellen können, dass ich innerhalb weniger Monate gezwungen sein würde, Vlados Platz einzunehmen, doch da ich erwog, nach dem Krieg Medizin zu studieren, versuchte ich mich bei allem, was er tat, so gut ich konnte einzubringen, und hörte aufmerksam zu, wenn er etwas erklärte. Oft begleitete ich ihn auf seinen regelmäßigen Besuchen der verschiedenen Einheiten innerhalb unseres Gebiets, bei denen er die Bedingungen, unter denen die Tiere gehalten wurden, über-

Er ist der Mann mit der blauen Kappe neben mir und heißt (wenn ich mich nicht irre) Milan Vukovratović. Er war der Sohn unserer »Vermieterin«, einer Bäuerin, um deren Bauernhof herum die Tierklinik angelegt war. Links im Bild ist seine Schwester Dragica zu sehen, die auf der Fotografie aus dem Jahr 1944 neben Milan kniet. Der Mann im karierten Hemd ist ebenfalls auf dem Foto aus 1944 abgebildet, links neben Milan kniend. Zehn Jahre nach dieser Begegnung von 1981 brach in Jugoslawien der Bürgerkrieg aus. Diese Dorfbewohner waren ethnische Serben und lebten in einem Teil Kroatiens, der tragischerweise erneut zum Schauplatz erbitterter Kämpfe wurde. Ich hoffe, dass sie rechtzeitig geflohen sind.

prüfte und Anweisungen für Änderungen oder Verbesserungen gab. Ich half ihm auch dabei, in der Tierklinik einen Spezialkurs für Tierarzthelfer zu organisieren, die anschließend mit der Versorgung der Tiere in den verschiedenen Untereinheiten der achten Division betraut wurden. In der Sicherstellung der Pflege- und Hygienestandards waren sie Vlado, dem Cheftierarzt, unterstellt. Innerhalb kurzer Zeit besserte sich der Zustand der Tiere in den Kampfeinheiten merklich; oftmals war er sogar besser als jener der Männer.

Dies war das erste Mal in meinem Leben, dass ich in engem und ständigem Kontakt mit Tieren lebte. Ich hatte immer in großen Städten gelebt und durfte als Kind nie ein Haustier besitzen. Nur einmal, als kleine Buben, durften Max und ich ein ungewolltes Kätzchen adoptieren, das wir davor gerettet hatten, von seinem Besitzer ertränkt zu werden. Unsere Mutter erlaubte uns, es zur Belohnung unserer guten Tat zu behalten, doch nach kurzer Zeit verschwand es. Später hatten wir eine Zeit lang einige Goldfische (wie einer meiner Onkel es ausdrückte, »machen Fische keinen Lärm und nichts kaputt«), doch sie lebten nicht lange. Nun, da ich bei den Partisanen war, konnte ich endlich mein eigenes Tier haben, und als eines Tages ein kleiner weißer Hund über das Gelände des Tierspitals trabte, adoptierte ich ihn und nannte ihn »Rommel«, zu »Ehren« des deutschen Generals. Obwohl ich mein neues Haustier sehr gern hatte, spiegelte sich in der Namenswahl die Einstellung der Menschen vor Ort gegenüber Hunden wider, die in Verachtung bestand. Rommel leistete mir mehrere Monate lang Gesellschaft, doch verschwand auch er eines Tages.

In der ganzen Gegend gab es keine weiteren Tierarztpraxen, weshalb wir uns auch um das Vieh der einheimischen Bauern kümmerten, in deren Mitte wir lebten und deren Erträge uns versorgten. Der wertvollste Besitz eines Bauern war für gewöhnlich sein Schwein (Schmalz stand sehr hoch im Kurs). Schweine wurden zu gewaltigen Dimensionen gemästet. Ich sah einige, die dreihundert Kilo und mehr wogen, bevor sie geschlachtet wurden. Um die Mast zu beschleunigen, wurden die Schweine normalerweise kastriert, eine Operation, bei der ich Vlado viele Male assistierte und sie dann hin und wieder auch selbst ausführte. Diese Operationen, die selbstverständlich ohne Betäubung durchgeführt wurden, waren ausnahmslos erfolgreich und hatten niemals Komplikationen zur Folge. Sobald das Schwein losgebunden wurde, wieselte es zum nächstgelegenen Trog und begann zu fressen.

Ich hatte allerdings eine grauenvolle Begegnung mit einem Schwein, und der Gedanke daran lässt mich noch immer erschaudern. Eines Tages, als ich allein in der Tierklinik war – Vlado muss auf einer Inspektion gewesen sein –, erschien eine Gruppe von Bauern mit dem gigantischsten Schwein, das ich jemals gesehen hatte. Das Tier hatte einen Knochen in seiner Kehle stecken und war offensichtlich am Ersticken. Ich hatte Vlado einmal in einer ähnlichen Situation assistiert und zugesehen, wie er einen Zweig verwendete, um den Knochen tiefer in die Kehle des

Schweins zu stoßen, bis dieser in den Magen des Tiers rutschte. Natürlich war ich nicht darauf erpicht, dies in seiner Abwesenheit zu probieren, doch der Besitzer des Schweins und seine Begleiter waren ziemlich verzweifelt und sicher, dass das arme Tier zu ersticken drohte. Zögerlich erklärte ich mich bereit zu helfen. Das Schwein war so groß, dass es sieben oder acht Bauern brauchte, um es am Boden zu fixieren und sein Maul aufzuspreizen. Ich hob einen in der Nähe liegenden Ast auf und versuchte nachzuahmen, was ich Vlado tun gesehen hatte; nach etwas Herumgestoße löste sich der Knochen, und zu meiner großen Überraschung und Erleichterung begann das Schwein normal zu atmen und erholte sich rasch. In tiefer Dankbarkeit gingen die Bauern samt ihrem wertvollen Besitz zurück in ihr Dorf. Als Vlado später an diesem Tag zurückkehrte, berichtete ich ihm stolz von meinem Erfolg. Seine Reaktion dämpfte allerdings meine Begeisterung: Es stellte sich heraus, dass ich ein sehr großes Risiko in Kauf genommen hatte. Der einzige Ast, den man in so einem Fall verwenden durfte, war der weiche, flexible Ast eines Weidenbaums. Der, den ich wahllos vom Boden aufgehoben hatte, war viel zu hart und morsch gewesen und hätte der empfindlichen Schleimhaut des Schweineschlundes irreparablen Schaden zufügen können. Zu ihrem – und meinem – Glück sind Schweine äußerst zählebige Geschöpfe.

Vlado verriet niemandem, dass ich so wenig über Veterinärmedizin wusste. Im Gegenteil liebte er es, Lügenmärchen aufzutischen, und genoss es insbesondere, einen jeden, der bereit war, ihm zuzuhören, davon zu überzeugen, dass ich vor dem Krieg mehrere Jahre lang Veterinärmedizin studiert hätte (ich war erst neunzehn, wie also hätte ich das anstellen sollen?). Obwohl es mich anfangs irgendwie erschreckte, gewöhnte ich mich bald daran, als »Doktor« angesprochen zu werden, sowohl von den ortsansässigen Bauern als auch von meinen Partisanenkollegen. Es war richtig, dass Vlado und ich uns oft auch um sie und ihre Familien kümmerten: In der Gegend gab es nur sehr wenige Ärzte, weshalb wir oftmals konsultiert wurden, um erste Hilfe zu leisten, Verbände zu wechseln und medizinische Ratschläge allgemeiner Natur zu erteilen.

Die Nachricht, dass es in der Tierklinik »Ärzte« gab, erreichte schließlich das Divisionshauptquartier, und bald wurde mir klar, dass unsere Vorgesetzten nicht gerade erfreut darüber waren. Der Kommandant der achten Division, der wir angehörten, war Oberst Miloš Šumonja, ein Mann Mitte zwanzig. Ich lernte ihn recht gut kennen, weil er oft ins Tierspital ritt und unsere Einrichtung kontrollierte. Er war gebildeter als die meisten Partisanen, da er vor dem Überfall auf Jugoslawien Lehrer gewesen war, und schien Gefallen daran zu finden, sich mit Vlado und mir über Themen auszutauschen, die nicht direkt mit dem Krieg zu tun hatten. Meinem Eindruck nach lag der Hauptgrund seiner Besuche aber in seiner Zuneigung zu seinem Pferd; ihm war wichtig, dass es gut gepflegt und in der Schmiede, die an das Tierspital angeschlossen war, fachmännisch beschlagen wurde.

Eines Tages, als Vlado gerade anderweitig beschäftigt war, begleitete ich Šumonja auf einer seiner Begehungen. Als diese zu Ende war, wandte er sich mir zu und sagte: »Genosse, mich haben Berichte erreicht, denen zufolge ihr euch nicht nur um Tiere kümmert, sondern auch an Menschen praktiziert.«

Ich versuchte zu erklären, dass Vlado und ich niemals selbst angeboten hatten, Menschen medizinisch zu behandeln, sondern es schwierig sei, bei einem wirklichen Notfall die Behandlung zu verweigern, besonders da es im Umkreis von vielen Kilometern niemanden gab, der besser qualifiziert oder ausgerüstet war.

»Ich verbiete euch, Menschen zu behandeln«, antwortete er, »ohne Ausnahme.«

Selbstverständlich, versicherte ich ihm, würden wir seiner Anweisung von nun an gewissenhaftest Folge leisten. Doch genau in dem Moment, wie durch den unheimlichsten Zufall, kam ein Bauernmädchen atemlos in das Spital gerannt und rief: »Doktor, Doktor, kommen Sie schnell, Kommandant Jovanović verblutet!«

Kommandant Jovanović war ein lokaler Partisanenheld, klein von Wuchs, aber ein Riese an Tapferkeit. Er war ein Serbe aus einem nahegelegenen Dorf, hatte vor dem Krieg keinerlei militärische Ausbildung durchlaufen und war zum Spezialisten für die Entschärfung nicht explodierter Bomben und Granaten geworden, von denen die Landschaft übersät war. Während seiner hochriskanten Tätigkeit war ihm niemals ein Unglück widerfahren, doch als er auf dem Weg zu seiner Familie über einen Bach gesprungen war, hatte sich aus seiner kleinen Beretta-Pistole versehentlich ein Schuss gelöst, und die Kugel war genau durch seinen Penis gegangen.

Ich sagte zu dem Mädchen, dass ich bedauerlicherweise nichts tun könne, da ich den strikten Befehl erhalten hatte, Menschen nicht zu behandeln – doch noch bevor ich meinen Satz beenden konnte, befahl Šumonja mir, dem verletzten Kommandanten zu Hilfe zu eilen, und fügte, ziemlich verlegen, hinzu, dass ich auch in Zukunft erste Hilfe leisten könne, sofern es keine Alternative gab (was so gut wie nie der Fall war).

Glücklicherweise hatte Jovanović lediglich eine Fleischwunde. Die Harnröhre war nicht verletzt, und es gelang mir, die Blutung zu stoppen und ihn ohne viel weiteren Blutverlust in das Partisanenfeldspital in Petrova Gora zu bringen. Später konnte ich ihn mit Beruhigungsmitteln versorgen, um Erektionen verhindern, durch die sich die Wunde wieder hätte öffnen können. Soweit mir bekannt ist, erholte er sich vollständig.

Menschen zu behandeln war dennoch die Ausnahme in meiner Arbeit: Mein Hauptbeitrag als Veterinärassistent bestand im Kampf gegen die Pferderäude, eine durch Milben verursachte Krankheit, welche sich unter die Haut von Pferden und Maultieren bohren und extremen Juckreiz und Unbehagen verursachen. Die Tiere werden sehr rastlos, verlieren rasch an Gewicht und können, wenn sie unbehandelt bleiben, sterben. Pferderäude ist äußerst ansteckend unter den Tieren selbst und kann sogar auf Menschen übertragen werden.

Offenbar wusste man darüber, dass ich Vlado hin und wieder bei der Behandlung dieser Krankheit assistierte, in der Kommandostelle Bescheid, denn als im August 1944 eine Meldung das Tierspital erreichte, in der nach einem »Experten« verlangt wurde, um einen schweren Räudeausbruch in der Region Turopolje-Pokupsko zu behandeln, wählten sie mich. Ich war zuversichtlich, die Krankheit bekämpfen zu können, denn die Behandlung war mehr eine Frage der Organisation als der medizinischen Kom-

Die Behandlung eines Pferdes im Tierspital von Kordunsko Zagorje: Ich stehe ganz links und mache Notizen. Anfang 1945 bekam unsere Einheit Besuch von »Agitprop«, der Partisanenabteilung, die dafür zuständig war, die Kampfmoral zu stärken. Diese Fotografie und andere wurden gestellt, um »Partisanenerfolge« zu illustrieren. Der Mann mit dem Rücken zur Kamera, der das Pferd behandelt, war Dr. Adamović, damals mein Vorgesetzter. Die Partisanen erschossen ihn kurz darauf als Spion.

petenz. Wie Vlado es mir beigebracht hatte, war alles, was man brauchte, Schwefelpulver und eine Holzhütte.

Ich machte mich zu Fuß auf den Weg nach Turopolje-Pokupsko, das ungefähr einhundert Kilometer entfernt lag. Als ich ankam, erwartete mich eine Gruppe Partisanen, bereit, mir zu helfen. Ich beaufsichtigte den Bau einer rechteckigen Holzkabine, gerade groß genug, um ein Pferd darin aufzunehmen. Eine Schmalseite der Hütte bestand aus einer Tür, deren obere Hälfte aus Segeltuch gemacht war. Ein Pferd oder Maultier wurde in die Kabine gebracht, eine Schüssel glimmenden Schwefels daneben gestellt und die Tür geschlossen. Der Kopf des Tieres wurde durch einen Schlitz in der Plane geführt, der es ihm ermöglichte zu atmen. Eine Stunde, in der es den dichten Schwefeldämpfen ausgesetzt war, reichte aus, um die Parasiten auf dem Körper des Pferdes abzutöten; die auf dem aus der Plane ragenden Kopf und Nacken des Tiers wurden durch Auftragen einer Salbe aus Schwefelpulver und Schweineschmalz beseitigt. Ich ließ eine zweite Kabine bauen und hielt beide vierundzwanzig Stunden am Tag in Betrieb, da wir alle Pferde und Maultiere der Gegend durch sie hindurchführten. Innerhalb weniger Tage war die Krätze-Epidemie ausgerottet – wenigstens für ein paar Wochen. An diese Erfahrung als Partisanen-Tierarzt erinnere ich mich mit der größten Genugtuung; ich hatte das Gefühl, tatsächlich etwas bewirkt zu haben, indem ich mitgeholfen hatte, die Einsatzfähigkeit von Partisaneneinheiten wiederherzustellen, die aufgrund der Erkrankung ihrer Tiere ansonsten außer Gefecht gesetzt worden wären.

14. Ein kommunistisches Regime

Ich war sehr froh, einer Kampftruppe anzugehören, die sich dem Sieg über meine Todfeinde, die Nazis und die Ustascha, verschrieben hatte. Da die Tierklinik aber inmitten der felsigen Hügel des Kordun lag, weit entfernt von den Hauptkampfgebieten, war ich in den ersten Monaten nicht direkt an den Kämpfen beteiligt. Ich ging meiner Arbeit als Vlados Assistent nach, während meine Onkel Robert und Julius in einem nahegelegenen Bauernhaus wohnten und ihr persönliches Hab und Gut nach und nach für Lebensmittel aufbrauchten.

Als ich den Partisanen beitrat, war ich begeistert von dem, was ich über die kommunistischen Ideale wusste. Die Aussicht auf eine Gesellschaft, in der Gleichheit und Gerechtigkeit für alle garantiert wurden und Diskriminierung aufgrund der ethnischen Zugehörigkeit oder Religion verboten war, sprach mich sehr an. Innerhalb kurzer Zeit allerdings schlug meine blauäugige Begeisterung in bittere Enttäuschung um, als ich der realen Gegebenheiten eines kommunistischen Regimes gewahr wurde, insbesondere der ideologischen Tyrannei, die die kommunistische Partei unseren Reihen auferlegte. Die Beispiele reichten von brutaler Unbarmherzigkeit bis hin zu völliger Idiotie. In der Regel herrschte eine Atmosphäre unterwürfiger Lobhudelei für alles Sowjetische, begleitet von an offene Feindseligkeit grenzendem Misstrauen gegenüber allem, was von den westlichen Alliierten ausging – selbst dann, wenn diese Vorurteile unübersehbar durch Tatsachen widerlegt wurden. Ein typisches Beispiel der unerbittlichen kommunistischen Propaganda war die manipulative Behandlung, der Lieferungen aus dem Westen unterzogen wurden. In den letzten Kriegsmonaten versorgten uns die westlichen Alliierten regelmäßig (wenn auch unzureichend) mit Waffen und Munition. Unsere Vorgesetzten hielten es jedoch für politisch ungünstig, dass uns einfachen Partisanen nicht entgangen war, dass Unterstützung eher von den verachtenswerten westlichen Kapitalisten als von den unfehlbaren Sowjets kam. Amerikanische Flugzeuge bringen Nachschub? Richtig, die Amerikaner kümmern sich aber nur um den Transport, da ihre Stützpunkte sich im nahegelegenen Süditalien befinden. Das Mehl kommt in Säcken, auf denen »Produziert in Kanada« steht? Richtig, die Kanadier stellen die Säcke, das Mehl selbst aber ist russisch.

Unter den Produkten, die wir erhielten, befand sich auch in Russisch beschrifteter Dosenschinken. Für diejenigen, die lesen konnten, war klar ersichtlich, dass die Dosen als »Made in USA« gekennzeichnet waren – allerdings in russisch-kyrillischen Lettern (die ihren serbischen Entsprechungen praktisch gleichen). Vielleicht waren diese Lieferungen zum Versand an die Sowjets in den Vereinigten Staaten abgepackt und dann an uns umgeleitet worden. Trotz der Beschriftung wurde uns klipp und klar zu verstehen gegeben, dass der Schinken selbst russischer Herkunft sei – und es wäre sehr ungesund gewesen, daran zu zweifeln.

Meiner alltäglichen Erfahrung zufolge waren alle mittleren und hochrangigen Partisanenoffiziere Mitglieder der kommunistischen Partei. Parteimitglieder hatten absoluten Vorrang, wenn es darum ging, Posten zu besetzen, die besondere Fachkenntnisse erforderten, etwa im Nachrichtendienst oder in der Verwaltung. Ob ein Partisan fachlich kompetent oder intellektuell qualifiziert war, war durchwegs von zweitrangiger Bedeutung. Indem Parteimitglieder derart rücksichtslos und systematisch bevorzugt wurden, gelang es der Partei, ehrgeizige Leute in ihre Reihen zu holen und ihnen im Gegenzug für ihre Ergebenheit Beförderungen in Aussicht zu stellen. Der Glaube an den Kommunismus, ganz zu schweigen von einer Vertrautheit mit den Schriften Marx' und Engels', hatte selten etwas damit zu tun; das Ziel war es, strengen Gehorsam sicherzustellen.

Zu meinem Erstaunen stellte ich fest, dass ich noch immer mit Antisemitismus rechnen musste; tatsächlich brachte meine persönliche Identität mich gleich dreifach in Gefahr. Zunächst als Jude: Jahrhunderte religiöser Indoktrinierung darüber, dass die Juden die »Mörder von Jesus Christus« waren, hatte bei den

Dorfbewohnerinnen und Bauern, die den Partisanen angehörten, ihre Spuren hinterlassen; obwohl sie wussten, dass wir denselben Feind hatten, waren viele von ihnen – auch einige in höheren Positionen – unverhohlene Antisemiten. Zweitens waren meine Muttersprache und Ausbildung deutsch: Dieselben Dorfbewohner und Bauern waren nicht immer bereit, den Unterschied zwischen einem deutschsprachigen Juden und einem Nazi anzuerkennen. Drittens ist mein Vorname Imre und damit typisch ungarisch: Die Ungarn waren damals Verbündete der Deutschen und bei den Partisanen gründlich verhasst. Ich beschloss deshalb, mir eine sicherere Identität zuzulegen, die ich nutzen konnte, wann immer ich Gefahr witterte: Ich slawisierte meinen Namen von Imre Rochlitz zu Mirko Rohlić und behauptete, wenn ich gefragt wurde, Slowene zu sein. Ich wählte diese Nationalität, weil Slowenien (das ich nur einmal, nämlich als Kind, besucht hatte) vor dem Krieg ein Teil Jugoslawiens gewesen war. Seine Einwohner wurden weder von den Serben noch von den Kroaten besonders gehasst, die genug damit zu tun hatten, einander zu hassen. Darüber hinaus ist das Slowenische dem Serbokroatischen stark verwandt, sodass ich jedem misstrauischen oder feindseligen Partisanen zufriedenstellend würde erklären können, weshalb ich fließend Serbokroatisch sprach.

Mit meiner neuen Identität als Mirko Rohlić versuchte ich, durch das tückische Partisanenterrain aus Argwohn, Paranoia und Willkürjustiz zu navigieren. Eine merkwürdige Folge dieser Atmosphäre der Wahrheitsverzerrung und -verleugnung war, dass wir einerseits nichts von dem, was uns gesagt wurde, glaubten und andererseits nicht mehr in der Lage waren, selbst die hanebüchensten Gerüchte zu entkräften. Ein damals weit verbreitetes Gerücht lautete, dass Marschall Tito, unser Oberbefehlshaber, keine reale Person, sondern ein Funksender sei, der direkt aus Moskau empfangene Befehle weitergab. Einige meiner Kameraden hingegen waren sich sicher, die wahre Bedeutung von T. I. T. O. entschlüsselt zu haben, und behaupteten, dass es sich in Wirklichkeit um ein Akronym für *Tajna Internacionalna Teroristička Organizacija* (Geheime Internationale Terroristische Organisation) handele. Ich vernahm sogar ein Gerücht, dem zufolge Tito eine Frau sei.

Zweifellos spielten die unsagbaren Gräuel, mit denen die lokale Bevölkerung sich konfrontiert sah, eine wichtige Rolle in der Herausbildung so mancher ihrer misstrauischen, kompromisslosen Haltungen. Das hügelige Gebiet, in dem ich stationiert war, der Kordun, gehörte formell zum Unabhängigen Staat Kroatien, der von Ante Pavelić und seinen Ustascha-Schlägern regiert wurde. Doch aus ethnischer Sicht handelte es sich um eine serbisch-orthodoxe Enklave innerhalb des katholischen kroatischen Staates (rund ein Drittel der Vorkriegsbevölkerung Kroatiens waren tatsächlich Serben gewesen). Unmittelbar nach der Ausrufung des neuen Staates im April 1941 wurden diese Serben zum Ziel eines Völkermordes durch die Ustascha. Hunderttausende sogenannte Schismatiker, wie die orthodoxen Serben vom katholischen Klerus abschätzig genannt wurden (allen voran von Alojzije Stepinac, Erzbischof von Zagreb während des Krieges, der von Papst Johannes Paul II. 1998 seliggesprochen wurde), sind zwischen 1941 und 1945 grausam massakriert worden. Ich selbst wurde 1942 in Jasenovac Zeuge mehrerer solcher Gräueltaten, wobei die meisten Opfer der Ustascha mit Abstand Serbinnen und Serben waren, gefolgt von Juden, Roma und Sinti. Doch die Ustascha ermordeten ihre Opfer nicht nur in den Konzentrationslagern; sie zogen auch durchs Land und schlachteten serbische Dorfbewohner und Bauern mit einer Grausamkeit ab, die jede Vorstellungskraft übersteigt.

Serben, die im Kordun, in der Lika und anderen Gebieten des kroatischen Staates lebten, hatten kaum eine andere Wahl, als in den Untergrund zu gehen und sich einer Widerstandsbewegung anzuschließen, wollten sie ihrer physischen Vernichtung entkommen. Beinahe alle, die ich von der achten Partisanendivision – die hauptsächlich aus Serben dieser kroatischen Gebiete bestand – kannte, hatten nahe Verwandte an die Ustascha verloren. Gleichzeitig war ziemlich offensichtlich, dass ihre politische Glaubenslehre und Meinung sehr wenig, wenn überhaupt etwas, mit ihrem Beitritt zu einer kommunistischen Vereinigung zu tun hatten. Oftmals bekam ich den Eindruck, dass viele meiner »Kameraden« lieber der anderen bedeutenden Widerstandsbewegung, den monarchistischen Tschetniks, beigetreten wären.

Unter dem Kommando eines ehemaligen jugoslawischen Armeeobersten, Draža Mihajlović, kämpften die Tschetniks (»Soldaten«) für die Wiedererrichtung eines serbisch dominierten Königreichs Jugoslawien und für die Rückkehr König Peters und des Königshauses Karađorđević. Der traditionelle serbische Nationalismus und orthodoxe Glaube der Tschetniks stand den grundsätzlich konservativen Bauern und Dorfbewohner näher als die revolutionären Ideen der kommunistischen Partisanen. Doch die Partisanen waren besser organisiert als die Tschetniks und trafen, was am wichtigsten war, zumeist als Erste in den serbischen Dörfern ein, wo sie rasch sämtliche diensttauglichen (und weniger diensttauglichen) Bauern anwarben, ohne irgendwelche Fragen zu stellen. Von Männern und Frauen im kampffähigen Alter wurde erwartet, dass sie sich ihnen anschlossen, und war ein Dorfbewohner erst einmal Mitglied eines bewaffneten Verbandes, vor allem eines so gut organisierten wie jenes der Partisanen, war es so gut wie unmöglich – und zweifellos sehr gefährlich – zu versuchen, die Seiten zu wechseln. Die Formationen selbst jedoch wechselten mitunter ihre Allianzen: Die Tschetniks und Partisanen kämpften bisweilen Seite an Seite gegen die Achsenmächte, um dann wieder einander zu attackieren. Eine Zeit lang stellten die Tschetniks sich in ihrem Kampf gegen die Partisanen sogar auf die Seite der Italiener und Deutschen. Am meisten schockierte mich aber die Tatsache, dass sich einige hochrangige Partisanen im März 1943 mit den Deutschen trafen und ihnen vorschlugen, Schulter an Schulter gegen die Landungsversuche der Alliierten in Jugoslawien zu kämpfen. Dies geschah zu einer Zeit, als die Alliierten noch die Rivalen der Partisanen, die Tschetniks, unterstützten; die Partisanen betrachteten die Alliierten offenbar als gefährliche potenzielle Widersacher – gefährlichere sogar als die Deutschen. Doch Churchill unterstützte ab Ende 1943 die Partisanen, und als ich Anfang 1944 dazustieß, stand außer Frage, dass die Deutschen der Hauptfeind waren.

Von diesen Verhandlungen zwischen den Partisanen und den Deutschen erfuhr ich erst Jahrzehnte nach dem Krieg (in S. K. Pavlowitchs Buch Hitler's New Disorder, *London, 2008). Mir wurde klar, dass ich, wäre Churchills Entscheidung damals anders ausgefallen, möglicherweise den Befehl erhalten hätte, an der Seite der Deutschen gegen die Briten zu kämpfen! Was hätte ich getan? Wie hätte ich diesem schrecklichen Dilemma entgehen können? Ich habe keine Ahnung, und ich bin dankbar, nie in diese Situation gekommen zu sein. Es fasziniert mich, dass jener Deutsche, der 1943 mit der Partisanendelegation (der auch Milovan Djilas und Vladimir Velebit angehörten) verhandelte, niemand anderer war als Edmund von Glaise-Horstenau, jener General, der ein Jahr zuvor persönlich meine Befreiung aus Jasenovac erwirkt hatte. Eine Vereinbarung, die die Partisanen und die Deutschen bei diesen Verhandlungen offenbar miteinander getroffen hatten und umsetzten, bestand im begrenzten Austausch von Gefangenen – bis dahin waren auf beiden Seiten alle Gefangenen getötet worden.*

Der Tribut, den die Widersprüche der Kriegszeit in Jugoslawien von der Bevölkerung forderten, war tatsächlich tragisch: Ich weiß von einer slowenischen Familie, in der ein Vater und seine drei Söhne vier unterschiedlichen bewaffneten Gruppierungen angehörten. Zu verschiedenen Zeiten während des Krieges kämpfte eine jede der Gruppen gegen die anderen drei, und am Ende des Krieges waren alle, der Vater und seine drei Söhne, tot.

Bei den Partisanen kontrollierte die kommunistische Partei die Basis mithilfe von Politkommissaren. Sie waren Parteifunktionäre, die den verschiedenen Einheiten zugeteilt und vorgeblich dafür zuständig waren, die Einhaltung kommunistischer Grundsätze zu überwachen; tatsächlich bestand ihre Aufgabe schlicht darin, bedingungslosen Gehorsam sicherzustellen. Jede Partisaneneinheit, bis hinunter zur untersten Ebene, hatte sowohl einen befehlshabenden Offizier als auch einen Politkommissar. In der Theorie hatten der Kommandant und der Kommissar die gleichen Befugnisse; in der Praxis aber war der Kommissar dem Kommandanten überlegen. Jeder Befehl, der vom Kommandanten einer Einheit unterzeichnet wurde, musste vom Politkommissar gegengezeichnet werden, wohingegen ein lediglich vom Politkommissar unterzeichneter Befehl als vollgültig angesehen wurde.

Im Spätsommer des Jahres 1944 erhielt ich meine erste Einladung, der kommunistischen Partei beizutreten. Der Politkom-

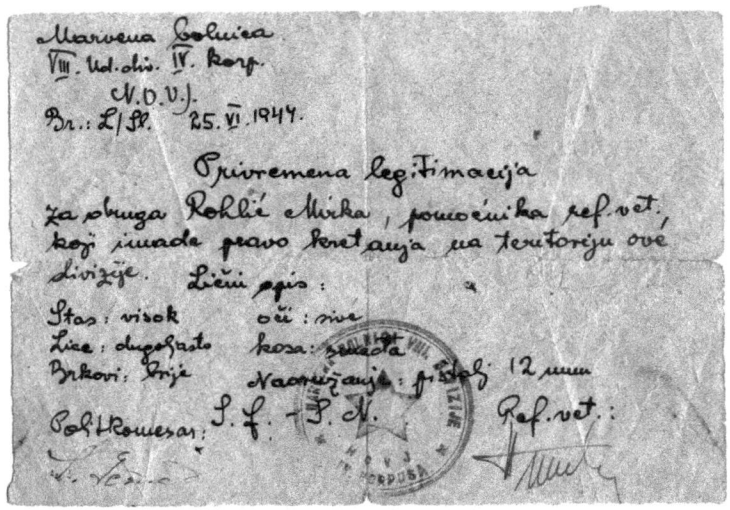

Dieses außergewöhnliche Dokument vom 25. Juni 1944 berechtigte mich dazu, mich innerhalb des von der achten Partisanendivision kontrollierten Gebietes frei zu bewegen. Da es (aufgrund des chronischen Mangels an Papier) keine vorgedruckten Formulare gab, stellte ich es mir selbst aus. Als meinen Namen gab ich Mirko Rohlić an und achtete darauf, das Schreiben in der obligatorischen Manier mit den Lettern »S. F. – S. N.« zu beenden, den Initialen des Mottos der Partisanen: Tod dem Faschismus – Freiheit dem Volk! [Smrt fašizmu – sloboda narodu!] Das Dokument wurde am rechten unteren Rand von meinem unmittelbaren Vorgesetzten, Vlado Horvatić, unterzeichnet. Um gültig zu sein, benötigte sogar dieser einfache Passierschein die Gegenzeichnung unseres Politkommissars, welche am linken unteren Rand zu sehen ist.

missar, dessen Unterschrift auf dem folgenden Dokument zu sehen ist (und an dessen Namen ich mich nicht erinnern kann), war durch Milić Hajdin, einen jungen Serben aus einem nahegelegenen Dorf, ersetzt worden. Die meisten Mitglieder von Hajdins Familie waren von den Ustascha niedergemetzelt worden, und Hajdin selbst war dem Tod entronnen, indem er geflohen und den Partisanen beigetreten war.

In ihren Reihen fand Hajdin Kameradschaft und verhältnismäßige Sicherheit, und bald wurde er Mitglied der kommunistischen Partei. Bestimmt war er ein gutes und verlässliches Parteimitglied, das den Anordnungen der Partei buchstabengetreu Folge leistete – auch wenn er ungebildet war und von kommunistischer Ideologie nichts wusste oder verstand. Doch ungeachtet seiner bedingungslosen Loyalität gegenüber der Partei blieb er ein gutherziger, im Grunde anständiger Mensch. Wir respektierten einander und kamen sehr gut miteinander aus.

Eine der Aufgaben des Kommissars bestand darin, neue Mitglieder zu überprüfen und vorzuschlagen. Es wurde als besondere Ehre erachtet, für die Mitgliedschaft vorgeschlagen zu werden, und es wurde erwartet, dass man sie mit tiefer Dankbarkeit annahm. Als Kommissar Hajdin mich eines Tages zur Seite nahm, um mich darüber zu informieren, dass ich seiner Ansicht nach verdiente, der Partei anzugehören, war ich besorgt: Ich hatte überhaupt keine Lust, beizutreten, wusste allerdings auch, dass eine Verweigerung ernsthafte Konsequenzen nach sich ziehen könnte. Glücklicherweise jedoch hatte Hajdin beschlossen, mit mir zu sprechen, bevor er seinen Vorgesetzten meinen Namen vorschlug. Es kostete mich einige Mühe, ihn davon zu überzeugen, dass – wenngleich sein Vertrauen in mich mich zutiefst ehre – ein Beitritt zur Partei nach meinem Ermessen derzeit unpassend wäre. Ich sei Ausländer, erinnerte ich ihn, und sehr unsicher, was meine persönliche Zukunft anbelangte. Dies sei weder die Zeit noch der Ort, um eine solche Ehre anzunehmen, sagte ich mit Bedauern. Glücklicherweise akzeptierte er meine Argumentation. Vor allem aber gelang es mir, ihm das Versprechen abzunehmen, seine Parteivorgesetzten nicht über mein Zögern zu informieren. Ich war mir darüber bewusst, dass ich mich auf sehr dünnem Eis bewegte; der leiseste Verdacht »politischer Unzuverlässigkeit« konnte die plötzliche Versetzung in das berüchtigte »dreizehnte Bataillon« zur Folge haben, eine Einheit, die (wie gesagt wurde) durchwegs für aussichtslose Angriffe auf die Deutschen und die Ustascha bestimmt war, deren sicherer Ausgang der Tod war. (Später erfuhr ich von Freunden aus anderen Partisaneneinheiten, dass eine »Versetzung in das dreizehnte Bataillon« ein gängiger Euphemismus für eine Hinrichtung im Schnellverfahren war.)

Hajdin hielt Wort. Obwohl er sein Angebot bei späteren Gelegenheiten wiederholte und ich es jedes Mal ablehnte, hat er mich niemals gemeldet oder denunziert.

Mir wurde schnell klar, dass ich zusätzlich zu den drei Gefahren, die mit meiner Identität verbunden waren, einem unerwarteten vierten Risiko ausgesetzt war: Ich wusste zu viel. Trotz meiner lückenhaften Schulbildung war ich gebildeter als die meisten der Partisanenkommandanten und Politkommissare. In der repressiven, antiintellektuellen Atmosphäre, die damals herrschte, wurden Wissen und Lernen als gefährliche Waffen betrachtet, von der Bourgeoisie benutzt, um die Arbeiterklasse zu unterdrücken und auszubeuten. Deshalb musste ich sehr darauf achten, nie den Eindruck zu erwecken, ich wüsste zu viel über irgendetwas. Ich tat mein Bestes, um nicht sonderlich aufzufallen, ein Umstand, der mich immer geärgert hat; ich litt unter der Willkür dieser Leute, die über mein Leben und meinen Tod entscheiden konnten, ohne dass ich die Möglichkeit gehabt hätte, Einspruch zu erheben, und die ihre absolute Autorität sowohl administrativ als auch intellektuell ausübten, nur weil sie die Partei repräsentierten. Ihr Wort war Gesetz, und viele ihrer schicksalhaften Entscheidungen hingen einfach davon ab, ob sie dich mochten oder nicht.

Einer meiner Freunde verlor aufgrund einer persönlichen Feindschaft, die mit ziemlicher Sicherheit antisemitischen Ursprungs war, sein Leben. Ich hatte die Breslauer-Brüder gekannt, seit wir gemeinsam in den italienischen Lagern inhaftiert gewesen waren; später hatten sich beide den Partisanen angeschlossen. Der jüngere von ihnen, Albert, nahm an dem Kurs für Veterinärassistenten teil, den wir an der Tierklinik abhielten und arbeitete manchmal mit mir, während der ältere Bruder als Arzt einem Infanteriebataillon angehörte. Ich hatte gelegentlich von Albert gehört, dass sein Bruder in dieser Einheit unglücklich war, da sein Kommandant ein fanatischer Antisemit sei. Eines Tages, während Kämpfen mit deutschen Truppen (die in Wirklichkeit Tscherkessen waren, frühere russische Soldaten in deutschen Uniformen), wurde der ältere Breslauer von seinem Kommandanten angewiesen, den Leichnam eines Kameraden, der sehr nahe an den feindlichen Linien abgeschossen worden war, zu bergen.

Breslauer hatte keine Wahl, obwohl die Absicht des Kommandanten klar war. Als er sich dem Leichnam näherte, schlachtete ihn ein Tscherkesse mit seinem Bajonett ab.

15. Freundschaften und Nöte

Ich hatte wenige enge Freunde bei den Partisanen; die allgemeine Atmosphäre von Argwohn und Misstrauen, die durch antisemitische Vorurteile zusätzlich verschlimmert wurde, zwang mich dazu, sehr vorsichtig zu sein, was die allzu enge Verbundenheit zu irgendjemand anderem anbelangte. Einige der jungen jüdischen Männer und Frauen, die mit mir in den italienischen Lagern in Kraljevica und Rab interniert gewesen waren, hatten sich ebenfalls den Partisanen angeschlossen und waren meine Freunde geblieben, doch sie gehörten anderen Einheiten an, und ich sah sie nur selten.

Von Vlado Horvatić abgesehen, war mein bester Freund ein ehemaliger italienischer Soldat namens Paolo. Er war ein dunkler Sizilianer mit lockigem Haar, der es irgendwie geschafft hatte, sich nach dem italienischen Debakel vom achten September 1943 den Partisanen anzuschließen (auf dem Foto auf S. 176 sitzt er neben mir). Er war nicht der einzige ehemalige italienische Soldat bei den Partisanen; auch etliche andere hatten beschlossen, sich lieber ihnen anzuschließen als sich den Deutschen zu ergeben oder zu versuchen, in das vom Krieg gezeichnete Italien zurückzukehren; auch gab es unter ihnen einige Holländer und Belgier.

Ich kann mich nicht an Paolos Nachnamen erinnern – vielleicht wusste ich ihn nie –, werde Paolo aber niemals vergessen. Er war aufgrund seiner Behauptung, er habe sich in seiner Heimat Sizilien und später in der italienischen Armee um Pferde gekümmert, ins Tierspital versetzt worden. Er war nicht gebildeter als ein durchschnittlicher Partisan (das heißt, er war Analphabet) – doch hatte er nichts von der slawischen Melancholie und dem volkstümlichen Pessimismus an sich. Er besaß italienische Geistesgegenwart, Lebensfreude und Sinn für Humor. Ich liebte es,

Mit Eva Deutsch, einer ehemaligen Mitinsassin, die bei einer anderen Partisaneneinheit stationiert war, im italienischen Lager.

seinen Geschichten über das Sizilien der Vorkriegszeit zu lauschen, wie er den orangenbeladenen Pferdewagen seines Vaters zum Markt brachte, Arien aus Opern sang, besonders das Lied des Kutschers aus der *Cavalleria Rusticana*. Es war sehr leicht, ihn sich dabei vorzustellen; oft sang er laut und melodiös, während er seiner Arbeit in der Tierklinik nachging. Paolo vertraute mir an, dass er mit vierzehn Jahren von seinen Eltern in ein jesuitisches Internat gegeben worden war, um ihn auf das Dasein als Priester vorzubereiten. Alles war gut gelaufen, bis er herausfand, dass der Zölibat eine grundlegende Voraussetzung für das Priestertum darstellte. In der Überzeugung, dass dies kein Leben für ihn sein würde, lief er davon. Obwohl er nur ein paar Wörter Serbokroatisch wusste, unterhielt Paolo die gesamte Einheit mit seinem Gesang, seinen Clownerien und Witzen. Später verlor ich den Kontakt zu ihm und hoffe sehr, dass er gut in Italien angekommen ist.

Zusätzlich zur militärischen Bedrohung durch die Deutschen und Ustascha (und gelegentlich durch die Tschetniks) und dem »politischen« Druck durch die kommunistische Herrschaft musste man mit den mühseligen und primitiven Lebensbedingungen zurechtkommen. Die hügelige Gegend des Kordun, wo ich stationiert war, war selbst in Friedenszeiten sehr rückständig gewesen, und die Bedingungen waren im Krieg noch brutaler geworden. Für die meisten von uns waren die Hauptprobleme sehr elementar: Nahrung und Unterkunft zu finden. Doch andere, wie Max Hamburger, ein hochintelligenter junger Mann, der gemeinsam mit mir in den italienischen Lagern interniert gewesen war, verzweifelten an der Situation. Als Diabetiker war es ihm im Lager irgendwie gelungen, an Insulin zu kommen (vielleicht mithilfe der Italiener). Unter den schwierigen und isolierten Lebensumständen bei den Partisanen war das unmöglich, und er starb.

Die Landschaft um das Tierspital herum war zerstört; die über die vorangegangenen Monate vor und zurück wandernden Frontlinien, der Artilleriebeschuss und die Bombenangriffe hatten eine totale Verwüstung hinterlassen. Viele der Häuser und Gebäude (zumeist aus Holz) waren schwer beschädigt oder zur Gänze ruiniert, und die landwirtschaftlichen Arbeitskräfte waren, genauso wie das Vieh, dezimiert worden, was dazu führte, dass Lebensmittel sehr knapp waren. Für die Partisanen bestand eine Mahlzeit im Allgemeinen aus einer Schüssel Bohnen oder Polenta, manchmal mit Brot. Obwohl wir von der adriatischen Küste nicht weit entfernt waren, wurden die Transportwege häufig durch Kämpfe mit den Deutschen und Ustascha unterbrochen, was einen chronischen Mangel an Salz zur Folge hatte. Mir persönlich machte es nichts aus, ungesalzene Bohnen oder Polenta zu essen, weshalb es mich verblüffte, dass einige der einheimischen Dorfbewohner bereit waren, Fleisch – das äußerst rar war – gegen Salz einzutauschen, oft auf der Grundlage von zehn Kilo Fleisch gegen ein Kilo Salz.

Es gab keinen Strom – auch in Friedenszeiten hatte es keinen gegeben – und Wasser musste vom nächsten Brunnen oder Bach geholt werden. Für körperliche Bedürfnisse standen oftmals heruntergekommene, stinkende Plumpsklos zur Verfügung, doch niemand benutzte sie gern. Ich zog es vor, einen entlegenen Platz im nächsten Kornfeld zu suchen – und fand dabei heraus, dass Maisblätter ein ganz brauchbarer Ersatz für Klopapier waren, ein nichtexistenter Luxus zu dieser Zeit (jede Art von Papier war Mangelware).

Ich konnte mich glücklich schätzen, mit Vlado ein kleines Zimmer im Tierspital teilen zu dürfen. Unterkünfte, besonders unterwegs, bedeuteten für gewöhnlich, auf einem Stallboden zu nächtigen oder, bei Schönwetter, auf einem Heuberg. Für die Einheiten in Manövern hatten die Partisanen eine originelle und effiziente Methode entwickelt, um an Unterschlupf und Proviant zu gelangen. In jedem befreiten Dorf ernannten sie den Ortsältesten, oftmals gegen seinen Willen, zum Verantwortlichen in der Unterstützung der Partisanen. Immer wenn eine Einheit in einem Dorf ankam, wurde dieser Älteste angewiesen, aus den Dorfbewohnern diejenigen auszuwählen, die Nahrung bereitstellten, und andere, die eine Unterkunft anboten. Es wurde angenommen, dass er am ehesten geeignet sein würde, die Belastungen gerecht zu verteilen (selbstverständlich war Bezahlung kein Thema). Diese Älteren waren bei den Bauern keineswegs beliebt; es war so viel zerstört worden, dass die einheimische Bevölkerung kaum sich selbst ernähren konnte. Doch trotz gelegentlicher Zornesausbrüche funktionierte dieses System grundsätzlich – vielleicht auch deshalb, weil jede Form von Verweigerung hart bestraft wurde.

Die peinlichste körperliche Unannehmlichkeit waren Läuse; wir waren fast durchgehend von Körper- und Haarläusen befallen (es gibt mehrere Arten). Nicht nur verursachen sie unbeschreiblichen Juckreiz, sondern verbreiteten auch Typhus und andere Krankheiten. Wann immer möglich, versuchten wir unsere Kleidung zu entlausen, indem wir sie kochten, und wuschen unser Haar mit Benzin. Doch wir blieben nie lange verschont von den Parasiten; sie waren überall, und es war unmöglich, sich davor zu schützen.

Bis zu den letzten Kriegsmonaten, als die Alliierten damit begannen, mehr Nachschub zu liefern, hatten wir keinen Anspruch auf die regelmäßige Ausgabe von Kleidung. Dafür gab es gute Gründe – es gab kein Hinterland, in dem Partisanenuniformen hätten hergestellt werden können. Abgesehen von der grünen Stoffkappe mit dem roten Stern, die so gut wie für alle erhältlich war, durfte – viel eher musste – ein jeder Partisan tragen, was immer er finden, stehlen oder befreien (also dem Feind wegnehmen) konnte. Die folgende, 1944 gemachte Fotografie zeigt

Auf diesem Bild ist nicht zu sehen, dass meine Füße in alte Lumpen gewickelt waren, weil ich keine Socken besaß. Zu diesem Zeitpunkt war ich bereits ein gut gekleideter Partisan. Viele besaßen keinerlei Schuhwerk und mussten ihre Füße monatelang in Fetzen aus Zelttuch wickeln, sogar im Winter.

mich in einem Zivilhemd, einer italienischen Armeejacke, britischen Armeehosen, einem Ustascha-Gürtel mit einer amerikanischen 45er-Colt-Pistole und deutschen Infanteriestiefeln.

Das Leben war für Partisanen, die in der Umgebung geboren waren, ein wenig einfacher. Manchmal gelang es ihnen, zusätzliche Nahrung oder das eine oder andere Kleidungstück von ihrer Familie oder Freunden zu besorgen. Doch für diejenigen aus anderen Teilen Jugoslawiens – besonders aus größeren Städten –, die moderne Annehmlichkeiten gewohnt gewesen waren, war es schwierig, zurechtzukommen. Ich hatte meine Onkel Robert und Julius in der Nähe, die wertvolle moralische Unterstützung leisteten, doch verfügten sie über keinerlei lokale Beziehungen und hatten große Schwierigkeiten bei der Suche nach Nahrung und Unterkunft. Wir waren aus Drenov Klanac, dem Dorf in der Lika, nur mit unseren Rucksäcken geflohen; und nun tauschten meine Onkel ihren wenigen Besitz sukzessive gegen Bohnen, Kartoffeln,

Partisanenkämpferinnen der achten Division

Hühner und so weiter ein. Wir wussten, dass unser Hab und Gut nicht ewig halten würde.

Mein italienischer Freund Paolo besaß, wohl dank seiner einnehmenden Persönlichkeit, in der Regel Extrareserven an Nahrung, die er manchmal mit mir teilte. Auch bei den Frauen war er der mit Abstand beliebteste Mann unserer Einheit. Wann immer ich Jahre später Freunden gegenüber erwähnte, dass es bei den Partisanen auch Frauen gab, erntete ich ausnahmslos vielsagendes Augenzwinkern und zweideutige Ellbogenstöße. Doch die Wirklichkeit war ziemlich ernüchternd. Die meisten der Bauersfrauen aus dem Kordun oder der Lika, die sich den Partisanen angeschlossen hatten, ähnelten sehr den Männern; sie waren von kräftigem Wuchs, derb in der Sprache und rau im Benehmen. Sie teilten das anstrengende Leben, die Entbehrungen und den Mangel an Hygiene mit ihren männlichen Kameraden. So sehr ich mich auch bemühte, es war mir kaum möglich, eine von ihnen auch nur im Geringsten anziehend zu finden. Bezeichnenderweise heißt das serbokroatische Wort *fina*, wenn auf Frauen angewandt, so viel wie »fein« oder »schön«; eine andere Bedeutung ist allerdings, insbesondere in Bosnien, »stark«,

»stämmig«, »dick«. Mich amüsierte, dass die beiden Bedeutungen einander im Grunde entsprachen und von lokalen Maßstäben weiblicher Schönheit erzählten.

Die meisten Frauen, die ich in der achten Division kannte, leisteten ihren Dienst nicht im Kampfeinsatz, sondern in der Ersten Hilfe, der Pflege, der Kommunikation und Propaganda (bei neuen Bekanntmachungen) und in der Küche. Soweit ich weiß, wurde keine von ihnen gezwungen, sich den Kampfeinheiten als Kämpferin anzuschließen – doch meldeten sich einige Frauen freiwillig, erfüllten dieselben Aufgaben wie die Männer und trugen dabei dieselbe Härte und Tapferkeit zur Schau wie ihre männlichen Gegenüber.

Es gab eine offizielle Verfügung, die romantische Beziehungen innerhalb derselben Einheit strengstens verbot. Sobald ein Kommissar herausfand, dass sich ein Paar gebildet hatte, trennte er es unverzüglich und überstellte einen der Liebenden in eine andere Einheit. Dies war eine der wenigen Partisanen-Verordnungen, die allgemein als gerechtfertigt akzeptiert wurde – bei allen außer dem betroffenen Paar. Natürlich wurden diese Regeln nicht immer eingehalten, insbesondere wenn es sich um ranghohe Offiziere und Kommissare handelte, die eine eigene Kaste über und außerhalb der Gesetzbarkeit bildeten. Der Kommissar meiner eigenen Einheit, Milić Hajdin, unterhielt eine leidenschaftliche Affäre mit unserer Köchin, einer jungen Frau, deren Ehemann von den Ustascha getötet worden war und deren Säugling in den ersten Tagen der deutsch-italienischen Invasion verschwand (sie fand das Kind nach dem Krieg wieder). Manchmal neckten wir sie wohlwollend wegen ihrer Beziehung, doch die beiden stritten diese leicht errötend ab und waren gelegentlich ganz verzweifelt, da sie fürchteten, die Befehlsebene könnte davon Wind bekommen und sie getrennt werden. Doch es gelang ihnen aus drei Gründen zusammenzubleiben, von denen kein einziger mit der Position des Mannes als Kommissar zu tun hatte: Sie hatten Glück; sie wurden von allen Mitgliedern der Einheit gemocht, sodass niemand sie verriet; und die Köchin, die ein guter Mensch und herausragend in ihrem Beruf war, war nicht attraktiv genug, um Sehnsucht oder Neid unter den anderen Männern zu erregen.

Partisanen tanzen den *kolo*.

Es gab nur sehr wenige Gelegenheiten der Entspannung und des Austauschs, und sobald sich eine ergab, ergriff ich sie. Eines Abends versammelte ich mich mit einer Gruppe Partisanen und ein paar einheimischen Bauernmädchen um ein Lagerfeuer. Jemand zog eine Mundharmonika heraus; wir bildeten einen Kreis und verbrachten mehrere Stunden damit, den *kolo* zu tanzen, einen traditionellen Tanz, ähnlich der Hora.

Bis es Mitternacht wurde, hatte ich mich mit einem der Bauernmädchen angefreundet und war in ein Gespräch mit ihr vertieft, als sie plötzlich verlautbarte, dass sie und ihre Freunde gehen müssten. Obwohl keines der Mädchen eine uniformierte Partisanin war, waren sie im Begriff, zur Aktion zu schreiten. Nachdem sie fünf Stunden lang energisch getanzt hatten, planten sie, Sprengstoff zu einer Bahnlinie zu bringen, die ungefähr zwanzig Kilometer entfernt lag, um sie in die Luft zu sprengen. Meine neue Bekannte erklärte mir, dass sie sofort gehen müsse, es sei ein weiter Weg über die Hügel zu den Geleisen und anschließend zurück zu ihrem Bauernhof, und sie wolle bei Tagesanbruch daheim sein, weil Kühe zu melken und Felder zu pflügen waren. Ich war tief beeindruckt von ihrer Härte und Tapferkeit und sprach in den höchsten Tönen davon. Während wir so redeten, vernahm ich ein Plätschern in der Nähe meiner Füße. Ich blickte nach unten und sah, dass sie, wo sie gerade stand, mit verschränkten Armen urinierte, während sie sich weiter mit mir unterhielt.

Die Deutschen hatten keine Chance.

16. Flieger

Was mein Jahr als Partisan betrifft, erfüllt mich ein Aspekt mit dem größten Stolz – meine Teilnahme an zahlreichen Such- und Rettungseinsätzen, um abgeschossene alliierte Piloten zu bergen. In den ersten Monaten des Jahres 1944 bekam ich die Operationen der Alliierten nur bei gutem Wetter zu Gesicht: Wenn ich nach oben blickte, konnte ich gelegentlich Formationen kleiner silberner Vögel erkennen, die in der Sonne glitzerten und majestätisch über den Himmel zogen. Meistens waren es Geschwader von US-Kampfflugzeugen: viermotorige B-24-Liberators und Flying Fortresses (B-17), die von ihren Basen in Nordafrika und Italien aus unterwegs waren, um Ziele in Österreich (nun Teil des Deutschen Reichs) und Rumänien zu bombardieren – insbesondere die Ölfelder bei Ploieşti. Für mich waren es Raumschiffe aus einer anderen Welt, der freien Welt. Ich betrachtete die silbernen Vögel voll Sehnsucht und wünschte mir, ich könnte mich auf irgendeine Weise in eines von ihnen hineinbefördern.

An besonders klaren Tagen konnte ich auch winzige Punkte ausmachen, von denen ich annahm, dass es Kampfflugzeuge waren, die die Bomber begleiteten. Doch soviel ich wusste, nahmen weder die Kampfflugzeuge noch die Bomber direkt an den Kampfhandlungen zwischen Partisanen und Deutschen teil; ich sah nie, dass sie von deutschen Flugzeugen attackiert oder durch Flakfeuer angegriffen wurden. Sobald sie ihre Ziele erreichten, wurden die Flugzeuge allerdings von der Luftwaffe angegriffen und von deutschen Flakbatterien beschossen und dabei häufig auch getroffen. Wurde ein Flugzeug stark beschädigt, hatte seine Besatzung die Anweisung, zu versuchen, über Jugoslawien zurückzufliegen und bruchzulanden oder über von den Partisanen gehaltenem Gebiet abzuspringen. Bestimmte Gebiete wechselten häufig die Besatzungsmacht, weshalb die Soldaten vor jedem

Einsatz darüber unterrichtet wurden, welche Gebiete mehr oder weniger sicher unter die Kontrolle der Partisanen gelangt waren. Meine Region im Kordun galt als ein solches Gebiet, und in Not geratene alliierte Flugzeuge steuerten oft auf uns zu. Alle in der Tierklinik hielten deshalb ständig Ausschau nach tieffliegenden Flugzeugen oder niedergehenden Fallschirmen. Sobald es eine Sichtung gab, begann der Wettlauf gegen die Deutschen, um die abgeschossenen Piloten zu erreichen. Die Deutschen und die Ustascha verfügten über mechanisierte Transportmittel und unternahmen stets besondere Anstrengungen, um diese Flieger zu fangen oder zu töten. Dabei schossen sie häufig auf ihre niedergehenden Fallschirme; es war entscheidend, dass wir sie als Erste ausfindig machten und so schnell wie möglich wegbrachten.

Da ich der einzige Partisan in der unmittelbaren Umgebung war, der etwas Englisch konnte, wurde mir die Leitung der Suchtrupps, die nach in der Nähe abspringenden Fliegern Ausschau hielten, beauftragt. Zusätzlich war ich für die Betreuung anderer, die in der Nähe gerettet worden waren, verantwortlich, bis sie aus Jugoslawien zu den Stützpunkten der Allliierten in Süditalien evakuiert werden konnten. Zwischen April und Dezember 1944 konnte ich ungefähr fünfzig abgestürzte Flieger retten oder ihnen helfen, außerdem einigen alliierten Häftlingen, die aus der Gefangenschaft der Deutschen oder Ustascha entkommen waren. Ich war so glücklich darüber, diese Abgesandten des Westens kennenzulernen, dass ich sie bat, mir ihre Namen und Adressen zu hinterlassen, in der Hoffnung, eines Tages, wenn ich es endlich in die freie Welt schaffen würde, dort bereits einige Freunde vorzufinden. Da es praktisch kein Papier gab, schon gar nicht für private Zwecke, bat ich die Flieger und andere, ihre Namen auf die einzigen Blätter, die ich besaß, zu schreiben: die Seiten meines abgelaufenen ungarischen Reisepasses. Ich habe dieses Dokument und die rund sechzig darin enthaltenen Namen bis zum heutigen Tag aufbewahrt (eine vollständige Liste findet sich im Anhang).

Die offensichtliche Unschuld und blauäugige Naivität dieser alliierten Flieger, besonders die der Amerikaner, hat mich immer fasziniert. Ganz egal, wie erschöpft oder abgerissen sie waren, wenn wir sie auflasen, schienen sie sich eine Art Reinheit bewahrt

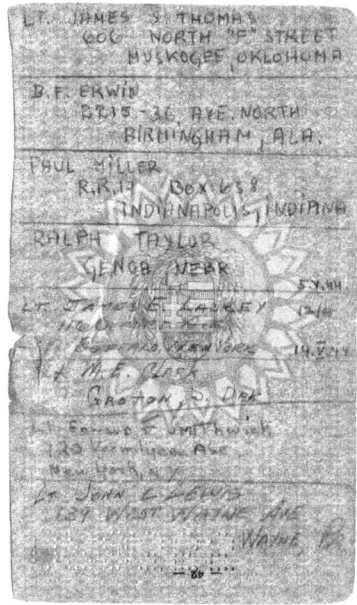 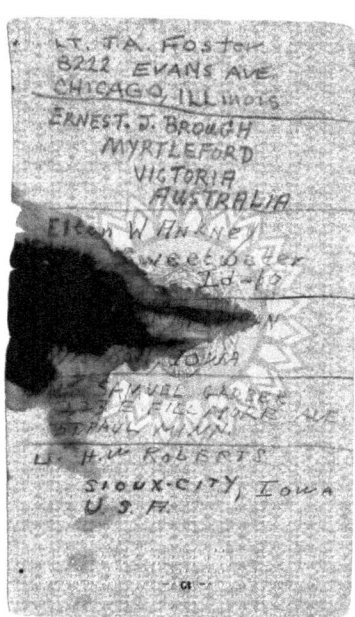

Seiten aus meinem Reisepass, auf denen gerettete Flieger und entkommene Kriegsgefangene ihre Namen hinterließen.

zu haben, die sie gegen die harsche Wirklichkeit, in der sie gelandet waren, immunisierte. Sie waren mutige, technisch geschulte Experten, die ihre Missionen, ohne mit der Wimper zu zucken, ausführten, und viele von ihnen verloren dabei ihr Leben; wenn sie es aber unversehrt zum Stützpunkt zurückschafften, konnten sie duschen, saubere Kleidung anziehen und in Ruhe und relativem Komfort essen und schlafen, ohne mit der Zerstörung und dem Leid fertig werden zu müssen, dem sich die an der Frontlinie gegenübersahen. Wenn sie also abspringen mussten und im Territorium der Partisanen landeten, kam es ihnen – und uns – so vor, als wären sie aus einer anderen Welt hereingelangt.

Natürlich waren sie hocherfreut, gerettet worden zu sein, und ihre Begeisterung war manchmal überwältigend. Sie hielten Tito und all seine Partisanen für große Helden, und manche von ihnen wurden ziemlich wütend auf ihre eigenen Behörden dafür, dass sie den Partisanen keine bessere militärische und wirtschaftliche Unterstützung zuteilwerden ließen. Sie waren nicht lange genug bei uns, um sich der Unzulänglichkeiten der Menschen oder des Systems bewusst zu werden. Manchmal versuchte ich in privaten Gesprächen, ihnen ein paar der Ungerechtigkeiten, deren ich Zeuge geworden war, zu beschreiben, erzählte ihnen von der unerbittlichen kommunistischen Propaganda, der wir ausgesetzt waren, und warnte sie vor der misstrauischen, beinahe feindseligen Haltung, die die Partisanenführer den Westmächten und selbst Einzelpersonen gegenüber an den Tag legten. Sie hörten sich meine Kritik höflich an, doch für gewöhnlich hatte ich das Gefühl, dass sie mir, verblendet wie sie aufgrund ihrer Dankbarkeit waren, nicht glaubten; die meisten von ihnen waren politisch vollkommen ahnungslos und hatten keinerlei Kenntnis von den undemokratischen Traditionen, den Intrigen und dem Misstrauen, das auf dem Balkan herrschte.

Ein Jahr später fand ich mich abermals in der Situation, einem amerikanischen Soldaten die Augen für die Schattenseiten des Kommunismus zu öffnen; dieses Mal war der Amerikaner allerdings selbst überzeugter Kommunist. Es war 1945 in der Stadt Bari, im befreiten Süden Italiens. Ich war der Verwirklichung meines Traums, in die Vereinigten Staaten auszuwandern, einen Schritt nähergekommen. Endlich konnte ich eine US-Uniform tragen und hatte einen Job bei der Nothilfe- und Wiederaufbauverwaltung der Vereinten Nationen. Ivo Herzer (den ich in Bari wiedergetroffen hatte) und ich freundeten uns mit einem amerikanischen Gefreiten namens Junius Irving Scales an. Mit fünfundzwanzig war Junius fünf Jahre älter als wir und uns kulturell wie intellektuell weit überlegen (er war am College gewesen, während wir nicht einmal die Mittelschule abgeschlossen hatten). Trotzdem entwickelte sich eine enge Freundschaft. Wir bildeten ein Dreiergespann, besuchten gemeinsam Bars und Vorstellungen, führten lange Gespräche über unsere Erfahrungen und besprachen unsere Zukunftsträume. Bald wurde mir klar, dass Junius vielleicht die Person mit den stärksten persönlichen Qualitäten war, die ich jemals kennengelernt hatte: Er war großzügig, mitfühlend und gebildet; er hatte den schärfsten Verstand; und er war zutiefst loyal, sowohl seinen Freunden als auch

seinem Land gegenüber. Und er war Mitglied der Kommunistischen Partei der USA, was er weder vor uns noch vor seinen Vorgesetzten in der US-Armee verheimlichte. Seine Hauptziele, so erzählte er Ivo und mir, waren die Bekämpfung von Rassendiskriminierung und sozialer Ungerechtigkeit in den Vereinigten Staaten und die Verbesserung der Lebensbedingungen einfacher Arbeiter durch politisches Engagement. Obwohl er unseren haarsträubenden Schilderungen des kommunistischen Totalitarismus Glauben schenkte, war er überzeugt, dass es sich dabei nur um Ausreißer handelte. Er konnte nicht verstehen, warum Ivo und ich unbedingt in die Vereinigten Staaten wollten, anstatt uns zu bemühen, eine Zukunft in einem der neuen »sozialistischen« osteuropäischen Länder aufzubauen. So schrieb er auch später in seiner Autobiografie Cause at Heart: A Former Communist Remembers *(University of Georgia Press, 1987) in Bezug auf Ivo und mich: »Ich versuchte erfolglos, ihre Illusionen zu zerstören. Und sie versuchten ebenso erfolglos, meine Illusionen über den Kommunismus zu zerstören.« Obwohl unsere politischen Ansichten sich deutlich voneinander unterschieden, war unsere Freundschaft eng, und zwar derart, dass er seine Mutter in North Carolina davon überzeugte, für Ivo und mich eine »Unterstützungserklärung« aufzusetzen, ein unerlässliches Dokument, um ein Einwanderungsvisum für die USA zu erhalten. Ende 1945 wurde Junius zurück in die Vereinigten Staaten versetzt. Als er kam, um uns Lebewohl zu sagen, riet er uns, alle Verbindungen zu ihm zu kappen. Er plane, seine Aktivitäten innerhalb der Kommunistischen Partei fortzusetzen, sagte er uns, und jede Verbindung mit ihm könnte unsere Chancen, jemals amerikanische Staatsbürger zu werden, gefährden. Mit großem Bedauern opferten wir unsere einzigartige Freundschaft.*
Neun Jahre später wurde Junius vom FBI verhaftet und zu sechs Jahren Haft verurteilt, weil er Mitglied der Kommunistischen Partei war. Er wurde keiner gewalttätigen oder umstürzlerischen Handlungen beschuldigt; er war der erste – und einzige – Amerikaner, der allein aufgrund der Tatsache, Parteimitglied zu sein, verurteilt wurde. Er verbrachte mehrere grauenvolle Jahre damit, seine Verurteilung anzufechten, und trat in dieser Zeit, nachdem Stalins Verbrechen aufgedeckt worden waren, aus der Kommunistischen Partei aus, wurde aber 1961 eingesperrt. Junius verbrachte fünfzehn Monate im Gefäng-

Junius Scales' Verhaftung durch das FBI, 1954

nis, bis Präsident John F. Kennedy unter dem Druck der Öffentlichkeit seine Strafe aufhob.

Ende der 1960er Jahre traf ich Junius noch einmal in New York. Wir sprachen über alte Zeiten und bedauerten, so viele Jahre unserer Freundschaft verloren zu haben. Aber er war nicht mehr der Junius, den ich gekannt hatte, und ich hatte das Gefühl, dass seine Seele gebrochen war – durch seine Enttäuschung über den Kommunismus und durch die schändliche gerichtliche Verfolgung, der er ausgesetzt gewesen war.

17. Die siebte Offensive

Von Zeit zu Zeit versuchten die Deutschen, den Widerstand der Partisanen zu brechen, indem sie größere Offensiven starteten. Obwohl die Partisanen sukzessive stärker wurden und immer größere Gebiete Jugoslawiens unter ihre Kontrolle brachten, verfügten sie weder über schwere Waffen noch über Flugzeuge und waren nicht in der Lage, große Bevölkerungszentren oder Straßen über längere Zeiträume zu halten. Mit ihren überlegenen Waffensystemen, welche Panzer, Artillerie und Flugzeuge umfassten, konnten die Deutschen und ihre Verbündeten diese praktisch nach Belieben zurückerobern.

Die Anzahl deutscher Truppen, die in Jugoslawien stationiert waren, inklusive nichtdeutscher unter deutschem Kommando, war beträchtlich. Deutschen Angaben zufolge gab es Ende 1943 vierzehn deutsche Armeedivisionen, zwei SS-Regimenter sowie fünf nichtdeutsche Einheiten (die sich unter anderem aus russischen Ex-Häftlingen, Ungarn, französischen und skandinavischen Faschisten zusammensetzten), insgesamt waren es mehr als 200 000 Mann. Zusätzlich konnten die Deutschen auf 160 000 Bulgaren sowie kroatische und serbische Faschisten zählen, alles zusammen also auf über 360 000 Mann. Die Deutschen schätzten die Stärke der Partisanen damals auf 110 000. Trotz ihrer zahlenmäßigen und materiellen Überlegenheit waren die Deutschen nicht in der Lage, alle Gebiete gleichzeitig zu besetzen oder wenigstens die Verbindungslinien zwischen ihnen zu sichern (Straßen, Eisenbahnlinien, Telefonleitungen). Ihre Taktik bestand darin, plötzliche Offensiven zu starten, um größere Partisaneneinheiten einzukesseln und auszulöschen – und insbesondere die Führung der Partisanen auszuschalten.

Die Offensive, die ich miterlebte, fand Ende Mai 1944 statt, als die Deutschen ihre siebte Offensive starteten, die den Codenamen

»Rösselsprung« (vom Schachspiel abgeleitet) trug. Das vorrangige Ziel dieser Operation war es, Marschall Tito gefangen zu nehmen oder zu töten. Ein SS-Fallschirmjägerbataillon sprang über der Stadt Drvar ab, wo sich Titos Hauptquartier befand, schaffte es jedoch nicht, ihn gefangen zu nehmen. Sie ergriffen allerdings seine glänzende neue Marschallsuniform, die sie später triumphierend in Wien ausstellten. Den Briten gelang es, Tito nach Bari in Süditalien zu evakuieren; in der Folge errichtete er sein neues Hauptquartier auf der Insel Vis in Süddalmatien.

Zeitgleich mit dem Fallschirmabwurf auf Drvar fand ein konzentrierter deutscher Angriff auf die Region Kordun statt, in der meine Partisaneneinheit stationiert war. Der Angriff setzte mit schweren Bombenangriffen und Beschuss aus der Luft ein, gefolgt von Artillerie- und Panzerbeschuss und einem Vorstoß der Infanterie. Da wir keine Flugabwehrkanonen hatten, wurden wir angewiesen, aus allen verfügbaren Geschützrohren, auch aus Pistolen, auf die – sehr niedrig fliegenden – Flugzeuge zu schießen. In der Nähe des Veterinärkrankenhauses wurde ein kleinkalibriges Maschinengewehr aufgestellt, und bei mehreren Gelegenheiten schossen wir auf die Flugzeuge zurück, die uns unter Beschuss nahmen, wiewohl sie keine Verluste in unseren eigenen Reihen verursachten, und ich bezweifle, dass wir sie getroffen haben.

Zufällig hatte sich ein amerikanischer Flieger bei uns in der Tierklinik verschanzt. Seine Rettung, die nur wenige Tage zuvor stattgefunden hatte, war besonders dramatisch gewesen. Ein US-Bomber war im Tiefflug gesichtet worden und offensichtlich im Begriff abzustürzen. Leider hatte der größte Teil der Besatzung (üblicherweise zehn Mann) über von den Deutschen kontrolliertem Gebiet abspringen müssen; nur ein Fallschirm schien in der Nähe der Klinik niederzugehen. Wissend, dass die Deutschen oder die Ustascha ihn mit Sicherheit verfolgen würden, war ich mit einer Gruppe von vier oder fünf Partisanen hinausgeeilt und versuchte, ihn zu orten. Wir kamen schnell voran und erreichten nach etwa fünfzehn Minuten das Gebiet, in dem ich ihn zu finden hoffte.

Wir suchten das Gebüsch ab, in Sorge, dass er irgendwo bewusstlos liegen könnte, als ich plötzlich einen lauten Schrei hinter mir vernahm: Hände hoch! Ich hörte einen ausgeprägten amerikanischen Akzent, hob meine Hände, drehte mich langsam um und blickte in die Mündung einer Pistole. Ich versuchte den Piloten davon zu überzeugen, dass wir auf seiner Seite waren, doch er zögerte anfangs, mir zu glauben. Ich zeigte auf den roten Stern auf meiner Kappe, warnte ihn, dass der Feind wahrscheinlich unterwegs sei, und überzeugte ihn letztendlich, seine Waffe zu senken. Als wir uns durch den Wald schlugen, sann ich über den Mut des jungen Mannes nach: Obwohl er uns zahlenmäßig komplett unterlegen war (wir waren zu mehrt), hatte er nicht davor zurückgescheut, uns im Alleingang herauszufordern. Wären wir tatsächlich Deutsche gewesen, bezweifle ich, dass er weit gekommen wäre.

Der Name des Fliegers war Leutnant James E. Lackey aus Buffalo, New York. Er war erster Pilot und deshalb der Kapitän des Flugzeugs, das abgeschossen worden war, und als solcher als Letzter abgesprungen. Wie der Zufall es wollte, war er das einzige Besatzungsmitglied, das über von den Partisanen besetztem Gebiet herunterkam. Die anderen neun Besatzungsmitglieder landeten in deutschem Gebiet, und ich weiß nichts über ihr Schicksal.

Angesichts der besonderen Umstände, unter denen wir miteinander Bekanntschaft gemacht hatten, wurden Lackey und ich schnell Freunde. Er erzählte mir von seiner Sorge über seine Frau in den Vereinigten Staaten: Genau an dem Tag, an dem er abgeschossen worden war, sollte sie ihr erstes Kind zur Welt bringen. Es beunruhigte ihn, dass die Air Force sie darüber informieren würde, dass er im Kampf vermisst war, und sie sich über Gebühr ängstigen würde. Ich arrangierte seinen Transfer zum Korpshauptquartier, das Kontakte zu den Alliierten hielt und die Evakuierung abgeschossener Flieger organisierte, als die Deutschen die Operation »Rösselsprung« starteten. Es wurde damit unmöglich, Lackey zu evakuieren.

Feindliche Truppen begannen entlang der Straßen näher zu rücken, die in unser Gebiet führten. Da wir im direkten Kampf gegen ihre zahlenmäßige und waffentechnische Überlegenheit keine Chance hatten, wurde unsere gesamte Klinikeinheit angewiesen, sich in die Berge zurückzuziehen. Der Befehl dazu kam plötzlich, gerade als die Nacht hereinbrach. Es blieb keine Zeit, um meine Onkel Robert und Julius zu kontaktieren, die bei Bauern in rund drei Kilometer Entfernung wohnten; ich konnte nur hoffen, dass sie sich gemeinsam mit den in der Nähe stationierten Partisanen zurückziehen würden. Etliche andere jüdische Flüchtlinge, die unweit der Tierklinik wohnten, konnte ich über den bevorstehenden Rückzug warnen. Sie schlossen sich unserer Einheit an, und gemeinsam mit ihnen – und Lackey – zogen wir in die Hügel. Eine von ihnen, eine ältere Dame, die gemeinsam mit mir im Lager auf Rab gewesen war, konnte nicht mit uns mithalten. Ich wandte mich an einen der Partisanen unserer Gruppe und bat ihn, ihr zu helfen, doch er fluchte und weigerte sich. Obwohl ich mir nicht bewusst war, irgendeinen Rang innezuhaben (erst mehrere Monate später fand ich durch puren Zufall heraus, dass ich zweiter Leutnant geworden war), spekulierte ich damit, dass meine Position als Vlados Stellvertreter mir etwas Durchsetzungskraft verschaffte. Ich schnappte mir eine der Taschen der alten Dame und befahl dem Partisanen, ihren Rucksack zu nehmen und ihr zur helfen. Als er mir neuerlich eine Abfuhr erteilte, zog ich meine Pistole und drohte damit, ihn zu erschießen. Glücklicherweise fiel er auf meinen Bluff herein, denn ich hätte ihn nie wahrgemacht.

In vollständiger Dunkelheit bewegten wir uns ein paar Kilometer die Berge hinauf und nahmen alle Pferde und Maultiere mit, die gehen konnten. Als wir das Gefühl hatten, genügend Abstand zwischen uns und den Deutschen erreicht zu haben, hielten wir an und errichteten ein Lager. Bei Tagesanbruch positionierten wir uns auf dem Gipfel eines Bergrückens und beobachteten die Hauptstraße, die die Landschaft unter uns durchschnitt. Nur einige Hundert Meter von unserem Versteck entfernt sah ich einen Zug Soldaten und Panzerfahrzeuge sich vorwärtsschlängeln. Diese Soldaten trugen deutsche Uniformen – später fand ich heraus, dass es sich bei ihnen tatsächlich um russische Kosaken gehandelt hatte, wahrscheinlich um ehemalige Kriegsgefangene, die die Deutschen in die Wehrmacht gezwungen hatten (einige von ihnen mochten sich allerdings freiwillig gemeldet haben). Die Deutschen setzten ehemalige Kriegsgefangene in Jugoslawien gegen »Banditen« ein, wie wir genannt wurden, doch war ihr Vertrauen in sie nicht groß genug, um sie in den Kampf gegen die Alliierten oder gar die Sowjets zu schicken.

Der Zug näherte sich langsam. Dann, gerade als er sich direkt unter uns vorbeibewegte, erschienen zwei kleine, relativ tief fliegende Flugzeuge über der Straße. Wir waren sehr alarmiert. Ihr charakteristischer Doppelleitwerksträger ließ darauf schließen, dass es sich vermutlich um deutsche Focke-Wulfs handelte, die uns schon in der Vergangenheit angegriffen hatten. Die Wahrscheinlichkeit, dass es sich um alliierte Flugzeuge handelte, war gering, da wir bis dahin ausschließlich hoch fliegende Bomber und Kampfflugzeuge gesehen hatten, die nicht unmittelbar in die Kampfhandlungen in Jugoslawien involviert gewesen waren. Die deutschen Truppen unter uns identifizierten sie augenscheinlich ebenfalls als Focke-Wulfs; als die Flugzeuge über ihnen niederstürzten, winkten die Soldaten und jubelten begeistert. Uns wurde klar, dass ihre Piloten uns leicht würden erspähen können und wir gingen so schnell wir konnten in Deckung unter den uns umgebenden Bäumen und Büschen.

In diesem Augenblick eröffneten die beiden Flugzeuge das Feuer auf die deutschen Truppen. Sie gingen über dem Zug wiederholt nieder und eröffneten ein fürchterliches Sperrfeuer aus ihren Maschinengewehren, das heftige Explosionen auslöste. Dann verschwanden sie so plötzlich, wie sie gekommen waren. Wir krochen zurück an den Rand des Bergrückens und sahen, dass die Kolonne zerstört worden war; die verstümmelten Körper der Toten und Verwundeten lagen überall verstreut. Es war ein grauenhafter Anblick. Wir zogen uns zurück und rückten tiefer in die Hügel vor. Erst später erfuhr ich, dass es sich bei den zweistrahligen Flugzeugen in Wirklichkeit um amerikanische P-38 gehandelt hatte, die dem deutschen Modell stark ähnelten.

Niemand von uns – und die Deutschen offenbar ebenso wenig – hatte je zuvor ein solches gesehen. Es war desselben Typs wie jenes, in dem Major Hanes, der Flieger, den ich einige Monate zuvor getroffen hatte, als ich in Babić Most eingeschneit war, abgeschossen worden war. Doch er war als Deckung für die Höhenbomber geflogen und hatte nicht an den lokalen jugoslawischen

Lockheed P-38   Focke-Wulf 189

Kämpfen teilgenommen. Ich habe nie herausfinden können, ob es sich bei den Piloten dieser P-38-Flugzeuge um Amerikaner oder, wie unsere Kommandanten und Komissare uns »informierten«, um Partisanen in alliierten Flugzeugen gehandelt hatte.

Nach vier oder fünf Tagen zog der Feind sich zurück, und wir kehrten in das kleine Bauernhaus und die umliegenden Hütten und Schuppen zurück, die als Tierklinik dienten. Anders als sonst, hatten die Deutschen diesmal nicht alles niedergebrannt. Anscheinend waren sie verwundert über den Zweck dieser Strukturen gewesen; auf eine der Wände hatte jemand in großen weißen Lettern das Wort »Tiersammelplatz«, ergänzt um ein Fragezeichen, geschrieben.

Auf dem Gelände lagen Broschüren verstreut, die die Alliierten offensichtlich über den von den Deutschen besetzten Gebieten abgeworfen hatten. Diese Broschüren, auf Deutsch verfasst, versuchten die Soldaten der deutschen Armee davon zu überzeugen, dass der Krieg für sie bereits verloren sei und sie genauso gut versuchen könnten, ihre Haut zu retten. Eine der vorgeschlagenen Methoden bestand darin, Tuberkulose vorzutäuschen. Die folgende Anleitung wurde dafür bereitgestellt: Man sollte etwas Bleipulver beschaffen, es mit Speichel vermischen und an mehreren Stellen auf der Brust auftragen; diese würden dann im Röntgen als Flecken auf der Lunge erscheinen. Dann sollte man etwas Smegma sammeln, die weiße Substanz, die sich unter der Vorhaut ansammelt (das Heft ging korrekterweise davon aus, dass die meisten deutschen Soldaten nicht beschnitten waren). Unmittelbar bevor man ersucht würde, eine Speichelprobe abzugeben, sollte man etwas Smegma mit Speichel vermischen und sich auf die Zunge beißen. Unter dem Mikroskop würden die Bakterien im Speichel, vermischt mit dem Blut, nicht unterscheidbar von Tuberkulosebakterien sein.

Eines der ersten Dinge, die ich tat, war, nach Robert und Julius zu suchen – und ich war erleichtert herauszufinden, dass sie wohlauf waren. Für die Dauer der Offensive (von ungefähr einer Woche) waren sie, vom Feind unentdeckt, in einem Stall in der Nähe des Bauernhauses, in dem sie gewohnt hatten, untergetaucht.

Während der Zeit, in der wir uns in den Hügeln versteckt hielten, hatten Lackey und ich Vertrauen zueinander gefasst. Ich hatte ihm anvertraut, dass es mein größter Traum war, Amerikaner zu werden, und dass ich es herbeisehnte, als Soldat in der US-Armee gegen die Deutschen zu kämpfen, anstatt bei den kommunistischen Partisanen. Lackey verblüffte mich mit dem erstaunlichsten aller Vorschläge: Er bot mir an, seine Identität anzunehmen. Er würde mir seine US-Luftwaffenuniform und seine Ausweispapiere geben, sodass ich vortäuschen könnte, Oberleutnant James E. Lackey aus Buffalo, New York, zu sein. Er wiederum würde sich als ein Flieger anderen Namens ausgeben, der all seine Papiere verloren hatte. Gemeinsam würde es uns gelingen, in einer der DC-3s (Dakotas) evakuiert zu werden, die bereits Nachschub für die Partisanen einflogen und abgeschossenes oder entkommenes alliiertes Militärpersonal ausflogen (wenn noch Platz war, nahmen sie auch schwer verletzte Partisanen mit).

Lackey versicherte mir, dass er auch ohne US-Papiere keine Probleme haben würde, evakuiert zu werden, da er ganz offensichtlich Amerikaner sei (und wirklich nicht für irgendetwas anderes gehalten werden konnte). Ich war sehr versucht, diese Gelegenheit zu ergreifen, doch das Risiko war immens: Mein Englisch war immer noch sehr schlecht, und ich war mir schmerzlich bewusst, keine der typischen amerikanischen Eigenheiten zu besitzen, die mein Schauspiel hätten überzeugend erscheinen lassen. Es war ein Leichtes, Amerikaner von Nicht-Amerikanern zu unterscheiden, bevor sie überhaupt noch den Mund aufmachten, und zwar an der lockeren, entspannten Art, mit der sie sich bewegten – an ihrem schlendernden Gang, der Art, wie sie ihre Hände in die Taschen steckten und dasaßen, und an ihrem grundsätzlich gesunden Teint. Die krankhaft misstrauischen Partisanen würden meine Identität mit hoher Wahrscheinlichkeit sorgfältig überprüfen; erwischten sie mich, würden sie mich wahrscheinlich auf der Stelle erschießen. Ich bezweifelte stark, mit diesem Plan durchzukommen, und lehnte Lackeys kühnes und großzügiges Angebot schweren Herzens ab.

Nachdem sich die Deutschen zurückgezogen hatten, konnten wir ihn zum Hauptquartier des Korps begleiten; von dort wurde er sicher nach Süditalien evakuiert. Nach dem Krieg korrespondierte ich kurz mit ihm und erfuhr, dass er, seine Frau und ihr Baby gesund und wohlauf waren.

Einige Tage später kam ein Partisanenmechaniker vorbei, der für die Lkw-Werkstatt in der Nähe der Tierklinik zuständig war, um sich nach mir zu erkundigen. Er war ziemlich aufgeregt und bestand darauf, dass ich ihm folgte. Er führte mich in seine Werkstatt und zeigte auf eine Gestalt, die mit am Rücken gefesselten Händen verloren in einer Ecke saß. Es war ein gefangener deutscher Soldat, der sich offensichtlich während der »Operation Rösselsprung« von seiner Einheit entfernt hatte. Ich war ziemlich gut mit dem Mechaniker befreundet, der wusste, dass ich im Todeslager Jasenovac gewesen war. In der Überzeugung, dass er mir damit einen großen Gefallen tat, bot er mir an, den Deutschen zu exekutieren. Der Gefangene war ein Mann Mitte dreißig (ich erinnere mich, von seinem relativ fortgeschrittenen Alter überrascht gewesen zu sein), sichtlich erschöpft und in Panik. Ich hatte keine Lust, mich an einem so bemitleidenswerten und hilflosen Wesen zu rächen. Im Bewusstsein, dass mein Ansehen in den Augen des Mechanikers drastisch sinken würde, lehnte ich sein Angebot höflich ab. Ich weiß nicht, was mit dem Gefangenen geschah; ich glaube, er wurde in eine andere Einheit verlegt und später hingerichtet.

18. Der Kommandant und der Kommissar

Mitte Oktober 1944 las mein Zug die gesamte Besatzung eines amerikanischen B-24-Bombers (Liberator) auf.
Sie waren auf dem Rückflug von der Bombardierung der Ölfelder von Ploieşti in Rumänien aus ihrem beschädigten Flugzeug abgesprungen. Während sie in ihren Fallschirmen herunterkamen, wurden sie vom Feind beschossen, glücklicherweise landeten aber alle zehn von ihnen in von Partisanen kontrolliertem Gebiet. Nur einer, O'Dell, war leicht verletzt und hatte einen verstauchten oder gebrochenen Knöchel (so weit reichten meine tierärztlichen Kenntnisse nicht).
Wie alle amerikanischen Flieger waren sie mit ansehnlichen Rettungssets ausgestattet, die unter anderem eine schöne, auf Seide gedruckte Karte Jugoslawiens, Schmerzmittel (Morphium, glaube ich), Schokoladenkonzentrat und etwa fünfzig Dollar in bar enthielten. Die Dankbarkeit der jungen Männer war überwältigend; und da sie wussten, innerhalb weniger Tage evakuiert zu werden, teilten sie großzügig ihre Rationen mit uns. Die Seidenkarten gingen an die Frauen, die sie als Kopftücher trugen, und die Schokolade an die Kinder. Da ich für die Rettungsmannschaft verantwortlich und der einzige Partisan war, der etwas Englisch sprach, rechneten sie mir ihre Rettung an und versuchten mich dazu zu überreden, ein paar Dollar anzunehmen. Sie würden das Geld ohnehin nicht behalten können, da es sich um Armeemittel handelte, die nur in Notfällen zu verwenden waren; alles, was zum Stützpunkt zurückgebracht wurde, musste retourniert werden. Ich muss gestehen, dass ich sehr versucht war, das Geschenk anzunehmen. Ich hatte überhaupt kein Geld, und

Von links nach rechts, stehend: Lt. Henry Flesh, Lt. Dale O. Davidson, Lt. Dale E. Martz, Lt. Warren F. Mugler. Von links nach rechts, kniend: Andrew E. Reis, S/Sgt. James H. Melanson, S/Sgt. Carl M. Thorberg, Sgt. Richard Kemmerle Jr., Fernando O'Dell, Sgt. Wesley A. Roberds

meinen Onkeln würden die Dinge, die sich gegen Lebensmittel eintauschen ließen, bald ausgehen. Aber ich war so stolz darauf, eine gesamte zehnköpfige Crew geborgen zu haben (das erste und einzige Mal), dass ich das Gefühl hatte, Geld zu akzeptieren würde das Ereignis entwerten, und so lehnte ich ab.

Die Flieger trugen wunderbare Kleidung der Luftwaffe. Besonders beeindruckt war ich von ihren warmen Lederjacken, die an der Innenseite über eine Verkabelung verfügten, die an das elektrische System des Flugzeugs angeschlossen werden konnte, um sie in großer Höhe zu beheizen. Außerdem besaßen sie beneidenswert robuste Stiefel und warme Handschuhe. Als sie unsere abgerissene Aufmachung sahen, begannen die dankbaren jungen Flieger, ihre Kleidung mit großer Freigiebigkeit an uns zu verteilen und versicherten uns, dass sämtliche fehlende Ausrüstung unmittelbar nach der Rückkehr zu ihrem Stützpunkt kostenlos ersetzt würde. Dankbar nahm ich eine Lederjacke und ein Paar Handschuhe an.

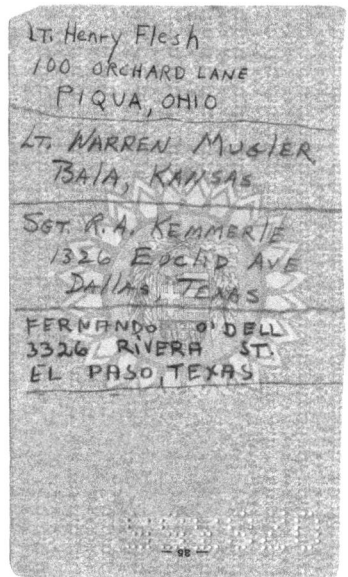 

Die Besatzung der abgeschossenen B-24 hinterließ mir ihre Namen und Adressen.

Als die Gruppe einige Tage später aus Süditalien ausgeflogen wurde, boten sie einen unvergesslichen Anblick: Praktisch in Fetzen und barfuß sahen sie nun selbst wie Partisanen aus; doch sie waren zehn sehr glückliche Männer.

Kurz nach ihrer Abreise erschien ein Partisan in der Tierklinik, der ein Gewehr bei sich trug, an dessen Lauf ein Bajonett montiert war. Er zeigte mir eine Depesche, die mich anwies, ihn sofort zum örtlichen Kommandoposten zu begleiten. Ich war äußerst beunruhigt; der Kommandant über den Kordun war der gefürchtete Hauptmann Joco Eremić, berüchtigt für seine kompromisslose, ungebührliche Strenge. Da ich keine andere Wahl hatte, als zu gehorchen, marschierte ich mit dem Partisanen zum Kommandoposten, einer Gruppe von Baracken, die auf einem Hügel in einigen Kilometern Entfernung lag. Kaum angekommen, wurde ich in Eremićs Zimmer begleitet. Er war ein kleiner, hagerer Mann, der immer mürrisch dreinblickte.

Ob ich zugäbe, wollte Eremić sofort von mir wissen, dass ich Geld und Kleidungsstücke von den Amerikanern angenommen hatte?

Ich witterte Gefahr. Für diese Art von Situation gab es bei den Partisanen kein Standardprocedere. Ein militärischer Befehlshaber oder politischer Kommissar war in der Lage, seine persönlichen Vorschriften nach Lust und Laune willkürlich und rückwirkend anzuwenden und für seine Zwecke einzusetzen. Wann immer ein Befehlshaber oder ein Kommissar es auf jemanden abgesehen hatte, war dies der Weg, die Person loszuwerden.

Ich konnte, wahrheitsgemäß, leugnen, Geld angenommen zu haben, doch musste ich zugeben, dass sich mehrere amerikanische Gegenstände in meinem Besitz befanden. Eremić verkündete nun das Gesetz, welches für diesen Anlass frisch ausgeheckt worden war: In Anbetracht der Tatsache, dass ich den Zug kommandierte, der die Amerikaner aufgelesen hatte, stellte es eine schwerwiegende Missachtung der Partisanenmoral dar, irgendetwas von ihnen anzunehmen. Es wäre sinnlos gewesen zu sagen, ich hätte nie von einer solchen Regel gehört, dass eine solche Regel gar nicht existiere oder dass es schlicht nicht fair sei, mich an Regeln halten zu müssen, die nur er kannte. Ich war davon überzeugt, dass er mich auf der Stelle hätte erschießen lassen können, wenn ihm danach gewesen wäre. Und sicherlich hätte er die üblichere Vernichtungsmethode anwenden können und mich an das dreizehnte Bataillon überstellen, jene Einheit, die, wie erwähnt, vorgeblich dafür zuständig war, Selbstmordattentate auf feindliche Stellungen durchzuführen. Ich weiß nicht, ob es dieses Bataillon tatsächlich gab, auch wenn in Partisanengesprächen oft darauf Bezug genommen wurde. Höchstwahrscheinlich hat es als solches gar nicht existiert, doch verkörperte es die Denkweise der Partisanen. Wie in jedem Krieg musste die Armee eine bestimmte Anzahl von Frontalangriffen und anderen hochriskanten Manövern durchführen, die zwangsläufig eine hohe Zahl von Todesopfern forderten. Es erschien ziemlich logisch – und war sicherlich auch gängige Praxis –, zu diesem Zweck Soldaten einzusetzen, die politisch nicht ganz zuverlässig waren oder irgendwelche tatsächlichen oder eingebildeten disziplinarischen Regelverstöße begangen hatten. Wenn für den Endsieg schon Menschenleben geopfert werden mussten, war es sinnvoll, weniger zuverlässiges und erwünschtes Menschenmaterial zu verschießen und die vertrauenswürdigeren, weniger problematischen Elemente für eine problemlose kommunistische Zukunft zu erhalten.

Nun, da ich die Fakten meines angeblichen Vergehens gestanden hatte, fürchtete ich um mein Leben. Verzweifelt sann ich nach einer glaubwürdigen Ausrede. Die einzige, die mir einfiel, war, dass ich nie vorgehabt hatte, irgendwelche Kleidungsstücke für mich zu behalten, sondern mein Plan immer war, sie an andere Mitglieder meines Zugs zu verteilen.

Eremić ahnte natürlich, dass ich log. In der Überzeugung, mir eine geschickte Falle gestellt zu haben, antwortete er mit offensichtlicher Genugtuung, dass ich, wenn dies der Fall sei, doch sicherlich meinen politischen Kommissar über meine Absichten informiert hätte. Ich hatte keine andere Wahl, als dies zu bestätigen. In diesem Moment wussten wir beide, dass die Falle zugeschnappt war.

Nie werde ich das sadistische Grinsen auf Eremićs Gesicht vergessen, als er sagte, dass er bald die Wahrheit herausfinden werde, indem er meinen Kommissar befragte. Normalerweise hätte er mich in seinem Hauptquartier inhaftiert, bis der Kommissar herbeizitiert werden konnte, doch schien er ein perverses Vergnügen an diesem Spiel zu haben. Er war wie eine Katze, die die gefangene Maus umkreist, sie, den Moment vor dem Angriff genießend, hin und her flitzen lässt, in der Sicherheit, dass die Maus nicht entkommen kann. Er befahl mir, zu meiner Einheit zurückzukehren und meinem Kommissar zu sagen, dass er sich sofort bei ihm melden möge. Mich dazu zu zwingen, die Aussage meines Kommissars zu arrangieren, und damit meiner Demaskierung und Verurteilung eine Bühne zu errichten, bereitete ihm ganz offensichtlich noch mehr sadistisches Vergnügen. Er befahl dem Partisanen mit dem Bajonett, mich zurück zu meiner Einheit zu eskortieren und zusammen mit dem Kommissar zurückzukehren.

Ich war verzweifelt und fühlte mich wie ein gefangenes Tier. Es gab kein Entrinnen. Wir waren von Deutschen umzingelt, es bestand keine Möglichkeit, sich in dem von den Partisanen kontrollierten Gebiet zu verstecken, und bestimmt konnte ich nicht auf Eremićs Sinneswandel oder Mitleid hoffen. Meine einzige Hoffnung lag darin, meinen Kommissar dazu zu bringen, für mich zu lügen.

Als die Wache und ich die Tierklinik erreichten, schlug ich ihm vor, im Hof zu warten, während ich den Kommissar suchte. Ich vermutete, dass er wahrscheinlich müde sein würde und einer Rast nicht abgeneigt, bevor wir den gesamten Weg zum Kommandoposten zurückmarschieren würden. Die Wache war einverstanden.

Mein politischer Kommissar war noch immer Milić Hajdin, dessen wiederholte Angebote, der kommunistischen Partei beizutreten, ich immer höflich abgelehnt hatte. Dennoch mochten und respektierten wir uns. Ich fand ihn bald und erklärte ihm, in welcher Gefahr ich mich befand. Er wusste natürlich nur allzu gut, dass ich vorgehabt hatte, die fraglichen Kleidungsstücke für mich selbst zu behalten; es war sinnlos, ihm etwas anderes weismachen zu wollen. Ich sagte ihm, dass ich ehrlich glaubte, mein Leben liege jetzt in seinen Händen. Ich machte ihm unmissverständlich klar, dass ich, sollte er Kommandant Eremić die Wahrheit erzählen, bereits ein toter Mann sei; wenn er log und bestätigte, dass ich ihn gebeten hätte, alles an die anderen zu verteilen, wäre ich vielleicht gerettet.

Ohne zu zögern, war Hajdin bereit zu lügen. Er sagte, dass ich seiner Meinung nach nichts Falsches getan hätte – und fügte hinzu, dass er eine instinktive Abneigung gegen Eremić verspüre und ihm misstraue, ein Instinkt, der sich bald als zuverlässig herausstellen sollte. Da die Wache sich noch immer im Hof ausrastete, konnte ich Hajdin unterdessen die amerikanische Jacke und die Handschuhe überreichen, die er rasch an andere Partisanen des Zugs weitergab. Dann meldete er sich bei der Wache und fuhr mit dem Mann zurück zum örtlichen Kommandoposten. So sehr er es auch versucht haben mochte, konnte Eremić an Hajdins Aussage, die meine Geschichte bestätigte, nicht rütteln. Mein Kommissar hatte mir das Leben gerettet, ohne dafür eine Gegenleistung zu verlangen.

Milić Hajdin steht ganz rechts. Neben ihm steht seine Freundin, die Köchin unseres Zuges. Das kleine Mädchen ist Dragica, die Tochter unserer Vermieterin, die auch auf dem Foto auf Seite 177 zu sehen ist. Ich bin der Dritte von links.

Das war das Ende meiner Geschichte, aber leider forderte Eremićs Bosheit weitere Opfer. Eines davon war der Lkw-Mechaniker, der mir ein paar Monate zuvor die (von mir abgelehnte) Gelegenheit angeboten hatte, einen deutschen Gefangenen zu exekutieren. Er war ein zäher alter Kämpfer und den Partisanen über jeden Zweifel ergeben. Eines Tages hatte er mit einem amerikanischen Flieger Pistolen getauscht, seine kleinkalibrige italienische Beretta gegen den stärkeren Colt 45 des Amerikaners. Niemand nahm an, dies könnte gegen irgendeine Vorschrift verstoßen, doch Hauptmann Eremić erfuhr davon und war gnadenlos. Von einem Tag auf den anderen war der Mechaniker weg, zum »dreizehnten Bataillon« abkommandiert – oder hingerichtet.

Es mutete mich immer höchst merkwürdig – und geradezu unverständlich – an, dass es in einer Umgebung, in der Menschen aus Gründen, die mit ihrer Kleidung zu tun hatten, Gefahr liefen, ihr Leben zu verlieren, den weitverbreiteten Partisanenbrauch des »Tauschens« gab. Mir nichts, dir nichts konnte ein Partisan einen anderen zum sofortigen und vollständigen Tausch seiner Kleidung herausfordern. Die Kleidungsstücke, die ein Partisan am Leib trug, waren üblicherweise alles, was er besaß, doch galt es als feige, abzulehnen. Der Tausch umfasste ausnahmslos nicht nur Kleider und Schuhe (falls es denn welche gab), sondern auch den gesamten Tascheninhalt, inklusive Geldbörsen, Fotografien und alles andere, was man gerade bei sich trug. Nach dem Tausch begannen harte Verhandlungen, und Abkommen wurden getroffen, wobei jeder Partisan versuchte, einige seiner wertvollen Besitztümer, wie Familienfotografien oder andere persönliche Gegenstände, zurückzugewinnen. Es war eine Art Glücksspiel, eine emotionale Befreiung von der aufreibenden Wirklichkeit des Alltags.

Wie es sich herausstellte, erwies sich das instinktive Misstrauen meines Kommissars gegenüber Hauptmann Eremić, nicht lange nach meinem Zusammenstoß mit ihm, als begründet: Eremić war zur gegnerischen Widerstandsbewegung, den Tschetniks, übergelaufen. Offenbar war er einer der vielen Maulwürfe, die von ihnen eingesetzt worden waren, um die Partisanen auszuspionieren und sie zu schwächen, indem so viele wie möglich von ihnen eliminiert wurden.

Es war leicht für ihn gewesen, ihre Ränge zu infiltrieren und Offizier zu werden, weil er sich als Serbe, der er ursprünglich war, in seiner Sprache und Religion von den meisten Partisanen in unserer Gegend nicht unterschied. Auch die Partisanen besaßen Maulwürfe unter den Tschetniks.

Möglicherweise war Hauptmann Eremić, bevor er zu den Tschetniks überlief, am Verschwinden meines Kommandanten in der Tierklinik – und lieben Freundes – Vlado Horvatić beteiligt.

Als ich den jugoslawischen Kordun 1981 wieder besuchte, erzählten mir örtliche Funktionäre der Kommunistischen Partei, dass Eremić den Zusammenbruch der Tschetniks überlebt hatte, aus Jugoslawien geflohen und nach dem Krieg nach Kanada ausgewandert war. In Eremićs Nachruf (er starb 2002 in Kanada) stand, dass er Tschetnik war, nicht aber, dass er auch ein Partisan gewesen war – eine Auslassung, die die Anschuldigung, er sei ein Maulwurf gewesen, zu untermauern scheint.

Wenn ich mich richtig erinnere, sind dies die Parteifunktionäre, die mich über Eremić informierten. Das Foto wurde im Sommer 1981 aufgenommen. Tito war damals seit mehr als einem Jahr tot, doch seine Porträts waren immer noch allerorts zu sehen, und die Ergebenheit ihm gegenüber war so glühend wie eh und je. Während man mich als ehemaligen Genossen willkommen hieß und mir die Hände auf die Schulter legte, rief der Funktionär ganz links im Bild beim regionalen Parteihauptquartier an, um sich bestätigen zu lassen, dass es zulässig sei, mit mir zu sprechen.

19. Vlado

Als ich Vlado Horvatić im Sommer des Jahres 1942 in Novi Vinodolski zum ersten Mal begegnete, war er verheiratet. Seine Ehefrau war eine reizende junge Zagreberin. Vlado war, wie er mir einmal widerstrebend gestand, halb jüdisch, seine Frau Katholikin. Als ich Vlado im Frühjahr 1944 bei den Partisanen wiedertraf, war er von seiner Frau getrennt. Sie war nach Zagreb zurückgekehrt, wo sie mit ihrer Mutter lebte. In Sorge über die wirtschaftlichen Umstände seiner Frau nahm Vlado ein paar Dollar von einem der amerikanischen Flieger der zehnköpfigen Crew entgegen, die wir aufgelesen hatten. Wie ich hatte auch er nicht gedacht, dass es illegal sei, Zeichen der Dankbarkeit von Leuten, die wir gerettet hatten, anzunehmen, besonders nicht angesichts der Zustände chronischen Mangels, unter denen wir arbeiteten. Jedenfalls existierte keine bekannte Regel, die solches verboten hätte.

Die einzige Möglichkeit, seiner Frau das Geld zu schicken, bestand darin, die Dienste einer älteren Frau in Anspruch zu nehmen, die häufig die Linien zwischen den Partisanen und den Deutschen und Ustascha überquerte, um nichtmilitärische persönliche Gegenstände von einem Gebiet in das andere zu schmuggeln. Sie überbrachte auch private Nachrichten zwischen Familienmitgliedern, die durch Besatzung und Bürgerkrieg voneinander getrennt worden waren. Die Partisanen – und wahrscheinlich auch die andere Seite – wussten von ihren Übertritten und mussten ihre Dienste zweifellos genutzt haben, wann immer es ihnen günstig erschien. Doch eines Tages wurde sie, als sie gerade dabei war, das von den Deutschen und Ustascha kontrollierte Gebiet zu betreten, von den Partisanen festgenommen. Diese fanden amerikanisches Geld bei ihr, wahrscheinlich zusammen mit einer Notiz Vlados.

Im Spätherbst 1944 wurde Vlado plötzlich verhaftet und verschwand für immer. Ob sich darin die gewohnheitsmäßig unbarmherzige »Gerechtigkeit« der Partisanen zeigte, die sich gegen flatterhafte bürgerliche Intellektuelle richtete, denen sie nie ganz trauten, oder es sich um einen Verrat durch einen persönlichen Feind oder Maulwurf handelte, wurde nie geklärt. In Anbetracht dessen, was mir widerfahren ist, halte ich es für wahrscheinlich, dass Hauptmann Eremić, der immer noch unser Gebietskommandant war, dahintersteckte.

Es ist mir nie gelungen, herauszufinden, was genau Vlado geschehen ist; sicher ist jedenfalls, dass nie wieder von ihm gehört wurde.

Seine Unterschrift auf meinem Partisanenausweis ist die einzige Spur, die ich von diesem außergewöhnlichen Mann besitze, dem es leichter fiel, mit Tieren als mit Menschen zu sprechen, und dem die Partisanen so viel für seine unvergleichlichen Dienste in der Tierklinik der achten Division verdankten.

Über Nacht war ich Leiter der Tierklinik geworden. Der chronische Mangel an Fachkräften jeglicher Sorte bei den Partisanen, ganz zu schweigen von Tierärzten, bedeutete, dass es sehr schwierig werden würde, Ersatz zu finden. Unterdessen musste ich, der ich noch keine zwanzig Jahre alt war, so tun, als sei ich der Aufgabe gewachsen. Ich wusste viel weniger über die Behandlung von Tieren, als alle um mich herum dachten, nicht zuletzt aufgrund Vlados Lügengeschichten, die er dreist über meine angebliche Expertise verbreitet hatte. Doch es wäre sehr riskant für mich gewesen, nun preiszugeben, dass alles erfunden oder wenigstens maßlos übertrieben war. Es brauchte weit weniger, um von den Partisanen der Sabotage ihrer Kriegsanstrengungen bezichtigt zu werden, und die damit verbundene Strafe war mir allzu vertraut. Ich musste weitermachen, so gut ich konnte, und dabei den Eindruck erwecken, zu wissen, was ich tat, auch wenn das zumeist nicht der Fall war.

Mit der wertvollen Hilfe meiner bäuerlichen Assistenten, von denen die meisten ausgewachsene Männer waren, die über jahrelange praktische Erfahrung mit Nutztieren verfügten, gelang es mir irgendwie, die üblichen Abläufe weiterzuführen. Manchmal frage ich mich, ob sie jemals geahnt haben, wie sehr ich sowohl von ihrem praktischen als auch instinktiven Wissen abhing. Während jener Zeit, in der ich verantwortlich war, gab es zahlreiche brenzlige Situationen, glücklicherweise allerdings keine größeren Katastrophen; ich kann nur hoffen, diesen geduldigen und vertrauensvollen Tieren nicht zu viel Leid zugefügt zu haben. Alles in allem bin ich mit mir im Reinen, was dieses Thema angeht, und denke, mit meiner Anwesenheit insgesamt mehr genützt als geschadet zu haben.

Glücklicherweise traf nach ein paar Wochen ein neuer Leiter ein: Dr. Armando Gambetti aus Triest, ein ehemaliger italienischer Armeeveterinär, der irgendwie bei den Partisanen gelandet war. Ich war erleichtert über seine Ankunft. Wie ich, und wohl aus ähnlichen Gründen (mit der Ausnahme, dass er kein Jude war), hatte auch er seinen Namen vorübergehend in die slawisch klingende Variante »Gambetić« geändert. Er war ein gebildeter Mensch und ein exzellenter Tierarzt, und obwohl ich nur für kurze Zeit mit ihm zu tun hatte, wurde er einer meiner wenigen guten Freunde.

Vlados Verschwinden hatte weitere, unerwartete Folgen. Er hatte eine Freundin, eine geflüchtete Jüdin, die ebenfalls bei den Partisanen war. Ein paar Wochen nachdem Vlado festgenommen worden war, kam sie völlig verzweifelt zu mir. Sie war sehr verliebt in ihn und untröstlich über sein Verschwinden. Ihre Verzweiflung verstärkte sich noch durch ihre Entdeckung, von ihm schwanger zu sein. Sie hatte beschlossen, das Kind nicht zu bekommen und erzählte mir, sich eher umbringen zu wollen. Ihre Versuche, eine Abtreibung mittels diverser »Hausmittel« herbeizuführen, waren alle fehlgeschlagen. Sie war außer sich und flehte mich an, ihr zu helfen.

Klarerweise war nicht einmal daran zu denken, dass ich selbst etwas unternahm. Niemand war sich meiner medizinischen (und tierärztlichen) Inkompetenz mehr bewusst als ich selbst. In meiner Ratlosigkeit beschloss ich, mich an Dr. Franz zu wenden, eine fast mythische Figur bei den Partisanen, der ich noch nie begegnet war. Es war weithin bekannt, dass einer der wenigen Ärzte im Umkreis von Kilometern ein gewisser Dr. Franz war, der für die Partisanen in einem Behelfskrankenhaus arbeitete, das in den nahe gelegenen Bergen der Petrova Gora versteckt lag. Um ihn rankten sich allerhand Gerüchte. Ich hatte gehört, dass er ein deutscher Wehrmachtsarzt gewesen sei, den die Partisanen entführt hatten. Da sie viele schwer verletzte Kämpfer zu versorgen hatten, von denen einige Amputationen benötigten, und kein qualifizierter Chirurg zur Verfügung stand, hatten die Partisanen Dr. Franz angeblich vor die Wahl gestellt: Wenn er diese Operationen nach bestem Wissen und Gewissen durchführte, würden sie ihn anschließend freilassen und ihm erlauben, auf seinen Posten im deutschen Armeespital zurückzukehren. Sollte er sich weigern, würden sie ihn töten. Es hieß, dass Dr. Franz sich bereit erklärt hatte, die Operationen durchzuführen, und sie zur Zufriedenheit der Partisanen verlaufen waren. Als sie ihn entlassen wollten, machte er ihnen ein überraschendes Angebot: Da die Partisanen seine Dienste offensichtlich dringender benötigten als die Deutschen, würde er bei ihnen bleiben – unter der Bedingung, dass sie auch seine Frau und seine Tochter, die in der von den Deutschen besetzten Zone lebten, »entführen« würden, um ihnen zu ermöglichen, sich ihm anzuschließen. So geschah es, und Dr. Franz praktizierte weiter als Chirurg für die Partisanen.

So viel wusste ich, als ich mich ins Petrova-Gora-Gebirge aufmachte, das einige Stunden Fußmarsch östlich des Dorfes Kordunsko Zagorje lag, in dem ich stationiert war. Ich fand das Krankenhaus, das inmitten eines sehr dichten Waldes versteckt war, um es vor Entdeckung aus der Luft zu schützen.

Es gab auch unterirdische Anlagen, in die die Verwundeten im Falle von Luftangriffen und Bodenoffensiven verlegt werden konnten.

Dr. Franz empfing mich sehr höflich und überraschte mich damit, dass er mich als medizinischen »Kollegen« behandelte.

Über dem Eingang zu den unterirdischen Anlagen des Krankenhauses Petrova Gora im Jahr 1981. Das Denkmal auf der linken Seite erinnert an Dr. Marija Schlesinger, eine jüdische Ärztin, die bis zu ihrem Tod im Jahr 1943 im Partisanenkrankenhaus diente. Sie bat offenbar darum, oberhalb seines Eingangs begraben zu werden, um ihn vor den Deutschen zu verbergen.

Er wurde sogar noch freundlicher, als er erfuhr, dass ich, wie er selbst, aus Österreich war. Wir unterhielten uns eine Zeit lang amikal in unserer Muttersprache, bevor ich meinen ganzen Mut zusammennahm und ihn über den wahren Grund meines Besuchs informierte. Seine erste Reaktion war eine klare Absage: Eine Abtreibung durchzuführen, komme nicht infrage, antwortete er. Doch dann beschrieb ich die verzweifelte Gemütsverfassung der jungen Frau und erzählte ihm, dass ich ernstlich besorgt sei (was ich auch war), sie würde ihre Selbstmorddrohung in die Tat umsetzen. Ich glaube, dass er mich anfangs verdächtigte, selbst der Kindesvater zu sein, doch im weiteren Verlauf unseres Gesprächs begann er meiner Geschichte Glauben zu schenken. Schließlich willigte er ein, die Abtreibung durchzuführen. Er setzte einen Termin fest, an dem Vlados Freundin einen akuten Anfall einer Blinddarmzündung vortäuschen sollte, den sogar ich als Tierarzt würde diagnostizieren können. Ich sollte

sie dann in das Krankenhaus von Petrova Gora bringen lassen, wo Dr. Franz eine notfallmäßige »Blinddarmoperation« durchführen würde.
Alles verlief nach Plan.

Nach dem Krieg erfuhr ich, dass der vollständige Name des österreichischen Chirurgen Dr. Franz Kleinhappel lautete. Er hatte in Salzburg Medizin studiert, eine junge Frau aus Montenegro geheiratet und sich 1929 in der jugoslawischen Stadt Banja Luka niedergelassen. In einem Telefongespräch im Jahr 2002 erzählte mir seine Tochter, dass ihr Vater tatsächlich im Jänner 1942 von den Partisanen entführt worden war. Eine junge Frau, die Dr. Kleinhappels Patientin gewesen war, erschien in seiner Praxis und bat ihn, sie sofort an das Bett ihrer Großmutter zu begleiten, die schwer krank sei. Der Arzt folgte ihr, doch als er das vermeintliche Zuhause der leidenden Großmutter erreichte, wurde er entführt und in ein von den Partisanen besetztes Gebiet gebracht. Dort wurde er angewiesen, Notfalloperationen durchzuführen, was er auch tat. Doch es stand seitens der Partisanen nicht zur Debatte, ihn nach Hause zurückkehren zu lassen; im Gegenteil unternahm er drei erfolglose Fluchtversuche. Als es den Partisanen im Herbst 1944 für kurze Zeit gelang, Banja Luka einzunehmen, wurden auch seine Frau und Tochter entführt, und die Familie war wieder vereint. Nach dem Krieg entschloss sich Dr. Kleinhappel, in Jugoslawien zu bleiben, und wurde schließlich Generaldirektor des jugoslawischen Gesundheitsministeriums. Er starb im Alter von fünfundneunzig Jahren.

Mitte der 1950er Jahre sah ich den deutschsprachigen Film Die Letzte Brücke. *Ich war erstaunt, wie sehr der Plot Dr. Kleinhappels Geschichte ähnelte. Im Film wird eine für die Wehrmacht arbeitende deutsche Ärztin von einer Frau in einen Hinterhalt gelockt, die behauptet, dass ihr verletztes Kind versorgt werden müsse, und von den Partisanen entführt, um Notoperationen durchzuführen. Die Ärztin versucht dreimal zu fliehen, entwickelt jedoch Mitgefühl für das Leid der lokalen Bevölkerung und stirbt schließlich beim Versuch, medizinische Hilfslieferungen für die Partisanen zu beschaffen. Kurioserweise ist die Figur des »Dr. Franz« im Film eine Ärztin, gespielt von der bekannten Wiener Schauspielerin Maria Schell, was die Ent-*

wicklung einer romantischen Nebenhandlung, in die ein deutscher Soldat involviert ist, zuließ.
In meinem Gespräch mit Dr. Kleinhappels Tochter im Jahr 2002 überraschte mich zu erfahren, dass sie nie von diesem Film gehört hatte, geschweige denn von der Idee, er könnte auf der Geschichte ihres Vaters basieren. Kürzlich habe ich ihn nochmals gesehen; seine Grundidee scheint ganz offensichtlich auf Dr. Franz zurückzugehen, auch wenn sein Name im Abspann unerwähnt bleibt.

Der Film *Die Letzte Brücke*, eine österreichisch-jugoslawische Koproduktion, wurde 1954 bei den Filmfestspielen von Cannes mit dem Internationalen Preis ausgezeichnet; Maria Schells schauspielerische Leistung erhielt eine besondere Erwähnung.

20. Abfahrt

Ich feierte meinen zwanzigsten Geburtstag am 23. Jänner 1945 – an einem Tag, der sich als einer der dramatischsten meines Lebens herausstellen sollte.

Ich war besonders gut gelaunt, nachdem ich kurz zuvor erfahren hatte, dass die Alliierten nun endlich rund einhundert nichtjugoslawische Flüchtlinge aus meinem Gebiet in das befreite Süditalien evakuieren würden und meine Onkel und ich dieser Gruppe angehörten.

Als ich auf einer Schotterstraße, einige Kilometer von der Tierklinik entfernt, durch die Landschaft spazierte, beschwingt über die Aussicht, der freien Welt bald einen Schritt näher zu kommen, wurde ich auf das Dröhnen eines sich nähernden tieffliegenden Flugzeugs aufmerksam. Ich blickte über meine Schulter und sah eine kleine Maschine, die im Tiefflug auf mich zusteuerte. Schnell identifizierte ich sie als eine deutsche Fieseler Storch oder »Stork«, so bezeichnet wegen ihres festen Fahrwerks, das den Beinen eines zur Landung ansetzenden Storches glich.

Die Fähigkeit der Maschine, so tief zu fliegen, dass sie praktisch den Boden streifte, machte sie besonders geeignet für Angriffe auf die Infanterie, die der Pilot mit seinem leistungsstarken Maschinengewehr ins Visier nehmen konnte. Die Storch war bereits so nahe gekommen, dass ich die Silhouette des Piloten im Cockpit ausmachen konnte. Instinktiv tauchte ich in dichtem Gebüsch unter. Sie flog über mich hinweg, sein Maschinengewehr glühte. Als ich hörte, dass das Motorengeräusch sich wieder entfernte, spähte ich vorsichtig aus den Büschen, um zu sehen, dass das Flugzeug scharf kehrtmachte und zurückkam. Ich sah mich um und bemerkte, dass zu beiden Seiten der Straße steile Böschungen lagen, die tiefe, von dichter Vegetation bewachsene Gräben bildeten. Das Flugzeug näherte sich mir nun von der

Eine deutsche Fieseler Storch, jener Typ Flugzeug, von dem ich an meinem zwanzigsten Geburtstag angegriffen wurde.

Seite, in einem Neunzig-Grad-Winkel zur Straße. Ich sammelte meine Kräfte, rannte so schnell ich konnte, über die Straße und rollte in den Graben hinunter. Im Kugelhagel des Maschinengewehrs zog das Flugzeug über meinen Kopf hinweg, keine zehn Meter über dem Boden.

Ich hoffte, der Pilot würde jetzt vielleicht weiterfliegen und nach vielversprechenderen Zielen Ausschau halten, doch stattdessen wendete er erneut und kam unter dem brüllenden Dauerfeuer seines Maschinengewehrs zurück. Als er näherkam, rannte ich wieder über die Straße, rollte auf der anderen Seite den Graben hinunter und drückte mich so eng wie möglich an den Boden. Kugeln flogen um mich herum durch die Luft – und verfehlten mich glücklicherweise alle. Offensichtlich hatte es der Pilot auf mich abgesehen, denn er gab nicht auf. Er kam mehrmals zurück, im Versuch, mich zu überraschen, indem er sich mir mit unterschiedlicher Geschwindigkeit und aus verschiedenen Winkeln näherte, während das Maschinengewehr ohne Unterlass einen Hagel tödlicher Kugeln ausspuckte. Unglaublicherweise verfehlte er mich ein jedes Mal und verbrauchte dabei ungeheure Mengen an Munition. Die letzten der sieben oder acht Sturzflüge waren sehr tief und das Feuer besonders heftig, danach verschwand er einfach am Horizont, vielleicht dachte er, mich zur Strecke gebracht zu haben. Doch abgesehen von ein paar Kratzern, die ich mir an den dornigen Büschen zugezogen hatte, war ich unversehrt. Mein zwanzigster Geburtstag ging feierlich zu Ende, und ich war sehr froh, ihn überlebt zu haben.

Als ich 1959 Alfred Hitchcocks Film North by Northwest *sah, konnte ich kaum glauben, was ich sah: Die Szene, in der Cary Grant von einem Sprühflugzeug durch ein Maisfeld in Iowa gejagt wird, hatte eine unheimliche und beängstigende Ähnlichkeit mit dem, was ich weniger als fünfzehn Jahre zuvor in Jugoslawien erlebt hatte. Bis heute bin ich jedes Mal, wenn der Film im Fernsehen gezeigt wird, von dieser Einstellung gefesselt und völlig fassungslos darüber, dass Hitchcock ganz eigenständig eine Szene entwerfen konnte, die so sehr dem ähnelt, was mir passiert war – wenngleich in meinem Fall die Episode nicht damit endete, dass das Flugzeug in Flammen aufging.*

Die Verhandlungen, eine Erlaubnis für uns zu erhalten, Jugoslawien verlassen zu können, waren lang und mühselig gewesen. Seit der italienischen Kapitulation im September 1943 saßen mehrere Hundert jüdische ehemalige Insassen des Lagers auf Rab bei den Partisanen fest. Vertreter der Geflüchteten hatten wiederholt versucht, eine Evakuierung in das befreite Süditalien zu organisieren, doch obwohl die Partisanen dazu bereit waren, zeigten die Alliierten sich nicht interessiert und antworteten, dass der verfügbare Platz in den italienischen Flugzeugen, die nach der Lieferung von Versorgungsgütern zu ihren italienischen Stützpunkten zurückkehrten, für die Evakuierung gestrandeter alliierter Soldaten und verletzter Partisanen reserviert sei. Diese Erklärung wäre überzeugend gewesen, wenn die Flugzeuge tatsächlich voll beladen zurückgekehrt wären, die Wahrheit war aber, dass sie oft leer zurückkamen; damit war klar, dass die Alliierten zögerten, sich in die heikle Frage der Evakuierung von Juden einzumischen.

Innerhalb der größeren Gruppe von etwa siebenhundert Flüchtlingen gab es eine kleinere Untergruppe, der meine Onkel und ich angehörten: rund einhundert nichtjugoslawische Jüdinnen und

Juden, Geflüchtete aus Österreich, Ungarn, Rumänien und von anderswo. Unsere Gruppe bestand hauptsächlich aus Frauen und Kindern sowie Männern wie meine Onkel Robert und Julius, die nicht mehr im kampffähigen Alter waren. Nur drei von uns waren aktive Partisanen: Franz Schulbaum aus Wien (mit dem ich vier Jahr zuvor in Derventa »gelbe Sterne« hergestellt hatte), ein weiterer junger Wiener namens Kurt Pollak und ich. Der selbst ernannte Anführer dieser hundertköpfigen Gruppe ausländischer Juden war ein geflüchteter Rumäne namens Schechter. Er war wiederholt an die alliierten Verbindungsoffiziere des Partisanenkommandos herangetreten und hatte sie angefleht, sich für unsere Evakuierung einzusetzen, war aber immer abgewiesen worden – das heißt, bis Major Randolph Churchill, der Sohn des britischen Premierministers, auf der Bildfläche erschien. Dass unsere Gruppe schließlich aus Jugoslawien evakuiert wurde, ist in erster Linie dem persönlichen Einsatz Major Churchills zu verdanken. Im Sommer 1944 war er bei den Partisanen als Leiter der britischen Militärmission in Kroatien stationiert worden. Innerhalb weniger Monate gelang es ihm, den Widerstand – oder wenigstens die Gleichgültigkeit – seiner Vorgesetzten zu durchbrechen und die Zustimmung der Alliierten für unsere Evakuierung zu erhalten.

Verständlicherweise wirkte der Name Churchill magisch auf uns, selbst auf die misstrauischen und mürrischen Partisanen. Meine einzige Begegnung mit Churchill war allerdings nicht sonderlich vertrauenseinflößend. Ich bekam ihn zufällig zu Gesicht – ich glaube, es war in der Stadt Glina, wo sich das Hauptquartier des vierten Korps befand, dem ich angehörte und er zugeteilt war. Er fuhr in einem ramponierten, lächerlich anmutenden Fahrzeug vor, aus dem er in sichtlich angetrunkenem Zustand ausstieg. Das Fahrzeug, wie ich später erfuhr, wurde als Jeep bezeichnet. Ich hatte nie zuvor einen gesehen oder von einem solchen gehört, und meine Stimmung sank, als ich zum ersten Mal einen sah: Ich konnte nicht begreifen, wie die Alliierten gedachten, den Krieg zu gewinnen, wenn sie nicht einmal in der Lage waren, dem Sohn Winston Churchills ein würdevolleres Transportmittel zur Verfügung zu stellen. Was seine Trunkenheit anbelangte, wurde mir von einem der Partisanen, die sich begeistert um ihn herum versammelten, erklärt, es handele sich dabei um eine Art Dauerzustand, der allgemein akzeptiert, ja erwartet wurde.

Die Geschichte der Evakuierung unserer Gruppe von »einhundertacht« jüdischen Flüchtlinge ist in Evelyn Waughs Roman Unconditional Surrender *[1961] fiktionalisiert. Waugh war zusammen mit Randolph Churchill bei den Partisanen stationiert, doch die Interventionen zugunsten der Juden, die im Buch Waughs Alter Ego Guy Crouchback zugeschrieben werden, waren tatsächlich überwiegend Churchills Verdienst. Aus dem Dokument der ADHQ (Allied Forces Headquarters/Hauptquartier der Alliierten Streitkräfte) geht hervor, dass Randolph Churchill persönlich auf die Evakuierung der siebenhundert jüdischen Flüchtlinge aus meinem Gebiet drängte und eigens für diesen Zweck um die Entsendung von Flugzeugen bat. Seine Bitte wurde im Einvernehmen mit seinem Vorgesetzten, Brigadier Fitzroy Maclean, abgeschlagen. Der handschriftliche Vermerk am Ende lautet: Brig[adier] (Maclean) vereinbarte mit AOC (Air Officer Commanding [dem befehlshabenden Offizier der Luftwaffe]), keine besonderen Anstrengungen zu unternehmen, sie herauszuholen, stattdessen [sollen sie], wenn sich die Gelegenheit bietet, mit zurückkehrenden Versorgungsflugzeugen hinausgelangen.*

Fünfzig Jahre nach Kriegsende erfüllte ich mir meinen lang gehegten Wunsch, Churchills wie auch Waughs Kommandanten zu treffen, jene legendäre Figur, die die alliierte Mission in Jugoslawien geleitet hatte: Brigadier Fitzroy Maclean. Wie das obige Dokument belegt, hatte er kein besonderes Interesse an der Notlage der geflüchteten Jüdinnen und Juden, doch brachte seine Anwesenheit den Partisanen große Ermutigung – und lebenswichtige materielle Unterstützung – im Kampf gegen die Deutschen. Die Partisanen, mich einbegriffen, bewunderten ihn sehr, sie verehrten ihn sogar. Ich schrieb Sir Fitzroy 1995, erwähnte dabei, dass ich gerade dabei war, meine Memoiren zu verfassen, und fragte ihn, ob er bereit wäre, meinen Sohn Joseph und mich zu einem Interview über die Kriegsjahre zu empfangen. Er stimmte dankenswerterweise zu, und Ende November 1995 luden er und seine Frau Veronica Maclean uns auf ihr Schloss in Strachur,

Schottland, ein. Leider starb Sir Fitzroy nur sechs Monate später, Lady Veronica verstarb im Jahr 2005.

Der folgende Auszug aus unserem Gespräch beginnt mit einer Beschreibung von Macleans Beliebtheit bei den Partisanen und der Tatsache, dass sie ihn stets herzlich empfingen.

Fitzroy Maclean: Einen schlechten Empfang hätte ich niemals akzeptiert und ich hatte auch nie einen schlechten Empfang. Es war das Naheliegendste, was man tun konnte – sie wollten dich dort haben und wussten, dass ich ihre Versorgungsquelle sein würde. Jedenfalls lautete die von Tito ausgegebene Parteilinie, mich gut zu behandeln – unter interessanten Umständen, denn was sozusagen als diplomatische Freundschaft begann, entwickelte sich

Mit Sir Fitzroy Maclean in Strachur, 29. November 1995

zum Kriegsende hin zu einer echten Freundschaft. Und als es zum Bruch mit Moskau kam, waren sie [die Partisanen] vorbereitet ... Sie streckten auf die eine oder andere Weise ihre Fühler aus.

Veronica Maclean: Nun, ich denke, dass du großen Anteil daran hattest. Die Leute werden sagen, dass ich meinen Mann lobe, doch ich bin überzeugt, dass seine Persönlichkeit in vielerlei Hinsicht ausschlaggebend dafür war, dass es ein bedeutender Einsatz wurde. Auch die Offiziere, die du ausgewählt hast, hatten viel damit zu tun; und du hattest sehr, sehr gute Offiziere, nicht wahr?

FM: [lacht] Einschließlich Randolph Churchill und Evelyn Waugh ...

VM: Nun gut, das waren die Lustigen ...

FM: Wir hatten eine ganze Menge lustiger Leute.

Imre Rochlitz: In Ihrem Buch *Eastern Approaches* äußern Sie sich nicht besonders schmeichelhaft zu Randolph, obwohl Sie nicht viel sagen ...

FM: Randolph war persönlich ein großartiger Freund von mir, aber er konnte anstrengend sein. Er war in vielerlei Hinsicht eine Nervensäge, er war aber auch sehr mutig.
IR: Glauben Sie nicht, dass er zu viel trank, schon damals?
FM: Oh, er hat immer viel zu viel getrunken, er war privat im normalen Leben unerträglich. [zu Veronika] Du hast doch mitbekommen, wie er versucht hat, einen Sitz im Parlament zu gewinnen, eine Wahl anzufechten, nicht wahr, als er so unerträglich war, lange vor dem Krieg.
VM: Er hat sich ständig gestritten ... Er war sehr streitsüchtig, sehr egozentrisch –
FM: Aber er hatte Mut, wissen Sie ...
VM: Er war mutig, und er hatte Charme ...
FM: Und Grips, und er war ein loyaler Freund ...
VM: Dafür hatte er jeden anderen Fehler, den man haben kann. [lacht]
IR: Haben Sie ihn eigentlich ausgesucht?
FM: Ich habe ihn ausgewählt – gut, ich kann Ihnen ganz genau erzählen, was passiert ist ... [VM und IR lachen] Ich plane nämlich, meine Memoiren zu schreiben und darin all die Dinge reinzupacken, die ich in *Eastern Approaches* unerwähnt ließ. Als ich mich im Winter 1943 bei Winston in Kairo meldete, fand ich Randolph vor, der sich wie üblich betrank, Blondinen hinterherjagte, Generäle beleidigte und einfach ein Ärgernis darstellte. Er hatte einen fürchterlichen Job, nämlich angesehene Zeitungsleute an die Front zu begleiten und ihnen zu erklären, was vor sich ging, und den Generälen zu sagen, wie man den Krieg gewinnen würde, lauter solche Sachen. Und er kam zu mir und sagte: »Ich habe diesen schrecklichen Job, den ich hasse, weil ich gern eine richtige Arbeit hätte und mehr schade als nutze ...«
Ich sagte: »Ja, das sehe ich ...«
»Würden Sie mir die Chance geben, bei Ihnen unterzukommen?«
Ich dachte mir, na gut, so könnte ich Randolph in Schach halten, es würde dem britischen Krieg helfen und ihm aus der Patsche, ich würde ihn unter militärischer Disziplin und Befehlsgewalt haben, und ich würde mit seinem Vater in Verbindung ste-

hen ... Also sagte ich: »In Ordnung – aber ich frage mich, wie leicht das zu arrangieren sein wird.«

Winston gefiel die Idee sehr – er war von Tito fasziniert, er mochte die »Cowboy und Indianer«-Seite an der Sache.

VM: Er hatte romantische Vorstellungen ...

FM: Doch die Generäle sagten alle zu ihm: »Herr Premierminister, wir können dem nicht zustimmen, denn er wird gefangen genommen werden, und die Deutschen werden ihm die Zehen abschneiden und sie Ihnen in Streichholzschachteln schicken ... Es wird Sie von Ihrem ... Sie wissen schon ... wir raten davon ab.«

Randolph wollte unbedingt mitkommen, und mir gefiel die Idee, ihn dabei zu haben – weil es, wissen Sie, mit Randolph nie langweilig wurde. Ich dachte, dass es ganz lustig wäre, und auch, dass die Partisanen es ziemlich amüsant finden würden. Am Ende haben wir uns also durchgesetzt, und er durfte mit.

Er war furchtbar in Bari, als wir darauf warteten, abgesetzt zu werden. Dann wurde er abgeworfen, und ich dachte: »Gut, jetzt kann er keinen Schaden mehr anrichten.« Er hat eine kleine Beule abbekommen, aber das hat ihm nicht geschadet. Dann stiegen wir auf die Pferde und ritten zu einem Platz in Potoci, irgendwo oben in den Hügeln. Ich hatte einen wunderbaren Feldwebel namens Sergeant Duncan, der sich um mich kümmerte. Er kam zu mir und sagte: »Wissen Sie, was diese Partisanen getan haben? Sie haben diesen Major Churchill in dieselbe Hütte gesteckt wie Sie, und ich weiß, dass Sie das nicht wollen.« Also sagte ich: »Wir werden eine andere Lösung finden.« Ich sagte zu den Partisanen: »Wissen Sie, ich wohne nicht mit den anderen Offizieren zusammen ... Ich habe meine eigene Baracke.« Und sie sagten: »Nun, wir dachten, für den Premierminister würden Sie eine Ausnahme machen.«

Ich sagte: »Was meinen Sie mit Premierminister?«

»Na ja, Mr. Churchill, er ist eingetroffen.«

Sie dachten, dass Randolph selbst der Premierminister sei. Sie sagten: »Wir sind die Einzigen, die gegen die Deutschen kämpfen, und er ist verständlicherweise gekommen, um zu sehen, wie wir vorankommen.« Also ließen wir Randolph umziehen. Es gab ein riesiges Schwein, das in einer kleinen Hütte mit Spitzenvorhängen lebte. Ich sagte: »Ihr könnt das Schwein rausholen und Major Churchill da unterbringen.« Das Schwein war wütend und Randolph nicht besonders glücklich, also gab es ein ziemliches Gegrunze.

Wie auch immer, da war er also. Aber er war sehr tapfer. Und die Partisanen waren von ihm überfordert, sie wussten überhaupt nicht, wie sie mit ihm umgehen sollten. Aber es war eine ganz gute Sache, was die Mission betrifft.

Wir hatten uns immer mit unseren Vornamen angesprochen – wir sind gemeinsam zur Schule gegangen –, aber er legte Wert darauf, zu salutieren, wenn er hereinkam, und zu sagen: »Bitte um Erlaubnis, sprechen zu dürfen, Brigadier«, und so fort ...

Nach einer Weile kam er zu mir und sagte: »Bitte um Erlaubnis zu sprechen« und dergleichen. »Es ist ja alles schön und gut, wissen Sie, ich bin gerne hier, aber bedauerlicherweise sind meine Offiziersbrüder, die anderen Mitglieder Ihrer Mission, mir weder gesellschaftlich noch intellektuell ebenbürtig.« Das war zu einem Zeitpunkt, als uns die deutsche 1. Gebirgs-Division, diese entsetzlichen Skitruppen, angriff. Wir waren eingeschneit, konnten uns nicht bewegen, sie hatten Skier und wir nicht. Ich sagte: »Randolph, es tut mir leid, ich bin viel zu beschäftigt ... aber ich werde dein Problem im Kopf behalten. Du kannst jetzt gehen.«

Das war der Grund, weshalb ich Evelyn Waugh holte – weil ich dachte, sie könnten dann unter sich debattieren – und beide fünfhundert Meilen weit weg schickte, dorthin, wo Sie waren, nach Kroatien; dort konnten sie den Rest des Krieges damit verbringen, darüber zu streiten, wer wem intellektuell und sozial ebenbürtig war.

IR: Ist er bis zum Ende des Krieges geblieben?

FM: Randolph hielt aus, bis wir nach Belgrad kamen, wo er mich zweifellos in große Unannehmlichkeiten gebracht hat. Und Evelyn Waugh blieb, nachdem ich gegangen war, und verursachte ebenfalls fürchterlichen Ärger, indem er mit zahlreichen Ustascha-Sympathisanten in Verbindung trat, die begeisterte Katholiken waren. Er verfasste zahlreiche Berichte – das heißt, nachdem ich gegangen war – an das Außenministerium. Er war ein Ärgernis.

VM: Er war sehr antikommunistisch …

FM: Ja. Nun, das war ich auch, aber ich dachte, noch etwas anderes gesehen zu haben. Winstons Anweisung an mich war ziemlich klar: »Ihre Aufgabe ist es, herauszufinden, wer die meisten Deutschen tötet und wie wir denjenigen helfen können, noch mehr zu töten.« Und so wie die Lage aussah, bestand keinerlei Zweifel daran, dass es die Partisanen waren. Und ich sagte zu Churchill: »Andererseits müssen Sie bedenken, dass sie durch und durch kommunistisch sind und ein kommunistisches Regime einführen werden – welche Art von kommunistischem Regime, weiß man nicht.« Daraufhin sagte er zu mir: »Werden Sie nach dem Krieg in Jugoslawien leben?« Ich sagte: »Nicht geplant.« [Gelächter]

IR: Na ja, du hast ein Haus auf Korčula.

FM: Und jetzt, wo ich ein Haus auf Korčula habe, erinnern mich alle daran … Ich bin dort Ehrenbürger.

Ende 1944 oder Anfang 1945 erhielt Randolph Churchill die endgültige Genehmigung zur Evakuierung unserer Gruppe von etwa einhundert nichtjugoslawischen Jüdinnen und Juden nach Süditalien. Doch selbst mit der offiziellen Zustimmung der Alliierten und Partisanen für die Evakuierung der gesamten Gruppe mussten wir drei, die wir Mitglieder der Partisanenarmee waren, zuerst unsere militärische Entlassung erwirken. Weder war ich jemals als Partisan vereidigt worden, noch hatte ich irgendein Dokument unterschrieben, in dem ich mich freiwillig gemeldet oder versprochen hätte, für eine bestimmte Zeitspanne bei ihnen zu dienen. Ich hatte keine militärische Einführungsnummer oder Identitätsnachweise (meines Wissens existierte so etwas nicht einmal) – doch solche Formalitäten waren irrelevant –, ich war de facto Partisan und musste deshalb erst entlassen werden. Ich war sehr besorgt. Wie sollte ich um meine Entlassung ansuchen, ohne den Zorn meiner Kommandanten auf mich zu ziehen, die uneingeschränkte Macht über Leben und Tod hatten?

Der Offizier, von dem meine Entlassung abhing, war Oberst Miloš Šumonja, vormaliger Kommandant der achten Sturmdivision (der ich angehörte), der kurz zuvor zum Kommandanten des gesamten vierten Korps befördert worden war. Šumonja kannte mich gut. Im Zuge seiner häufigen Inspektionen der Tierklinik hatten wir ein freundschaftliches, ja herzliches Verhältnis zueinander entwickelt. Er stammte ursprünglich aus Montenegro, einer südlichen Provinz Jugoslawiens, und war vor dem Krieg Lehrer gewesen. Er war erst sechsundzwanzig Jahre alt, hatte sich früh den Partisanen angeschlossen und war ein großartiger Offizier. Sein Aufstieg durch die Ränge der Partisanen war kometenhaft gewesen. Seine vielversprechende Zukunft (er wurde schließlich Stabschef der jugoslawischen Armee und später Botschafter in den Niederlanden) war auch auf seine persönliche Härte und Unbarmherzigkeit zurückzuführen; er erwartete absolute, bedingungslose Loyalität gegenüber der Sache der Partisanen.

Eines Tages Anfang 1945, kurz nachdem ich gehört hatte, dass Herrn Schechters Appelle an Major Churchill Früchte zu tragen begannen, ritt Oberst Šumonja zur Tierklinik hinauf. Er wurde wie üblich von seinem politischen Kommissar, Oberst Dušan Hrstić, begleitet. Die beiden Obersten saßen ab, ordneten an, dass ihre Pferde gefüttert und gestriegelt würden und begannen ihre Routineinspektion der Klinik. Ich hatte immer Gefallen daran gefunden, Šumonja auf diesen Inspektionen zu begleiten; er war offensichtlich zufrieden mit meiner Arbeit, und es war beruhigend zu wissen, dass mein befehlshabender Offizier mir wohlgesinnt war. Dieses Mal aber war ich von Angst ergriffen. Was sollte ich sagen, wenn Šumonja mein Ansinnen, die Partisanen zu verlassen, ansprechen würde? Während wir über das Gelände des Krankenhauses schlenderten, dachte ich verzweifelt nach, doch mir fiel keine Antwort ein, die ihn hätte befriedigen können. Doch ich wusste, dass ich bereit sein musste, seiner Gemütslage entsprechend zu antworten, sollte er das Thema anschneiden. (Er war tatsächlich ziemlich launisch und aufbrausend.)

Die Inspektion wurde beendet, und die beiden Obersten bestiegen ihre Pferde. Sie schienen im Begriff loszureiten, als Šumonja sein Pferd zügelte, auf mich herunterblickte und beinahe so, als handle es sich um einen nachträglichen Einfall, sagte: »Ich habe den Befehl vom Generalstab für Kroatien erhalten, Sie zu entlassen, falls Sie darum ansuchten, damit Sie nach Süditalien gehen können. Doch ich bin sicher, Sie wollen nicht gehen. Richtig?«

Ich war fassungslos. Ich hatte nicht von ihm erwartet, das Thema auf diese Art anzusprechen, im allerletzten Moment. Ich war sprachlos. Šumonja fuhr fort: »Sobald der Krieg zu Ende ist, werden Sie als Armeeoffizier nach Leningrad gehen und auf Kosten der Armee Medizin studieren. Nachdem Sie Ihr Studium abgeschlossen haben, werden Sie als Arzt bei der jugoslawischen Armee dienen.«

In einem unserer früheren Gespräche hatte ich tatsächlich erwähnt, dass ich plante, nach dem Krieg Medizin zu studieren, doch nie zuvor hatte Šumonja vorgeschlagen, dass ich als jugoslawischer Offizier in Leningrad studieren sollte. Mir war durchaus bewusst, dass dieses Angebot seiner Ansicht nach so fantastisch war, dass ich es nur schwer abschlagen konnte. In Wirklichkeit erfüllte mich der Gedanke mit Schrecken, aber ich wusste, dass ich nicht geradeheraus ablehnen konnte. Šumonja ließ mich damit wissen, dass er mich unter seine Fittiche nehmen würde. Zu verweigern, nach Leningrad zu gehen, würde nicht nur als Verrat an der Sache, sondern auch als gravierender persönlicher Vertrauensbruch gewertet werden. Ich wusste, dass ich mich auf dünnem Eis befand. Ich dachte schnell nach und stammelte, so aufrichtig und arglos, wie ich konnte, meine Antwort: Natürlich wollte ich Jugoslawien nicht verlassen; allerdings hatte ich kriegsbedingt den Kontakt zu meiner Mutter und meinem Bruder – meinen einzigen engen Verwandten – verloren und hoffte inständig, dass sie es irgendwie nach Süditalien geschafft hatten (dies war eine Notlüge – ich wusste, dass meine Mutter nach Polen deportiert worden und mit ziemlicher Sicherheit tot war und dass mein Bruder sich bei der britischen Marine gemeldet hatte). Ich wolle nur nach Süditalien gehen in der Hoffnung, sie zu finden, erklärte ich und versuchte, in meiner Bekräftigung, abreisen zu wollen, so positiv wie möglich zu wirken, während ich mein Bestes tat, nicht seinen umgehenden Zorn zu erregen. Wäre meine Antwort von ihm als anrüchig empfunden worden, hätte mein Schicksal an Ort und Stelle besiegelt werden können.

Šumonja sprach langsam und betonte dabei jedes Wort: »Sie

wollen die Partisanen nicht verlassen.« Damit wendete er sein Pferd und ritt mit seinem Kommissar davon.

Die nächsten paar Tage war ich verzweifelt. Die Botschaft war klar: Im Wissen, was gut für mich war, stellte ich besser keinen Antrag auf meine Entlassung. Ich versuchte, mich damit zu beruhigen, dass es noch Hoffnung gab, dass Šumonjas Widerstand gegen meine Abreise im Laufe der Tage nachlassen würde, oder vielleicht würden andere Umstände eintreten und mir ermöglichen, meine Entlassung zu erwirken, ohne mit ihm persönlich aneinanderzugeraten. Aber ich war in großer Sorge.

Einige Tage später erreichte die Tierklinik der Befehl, »Unterleutnant Rohlić« von seinen Aufgaben zu entbinden und zum Korpshauptquartier in der Stadt Glina zu schicken, wo er um seine Entlassung ansuchen könne. Da erst erfuhr ich, dass ich bei den Partisanen Potporučnik oder eben Unterleutnant war; niemand hatte mich jemals darüber informiert, dass ich diesen Rang innehatte. Der neue Leiter der Tierklinik und mein direkter Vorgesetzter war Dr. Milovan Adamović, ein ausgebildeter Tierarzt, der den Partisanen erst kürzlich beigetreten war. Er stellte mir ordnungsgemäß einen Passierschein aus, und ich machte mich zu Fuß auf den Weg in die etwa fünfzig Kilometer entfernte Stadt Glina.

Nach dem Krieg erfuhr ich, dass Dr. Adamović (s. Foto auf S. 182) kurz nach meinem Weggang festgenommen und von den Partisanen als mutmaßlicher Spion für die Ustascha erschossen worden war. Wenngleich ich mich während unserer kurzen Bekanntschaft in seiner Gegenwart niemals wohlfühlte und ihm instinktiv misstraute, ist mir völlig unklar, ob diese Anschuldigung gerechtfertigt war. Menschen wurden bei den Partisanen aus so vielen Gründen hingerichtet, und ebenso ohne jeden Grund.

Ich erreichte Glina. Major Churchill hatte ursprünglich vorgehabt, unsere Gruppe in einem der Dakota-Flugzeuge zu evakuieren, die regelmäßig auf dem behelfsmäßigen Flugplatz im nahegelegenen Topusko landeten, doch im Hauptquartier der Alliierten in Italien war der Vorschlag neuerlich abgelehnt worden.

Churchill entwarf dann einen alternativen Plan, dem zufolge vier Lastwägen uns von Glina in die Stadt Split an der adriatischen Küste befördern sollten (wo ich weniger als drei Jahre zuvor erstmals die damalige italienische Besatzungszone betreten hatte). Ein britisches Schiff würde uns anschließend von Split über die Adria in den befreiten Süden Italiens bringen.

Die einhundert Flüchtlinge – einschließlich meiner Onkel Robert und Julius – hatten sich bereits in Glina versammelt, und die Lastwägen, die uns nach Split fahren sollten, wurden jeden Moment erwartet. Ich konnte nicht länger warten; ich musste entscheiden, ob ich bei Šumonja um meine Entlassung ansuchen sollte. Und ich konnte Šumonja, der sich in seinem Hauptquartier in Glina aufhielt, nicht umgehen.

Durch puren Zufall erfuhr ich, dass Šumonjas administrative Assistenz ein jüdisches Mädchen namens Irena Gaon war, das gemeinsam mit mir 1943 im italienischen Lager auf Rab interniert gewesen war. Ich beschloss, sie zurate zu ziehen. Da es keine Möglichkeit gab, sie telefonisch zu erreichen (es gab beschränkte Feldtelefonverbindungen, und die nur zwischen wichtigen Partisanenkommandos), versteckte ich mich einfach hinter einem Baum in der Nähe von Šumonjas Hauptquartier und wartete, bis Irena abends herauskam. Sie bestätigte meine schlimmsten Befürchtungen: Šumonja kochte vor Wut und sprach die ganze Zeit über mich. Er hatte mich mit besonderer Gunst behandelt und mir alle möglichen Privilegien eingeräumt; nun war ich davor, ihn persönlich zu hintergehen, da er jeden Tag damit rechnete, dass ich erscheinen und um meine Entlassung ansuchen würde. Irena fasste die Dinge mit den folgenden Worten zusammen: »Wenn du bei Šumonja auftauchst und um deine Entlassung bittest, bedeutet das dein Ende. Du wirst nicht lebend wieder herauskommen.«

Ich war verzweifelt. Ich beriet mich mit meinen Onkeln Robert und Julius, und gemeinsam gingen wir zu Herrn Schechter, dem Anführer unserer Gruppe. Schechter verstand mein Dilemma sofort und schlug mutig vor, mich hinauszuschmuggeln. Sollten die Partisanen herausfinden, dass ich mich unter den Flüchtlingen versteckte – ohne entlassen worden zu sein –, würde das natürlich mit hoher Wahrscheinlichkeit für alle, nicht nur für mich persönlich, fatale Folgen haben. Obwohl klar war, dass meine heimliche Anwesenheit die gesamte Operation gefährden würde, war Schechter damit einverstanden, dass ich mich ihnen anschloss.

Die Lastwägen trafen bereits am nächsten Tag ein. Es waren vier mit Planen überdachte Pritschenwagen, bezahlt – glaube ich – vom American Joint Distribution Committee, einer jüdischen Wohlfahrtsorganisation. Die Lastwagen sollten in den Besitz der Partisanen übergehen, nachdem sie uns nach Split überführt hatten. Als sich die einhundert Flüchtlinge mit ihren Taschen und Bündeln um die Fahrzeuge herum versammelten, traf ich meinen Freund Franz Schulbaum wieder. Er hatte in einer Fronteinheit gedient, war im Kampf verwundet worden und hatte starke Erfrierungen an den Zehen davongetragen; Šumonja hatte ihn ohne Weiteres entlassen. Kurt Pollacks Eltern, die sich ebenfalls unter den Flüchtlingen befanden, waren jedoch verzweifelt. Kurt hatte sich einige Tage zuvor in Šumonjas Büro gemeldet, seine Entlassung beantragt – und war seitdem nicht mehr gesehen worden. Die Lastwägen waren im Begriff abzufahren, und Kurts Eltern beschlossen nach langem Zögern, Jugoslawien gemeinsam mit der restlichen Gruppe zu verlassen, in der Hoffnung, dass ihr Sohn später in Italien zu ihnen würde stoßen können.

Jahrelang leugneten die jugoslawischen Behörden, irgendetwas über Kurts Verbleib oder sein Schicksal zu wissen. Endlich, nach zahlreichen Nachforschungen und offiziellen Anfragen, teilten sie seinen Eltern lediglich mit, dass er im Gefängnis gestorben sei. Meiner Ansicht nach ist dies eine Pervertierung der Wahrheit: Ich glaube, dass es Oberst Miloš Šumonja war, der die Hinrichtung Kurt Pollacks anordnete, dafür, dass er sich getraut hatte, um seine Entlassung zu bitten, genauso wie er mich beseitigt hätte, wäre ich in seinem Büro aufgetaucht.

Die Flüchtlinge begannen die Lkw zu besteigen; im allgemeinen Tumult und Durcheinander gelang es mir, unbemerkt auf den Rücksitz eines Lastwagens zu springen und mich unter einer

Decke zu verstecken. Onkel Robert kletterte nach mir hinein und setzte sich auf mich, als wäre ich ein großes Bündel.

Kurz darauf verließen die Lastwägen Glina. Als ich sicher war, dass wir uns auf dem offenen Feld befanden, kam ich unter der Decke hervor, um mich zu strecken. Zu meiner Überraschung stellte niemand der anderen Passagiere Fragen. Sie alle kannten mich natürlich, und obwohl mein plötzliches Auftauchen sie verwundert haben dürfte, schien es sie nicht übermäßig zu beunruhigen: Die Formalitäten waren Herrn Schechters Angelegenheit, nicht ihre. Außerdem mochten sie angenommen haben, dass ich aus einer Reihe von persönlichen Gründen, die sie alle nichts angingen, nicht von meinen Kameraden bei den Partisanen gesehen werden wollte. Während der nächsten paar Stunden hielt ich Ausschau und schlüpfte jedes Mal, wenn wir durch ein Dorf fuhren oder wann immer Partisanen in Sicht waren, wieder unter die Decke.

Die Fahrt nach Split dauerte beinahe einen ganzen Tag; wir fuhren langsam hinunter in Richtung Küste, passierten die ausgebrannten Wracks etlicher deutscher und italienischer Panzer, von denen zu viele vor uns über diese Straßen gerattert waren und diese dadurch in völlig desolatem Zustand zurückgelassen hatten.

Wir hielten einmal in der Stadt Zadar an, um aufzutanken. Mittlerweile war ich praktisch dauerhaft unter meiner Decke hervorgekommen, zuversichtlich, dass wir weit genug von dem Partisanengebiet, in dem man mich hätte erkennen können, entfernt waren. Ich hatte Zadar zuletzt im Sommer 1942 gesehen, auf meinem Weg in die italienische »freie Internierung« weiter nördlich, in Novi Vinodolski, und ich erinnerte mich an eine reizende alte Stadt auf einer kleinen Halbinsel. Ich blickte aus dem Lastwagen und war vollkommen fassungslos über das, was ich sah: Die Stadt lag komplett in Trümmern. Zadar selbst war kein wichtiges militärisches Ziel, aber eine Hafenstadt, und nach der italienischen Kapitulation war hier eine deutsche Garnison von mehreren Hundert Soldaten stationiert gewesen. Alliierte Flugzeuge, die von ihren Bombardierungen in Süddeutschland oder Mitteleuropa zurückkamen, wurden manchmal durch Schlechtwetter oder schweres Flakfeuer daran gehindert, ihre gesamte Ladung abzuwerfen. Um das Risiko zu vermeiden, auf ihren Basen mit Bomben an Bord zu landen, hatten sie sie häufig über Zadar abgeworfen. Es war ein günstiges Ziel auf ihrem Rückweg, das klar aus der Küstenlinie hervorsprang und aus großen Höhen leicht erkennbar war.

Während unseres kurzen Aufenthaltes in Zadar fing ich ein Gespräch mit einem lokalen Partisanen an. Er erzählte mir mit dem größten Ernst, dass in der gesamten Stadt nur ein größeres Gebäude nicht durch die Bombardierungen beschädigt worden sei. Und zwar deshalb, vertraute er mir an, weil es General Eisenhower höchstpersönlich gehöre, der an seine Fliegerbesatzungen den Befehl erteilt habe, seinen Besitz zu verschonen. Ich hatte es eilig, weiterzukommen, weshalb ich davon absah, Zweifel an seiner Behauptung anzumelden.

Die Sonne ging bereits unter, als unsere vier Lastwägen in Split einfuhren. Ich wurde sehr unruhig, da ich keine Ahnung hatte, was als Nächstes passieren würde. Niemand wusste, wann und wie wir an Bord des Schiffes nach Süditalien gehen würden und welchen weiteren Kontrollen wir uns vorher noch zu unterziehen hätten. Unser Empfang durch eine Gruppe ortsansässiger Partisanen verhieß nichts Gutes. Sie waren misstrauisch und weigerten sich anfangs, uns von den Lastwägen heruntersteigen zu lassen. Nach einigem Gerangel und einer Menge bürokratischer Verwirrung beschlossen sie schließlich, dass wir für die Nacht in zwei Klassenräumen eines Schulgebäudes untergebracht werden sollten. In ihrer typischen Willkür fügten sie hinzu, dass niemandem erlaubt sei, das Schulgebäude bis zum folgenden Morgen zu verlassen, wenn wir direkt zum Schiff eskortiert werden würden. Bewaffnete Wachen wurden in der Schule postiert, um dieser Anordnung Nachdruck zu verleihen.

Mir erschien die Situation gefährlich: Ich war der Einzige, der eine Partisanen-»Uniform« trug (Lederstiefel, einen Mix aus Kleidungsstücken unterschiedlicher Herkunft sowie einen amerikanischen 45er-Colt, der an meinem Gürtel befestigt war). Diese Aufmachung würde zweifellos Aufsehen erregen, und ich würde mit Sicherheit gefragt werden, ob ich versuchte, die Nacht mit den übrigen Flüchtlingen in der Schule zu verbringen. Als wir von den Lastwägen herunterstiegen, schlüpfte ich deshalb schlagartig wieder in die Rolle eines Partisanenoffiziers. Ich stand an der Seite, bellte ein paar Anweisungen und gab vor, die Evakuierten zu beaufsichtigen, während sie ihr Gepäck entluden. Die anderen Partisanen, die herumstanden, bemerkten meine schlagartige Verwandlung nicht.

Wir wurden zu Fuß und unter bewaffneter Begleitung zum unweit gelegenen Hafen geführt, wo ein großes britisches Landungsboot, dessen Bug abgesenkt war, auf uns wartete. Ich kann die Aufregung und Freude, die mich überkam, als meine Augen zum ersten Mal ein alliiertes Kriegsschiff erblickten, kaum beschreiben. Unter großer Mühe, meine Gefühle zu beherrschen, bestieg ich das Schiff, gemeinsam mit meinen einhundertsieben Gefährten. Nur drei Mitglieder meiner Familie schafften es lebend aus Jugoslawien heraus: Robert, Julius und ich. Meine liebe Mutter, ihr Ehemann, seine Mutter, meine Onkel Ferdinand und Oskar sowie meine Tante Camilla waren in den zweieinhalb Jahren, die vergangen waren, seit ich im Sommer 1942 Split erreicht hatte, alle von den Deutschen oder den Ustascha ermordet worden.

Wir saßen eine gefühlte Ewigkeit lang in dem Landungsboot und warteten darauf, dass der Lkw, der unser Gepäck transportierte, ankam. Ich hatte Angst, dass die Partisanen die Gelegenheit nützen könnten, Identitätskontrollen durchzuführen, doch es schien, als hätten sie alles Interesse an uns verloren. Endlich fuhr der Lastwagen vor, unser Gepäck wurde verladen, und das Landungsboot legte ab und fuhr über das adriatische Meer in Richtung Bari.

Ich konnte meine Euphorie nicht länger zurückhalten. Als das Schiff den Hafen verließ und internationale Gewässer ansteuerte, hatte ich das Bedürfnis, jemandem meine Dankbarkeit auszudrücken. Ich stand auf und rief, mit einer Unbeholfenheit, die mir heute noch peinlich ist, über das Dröhnen der Maschinen hinweg in Richtung eines aufgeschreckten britischen Matrosen: »Es ist schön, auf dem Schiff Seiner Majestät zu sein!«

Die Formulierung war unbeholfen, doch das Gefühl war aufrichtig. Ich stand am Beginn eines neuen Lebens.

Epilog

Das Erste, was ich tat, als ich Italien erreichte, war es, zu versuchen, meinen Bruder Max zu finden, der sich in England aufhielt. Ich wusste, dass meine Mutter, wenn sie noch am Leben war, ihn ebenfalls kontaktiert haben würde. Ich füllte die Formulare im Büro des Roten Kreuzes in Bari aus und wartete. Zu meiner Erleichterung erhielt ich bald Nachricht von ihm – wenngleich es keinerlei Spuren von meiner Mutter gab. Max flog in einem militärischen Transportflugzeug mit, um uns zu besuchen.

Max hatte überlebt, indem er 1939 aus Wien nach England geflohen war, als Teilnehmer eines zionistischen landwirtschaftlichen Trainingsprogramms. Er meldete sich später bei der britischen Marine und wurde Nachrichtenoffizier. Zu seinen Aufgaben gehörte es, die deutschen Radionachrichten mitzuhören und ins Englische zu übersetzen. Nachdem er einberufen worden war, wurde ihm geraten, seinen deutsch klingenden Namen zu ändern, um zu vermeiden, im Falle einer Gefangennahme als Verräter hingerichtet zu werden. Er hatte ihn von Maximilian Rochlitz in John Michael George Rock geändert, einen Namen, den er für sein restliches Lebens behielt. Es war eine weise Vorsichtsmaßnahme gewesen, da zwei der Schiffe, auf denen er diente, während des Krieges torpediert wurden. Die Versenkung des einen, eines kanadischen Zerstörers, wurde zum Thema eines Buchs und Dokumentarfilms mit dem Titel Unlucky Lady: The Life and Death of HMCS Athabaskan *(2001). Von den 261 Matrosen an Bord verloren 128 ihr Leben. Einige der Männer, die das Schiff verließen, wurden von den Deutschen aufgegriffen, doch Max wurde glücklicherweise gerettet. Er emigrierte 1949 in die Vereinigten Staaten und lebte bis zu seinem Tod in Seattle, wo er 2004 im Alter von zweiundachtzig Jahren starb.*

Bari, Süditalien, 1945 (von l. n. r.): mein Bruder Max, Onkel Julius, Onkel Robert und ich

Mein Ziel war es, so bald wie möglich in die Vereinigten Staaten zu gelangen. Während ich auf ein Visum wartete, bekam ich eine Stelle im Büro der Nothilfe- und Wiederaufbauverwaltung der Vereinten Nationen in Bari. Ich war hocherfreut, weil ich nun endlich eine US-Armeeuniform tragen konnte. Später zog ich nach Rom, wo ich als Sozialbetreuer für das amerikanische Joint Distribution Committee arbeitete (eine jüdische Hilfsorganisation, die offenbar die Lastwägen für unsere Evakuierung aus Jugoslawien zur Verfügung gestellt hatte).

Meine Hauptaufgabe war es, die Versorgung mit Lebensmitteln, Kleidung und Gütern des täglichen Bedarfs für mehrere Hundert Holocaustüberlebende zu organisieren, die in Displaced-Persons-Lagern am Stadtrand von Rom untergebracht worden waren. Die Briten waren zu diesem Zeitpunkt die Mandatsmacht in Palästina und schränkten die jüdische Immigration empfindlich ein. Die Alliierten hatten dem Joint Distribution Committee erlaubt, diese Lager zu betreiben, unter der Bedingung, dass britische Einschränkungen respektiert würden. Meine inoffizielle

Aufgabe bestand allerdings darin, die illegale Immigration dieser Flüchtlinge nach Palästina zu erleichtern. Ich wurde von Aliya Bet, dem Untergrundnetzwerk für jüdische Immigration, jedes Mal vorgewarnt, wenn sie vorhatten, Flüchtlinge zu einem Schiff zu evakuieren, das vor der italienischen Küste bereitstand. An diesem Tag vermied ich es, die Lager zu besuchen. Aliya Bet brachte die Insassen zum Schiff (oft unter Komplizenschaft der italienischen Behörden, die Vergnügen daran fanden, die Briten zu ärgern) und füllte die Lager mit einer identen Zahl neuangekommener Flüchtlinge auf. Als ich meine Visiten wieder aufnahm, meldete ich ordnungsgemäß, dass die Anzahl an Geflüchteten gleich geblieben war, bewusst darüber hinwegsehend, dass alle von ihnen neue Gesichter hatten. Dies ging so über viele Monate hinweg und betraf mehrere Hundert Jüdinnen und Juden.

1947 erhielt ich mein sehnlich erwartetes Einwanderungsvisum und setzte die Segel in Richtung Vereinigte Staaten. Dank eines Stipendiums einer jüdischen Wohltätigkeitsorganisation, der Hillel Foundation, konnte ich die University of Washington in Seattle besuchen. Später absolvierte ich die School of Law an der New York University, heiratete und bekam vier Kinder.

Doch davon erzähle ich Ihnen ein andermal.

Danksagung

Unser besonderer Dank gilt Irene Rochlitz, die uns auf allen Etappen des langen Weges zur Veröffentlichung (des Originals: *Accident of Fate*) begleitet hat und mit ihrem unschätzbaren Wissen, ihren kritischen Anmerkungen und ihrer liebevollen Unterstützung zur Seite gestanden ist; dieser Band ist auch ihr Verdienst. Angela Debnath, Alejandro Rodriguez-Giovo, Robert Ashworth, Eugene Rizzo und David Gouldstone sind wir zutiefst dankbar für ihre sorgfältige Lektüre des Manuskripts und ihre konstruktiven Anmerkungen; Nina Goslar für ihre hilfreichen Recherchen; Falguni Debnath und Marlene Kadar für ihre wertvolle Unterstützung sowie Carole Luby für ihre einzigartige Freundschaft.

Die in diesem Buch enthaltenen Abbildungen entstammen der persönlichen Sammlung Imre Rochlitz' und dem Archiv von Parstel Ltd. Films (*The Righteous Enemy*, 1987). Davon ausgenommen sind:

S. 28   Mit freundlicher Genehmigung von Dr. Alfred Rosenfeld
S. 38   Bundesarchiv, Bild 102-13276
S. 61   *Abwege* (G. W. Pabst, 1928), Erda-Film GmbH
S. 93   Fotoarchiv des United States Holocaust Memorial Museum, #64309
S. 107   Kroatisches Staatsarchiv, Inventar-Nr. 2147/1942 (Leitung der Ustascha-Sicherheitspolizei – Jüdische Abteilung [Ravnateljstvo ustaškog redarstva – Židovski odsjek]). Online veröffentlicht in: Gedenkstätte Jasenovac, www.jusp-jasenovac.hr/Default.aspx?sid=7241 [nicht mehr online verfügbar]
S. 128   Historisch-diplomatisches Archiv des italienischen Außenministeriums [Archivio Storico Diplomatico (ASD)], Gab AP 35, »Croazia«

S. 139   Historisch-diplomatisches Archiv des italienischen Außenministeriums [Archivio Storico Diplomatico (ASD)], Gab AP – 42 AG Croazia 35
S. 165   Mit freundlicher Genehmigung von Charles J. McCann
S. 208   Bob Williams / The Commercial Appeal
S. 218   Mit freundlicher Genehmigung von Dale E. Martz
S. 238   The National Archives (UK), WO 202/293

Appendix

Die folgende Liste enthält jene Namen und Adressen von alliierten Piloten, entkommenen Kriegsgefangenen und weiteren Soldaten, die auf den Seiten 33–43 meines abgelaufenen ungarischen Reisepasses festgehalten sind, dem einzigen Stück Papier, das mir während meiner Zeit bei den Partisanen 1944 zur Verfügung stand. Ich war aktiv an der Rettung vieler von ihnen beteiligt und betreute die, die andernorts gerettet wurden, bis zu ihrer Evakuierung zu den alliierten Stützpunkten. Einige der Flieger ergänzten ihre Namen um Daten, die sich auf das Datum ihres Absturzes, ihrer Evakuierung oder auf das Datum der Eintragung selbst beziehen. Die vier Soldaten, deren Namen um das Akronym »RAMC« ergänzt wurde, gehörten dem Royal Army Medical Corps an.

Dort, wo der Flugzeugtyp und das Absturzdatum in Versalien erscheinen, wurden diese Informationen von mir nachträglich auf Grundlage von Daten aus online verfügbaren MACR-Akten (Missing Air Crew Reports) hinzugefügt.

S/Sgt. James R. Mund 18. November 1944, B-24
1002 Homer Avenue
Toledo, Ohio

Sgt. S. R. Apter
133 Old Montague Street
Stepney, London

Arthur R. Johnson 7. Oktober 1944, B-24
113 North 7 th Street
Sterling, Colorado

Arnold Dupree 7. Oktober 1944, B-24
503 Masonite Drive
Laurel, Mississippi

Lt. R. E. Reed 18. November 1944, B-24
R. D. #2
Williamsburg, Pennsylvania

Leland M. Brown 18. November 1944, B-24
113 Wade Street
Montgomery, Alabama

Edward Watson
Flimby, Maryport
Cumberland, England

Lt. Henry Flesh 13. Oktober 1944, B-24
100 Orchard Lane
Piqua, Ohio

Lt. Warren Mugler 13. Oktober 1944, B-24
Baia, Kansas

Sgt. R. A. Kemmerle 13. Oktober 1944, B-24
1326 Euclid Avenue
Dallas, Texas

Fernando O'Dell 13. Oktober 1944, B-24
3326 Rivera Street
El Paso, Texas

Sgt. Wesley Roberds 13. Oktober 1944, B-24
211 S. Wood
Caney, Kansas

Lt. Dale Davidson 13. Oktober 1944, B-24
912 Noyes Street
Evanston, Illinois

S/Sgt. James H. Melanson 13. Oktober 1944, B-24
3118 Washington Street
Roxbury, Boston, Massachusetts

Lt. Dale Martz 13. Oktober 1944, B-24
1189 Elm Avenue
San Diego, California

S/Sgt. Carl Thorberg 13. Oktober 1944, B-24
3428–33 Avenue South
Minneapolis, Minnesota

Lt. John Hassan 313 Beech Street East Pittsburgh, Pennsylvania	13. Juni 1944, B-24
John Szablinski R. F. D–No. 9 Norwich Town, Connecticut	9. Juni 1944, B-24
Lt. Barney R. McLaughlin 2301 Mistletoe Avenue Fort Worth, Texas	10. Mai 1944, B-17
Lt. W. E. Chapman Louisville, Kentucky	13. Juni 1944, B-24
Capt. D. Eric Davies, RAMC 1A The Arcade Merthyr Tydfil, Wales	
S/Sgt. D. W. Foster, RAMC 6 Tierney Road Streatham Hill London S. W. 2, England	
S/Sgt. W. R. Jackson 317 West 7 Street Flint, Michigan	14. Juni 1944, B-17
Sgt. Royce F. Austin R. F. D. Underhill, Vermont	8. Juli 1944, B-24
Lt. John H. Nutter Rupert, West Virginia	8. Juli 1944, B-24
John R. Thompson Starkville, Mississippi	8. Juli 1944, B-24
Ernest H. Jensen San Francisco, California	8. Juli 1944, B-24
Wm. R. Sutton Muskegon, Michigan	8. Juli 1944, B-24
Chas. E. Johnson 375 10th Street N. E. Atlanta, Georgia	10. Mai 1944, B-24

G. A. Zonghetti 10. Mai 1944, B-24
980 Morris Park Avenue
Bronx, New York

Allan Berry entkommener Kriegsgefangener
Cr. McDonald Street
West Australia

Lt. Jos. Konieczny 10. Mai 1944, B-17
324 Avenue East
Bayonne, New Jersey

Mjr. A. F. McCoubrey, RAMC
28 Church Street
Coatbridge, Great Britain

S/Sgt. W. D. H. Kear, RAMC
10 Fairfield Road
Lydney, Gloucester, UK

Lt. J. A. Foster 10. Mai 1944, B-24
8222 Evans Avenue
Chicago, Illinois

Ernest J. Brough entkommener Kriegsgefangener
Myrtleford
Victoria, Australia

Elton W. Ankney 24. August 1944, B-24; entkommener
Sweetwater, Idaho Kriegsgefangener

Helmer M. Leiran 10. Mai 1944, B-24
Waukon, Iowa

2nd Lt. Samuel Garber 10. Mai 1944, B-24
223 East Fillmore Avenue
St. Paul, Minnesota

Lt. H. W. Roberts 10. Mai 1944, B-24
Sioux City, Iowa

S/Sgt. Melvin H. Briner 10. Mai 1944, B-17
205 Fairmont Street
Latrobe, Pennsylvania

S/Sgt. Philip Barber Bethelridge, Kentucky	23. April 1944, B-17
Lt. W. M. Girardeau 404 S. Capen Avenue Winter Park, Florida	24. August 1944, B-24
Sgt. Kenneth Moore 7811 Cler Place St. Louis County, Missouri	24. August 1944, B-24
Sgt. Tommy Monacelli General Delivery Easton, Washington	24. August 1944, B-24
Sgt. Benard W. Atkinson Tioga, Louisiana	24. August 1944, B-24
Eric Baty Waipui R. Kaiti, Gisborne, New Zealand	entkommener Kriegsgefangener
Lt. James S. Thomas 606 North »F« Street Muskogee, Oklahoma	23. April 1944, B-24
B. F. Erwin 2215–36 Avenue North Birmingham, Alabama	23. April 1944, B-24
Paul Miller R. R. 17, Box 658 Indianapolis, Indiana	23. April 1944, B-17
Ralph Taylor Genoa, Nebraska	23. April 1944, B-17
Lt. James E. Lackey 116 Oxford Avenue Buffalo, New York	10. Mai 1944, B-17
Lt. M. E. Clark Groton, South Dakota	10. Mai 1944, B-24
Lt. Edward F. Smithwick 120 Vermilyea Avenue New York, New York	10. Mai 1944, B-17

Lt. John L. Lewis   10. Mai 1944, B-17 139
West Wayne Avenue
Wayne, Pennsylvania

Robert Bicher, Jr.   23. April 1944, B-24
140 Berdy Street
Hackensack, New Jersey

Joseph O. Alley   23. April 1944, B-24
4305 West 22nd Street
Little Rock, Arkansas

Albert G. Willing, Jr.   23. April 1944, B-17
542 Woodbine Avenue
Oak Park, Illinois

Lt. M. S. Rouse   23. April 1944, B-24
107 Hickory Street, Box 65
Springhill, Louisiana

R. M. Miller   23. April 1944, B-24
Main Street
Montgomery, Pennsylvania

J. F. Beaulieu   23. April 1944, B-24
P. O. Box 84
Shawmut, Maine

Glossar

»ANSCHLUSS« Eingliederung Österreichs ins Deutsche Reich durch die Nationalsozialisten am 12. März 1938

CHURCHILL, RANDOLPH, MAJOR Sohn des britischen Premierministers; Fitzroy Macleans Repräsentant und Verbindungsoffizier der Alliierten zu den Partisanen in Kroatien; maßgeblich beteiligt an der Evakuierung von mehr als einhundert jüdischen Flüchtlingen (ich eingeschlossen) ins befreite Italien

CONFINO LIBERO »Freie Konfinierung«, von den Italienern behördlich vorgeschriebene Einschränkung der Bewegungsfreiheit

DÉNES, FERDINAND Mein Onkel, dem im Ersten Weltkrieg die Goldene Tapferkeitsmedaille verliehen wurde; setzte seine Auszeichnung ein, um meine Freilassung aus Jasenovac zu erwirken; 1944 von den Deutschen ermordet

EREMIĆ, JOCO Partisanenkommandant im Kordun, berüchtigt für seine unangemessene Härte; vermutlich ein »Maulwurf« der gegnerischen Tschetniks, denen er sich später anschloss

GLAISE-HORSTENAU, EDMUND VON Führender österreichischer Nationalsozialist und 1941–1944 »Deutscher Bevollmächtigter General in Zagreb«; protestierte gegen die Barbarei der Ustascha und war maßgeblich an meiner Freilassung aus Jasenovac beteiligt

GOLDENE TAPFERKEITSMEDAILLE Im Ersten Weltkrieg die höchste Auszeichnung für Tapferkeit in der Österreichisch-Ungarischen Armee; an meinen Onkel Ferdinand Dénes verliehen

HAJDIN, MILIĆ Kommunistischer Politkommissar meiner Partisaneneinheit; rettete mein Leben, indem er für mich log

HANES, HORACE A. Abgeschossener amerikanischer Kampfpilot, den ich 1944 kennenlernte; stellte später einen Weltrekord im Überschallflug auf und wurde Generalmajor der US Air Force

HERZER, IVO Mein enger Freund in den italienischen Internierungslagern und nach dem Krieg; einer der Ersten, der sich für die öffentliche Anerkennung der humanen Haltung der Italiener gegenüber den Jüdinnen und Juden in Kroatien einsetzte

HORVATIĆ, VLADO Chefveterinär der achten Division der Partisanen und mein direkter Vorgesetzter und enger Freund; verschwand Ende 1944 auf ungeklärte Weise

JASENOVAC Vernichtungslager der Ustascha, rund einhundert Kilometer südöstlich von Zagreb, in dem ich 1942 Totengräber war; schätzungsweise 100 000 Frauen und Männer, Serben, Juden, Roma, Sinti und politische Gegner, wurden hier getötet

KLEINHAPPEL, FRANZ Österreichischer Arzt, der von den Partisanen entführt und gezwungen wurde, Notoperationen durchzuführen; blieb nach dem Krieg in Jugoslawien und wurde Generaldirektor des Gesundheitsministeriums

KONFESSIONSLOS Bürokratischer Ausdruck mit der Bedeutung »ohne Religion«, im Wien der 1930er Jahre von Juden häufig verwendet, um ihren Glauben zu verbergen

KORDUN Region in Mittelkroatien, wo ich in einer veterinärmedizinischen Einheit der Partisanen diente

KRALJEVICA Italienisches Konzentrationslager an der kroatischen Küste, in dem 1942 1 200 geflüchtete Juden, ich eingeschlossen, interniert und sehr human behandelt wurden

LIKA Gebirgige Gegend in Mittelkroatien, im Norden an den Kordun grenzend

MACLEAN, FITZROY, BRIGADIER (SPÄTER SIR) 1943 vom britischen Premierminister Winston Churchill zum Leiter der alliierten Mission in Jugoslawien ernannt

MIHAJLOVIĆ, DRAŽA Kommandant der monarchistischen Tschetniks; wurde nach dem Krieg vom jugoslawischen Regime exekutiert

PARTISANEN Von Josip Broz Tito in Jugoslawien während des Zweiten Weltkrieges angeführte kommunistische Widerstandsbewegung; siegreich 1945

PAVELIĆ ANTE Anführer der Ustascha, 1941–1945 Diktator des Unabhängigen Staates Kroatien

PIETROMARCHI, LUCA Hochrangiger italienischer Beamter des Außenministeriums; spielte eine zentrale Rolle in der Verhinderung der Deportation von Jüdinnen und Juden aus den italienisch-besetzten Gebieten

PROPUSNICE Kroatische Passierscheine, wurden häufig illegal erworben

RAB Italienisch *Arbe*, kroatische Insel in der nördlichen Adria, auf der im Juli 1943 3 500 Jüdinnen und Juden interniert und von der italienischen Armee gut behandelt wurden; in einem benachbarten Lager starben Tausende slowenische Männer, Frauen und Kinder an den Misshandlungen durch die Italiener

ROATTA, MARIO, GENERAL Kommandant der italienischen Armee in Kroatien, setzte sich für eine menschliche Behandlung jüdischer Flüchtlinge ein, während er gleichzeitig den Widerstand gegen die italienische Herrschaft brutal unterdrückte

SCALES, JUNIUS I. Amerikanischer kommunistischer Aktivist und 1945 mein enger Freund im befreiten Süditalien; die einzige Person, die in den Vereinigten Staaten allein aufgrund ihrer Parteizugehörigkeit inhaftiert wurde

SIEBTE OFFENSIVE Auch unter dem Namen »Unternehmen Rösselsprung« bekannt, deutsche Militäroperation im Mai 1944, die zum Ziel hatte, Tito gefangen zu nehmen und den Partisanenwiderstand zu zerschlagen

ŠIK, LAVOSLAV Bekannter kroatischer Anwalt und Historiker des jugoslawischen Judentums; als entfernter Verwandter beherbergte und unterstützte er mich; 1942 in Jasenovac ermordet

ŠUMONJA, MILOŠ Partisanenoffizier und mein Kommandant in der achten Angriffsdivision des vierten Korps; später Stabschef der jugoslawischen Armee

TITO, JOSIP BROZ Kommandant der Partisanen, wurde bei Kriegsende Präsident Jugoslawiens, blieb bis zu seinem Tod 1980 an der Macht

TSCHETNIKS Königstreue jugoslawische Widerstandsbewegung; kämpfte gegen die Deutschen und Italiener und später gemeinsam mit ihnen gegen die Partisanen

UNABHÄNGIGER STAAT KROATIEN Faschistischer und völkermörderischer Staat unter der Führung der Ustascha, existierte von 1941–1945

USTASCHA Faschistische nationalistische Bewegung, beherrschte den Unabhängigen Staat Kroatien von 1941 bis 1945; durch die Deutschen und Italiener und die Macht gelangt, verfolgte sie eine völkermörderische Politik gegen Serben, Juden, Roma und Sinti und tötete Hunderttausende von ihnen

Auswahlbibliografie

Carpi, Daniel: »The Rescue of Jews in the Italian Zone of Occupied Croatia«. In: Yisrael Gutman, Efraim Zuroff (Hg.): *Rescue Attempts during the Holocaust. Proceedings of the Second Yad Vashem International Historical Conference – April 1974*, S. 465–525. Jerusalem: Yad Vashem 1977. Online: https://www.yadvashem.org/articles/academic/rescue-of-jews-in-italian-croatia.html

Churchill, Winston S.: *His Father's Son: Life of Randolph Churchill*. London: Weidenfeld & Nicolson 1996

Gottlieb, Hinko: *The Key to the Great Gate*. Aus dem Kroatischen von Fred Bolman und Ruth Morris. New York: Simon & Schuster 1947

Herzer, Ivo: *The Italian Refuge: Rescue of Jews during the Holocaust*. Washington: Catholic University of America Press 1989

Hilberg, Raul: *The Destruction of the European Jews*. Überarbeitete Ausgabe. New York: Harper and Row 1985

Hinko Gottlieb, Marija Vulesica (Hg.): *Der Schlüssel zum großen Tor*. Berlin: Hentrich und Hentrich Verlag, 2023

Klarsfeld, Serge: *Vichy-Auschwitz. Le rôle de Vichy dans la Solution finale de la Question juive en France*, Bd. II: 1943–1944. Paris: Fayard 1985

Maclean, Fitzroy: *Eastern Approaches*. London: Jonathan Cape 1949

Pavlowitch, Stevan K.: *Hitler's New Disorder: The Second World War in Yugoslavia*. New York: Columbia University Press/London: Hurst 2008

Rochlitz, Imre: *Testimony No. 32300*. Videointerview vom 23. Juli 1997. USC Shoah Foundation Institute. Online: http://college.usc.edu/vhi [nicht mehr verfügbar]

Rochlitz, Joseph: *The Righteous Enemy*. Dokumentarfilm. Italien / Großbritannien 1987/1994. Online via: www.josephrochlitz.com

Rochlitz, Joseph: *The Righteous Enemy* (Dokumentensammlung). Rom: Eigenverlag 1988

Rodogno, Davide: *Fascism's European Empire: Italian Occupation during the Second World War*. Aus dem Italienischen von Adrian Belton. Cambridge: Cambridge University Press 2006

Scales, Junius Irving; Richard Nickson: *Cause at Heart: A Former Communist Remembers*. Athens, Georgia: University of Georgia Press 1987

Sebald, W. G.: »Against the Irreversible: On Jean Améry«. In: *On the Natural History of Destruction*. Übersetzt ins Englische von Anthea Bell. London: Penguin 2003

Shelah, Menachem: *Blood Account. The Rescue of Croatian Jews by the Italians 1941–1943*. Tel Aviv: Sifriat Hapoalim 1986 (Hebräisch: Heshbon Damim)

Shelah, Menachem (Hg.): *History of the Holocaust: Yugoslavia*. Jerusalem: Yad Vashem 1990 (Hebräisch)

Steinberg, Jonathan: *All or Nothing – The Axis and the Holocaust 1941–1943*. London: Routledge 1990

Walston, James: »History and Memory of the Italian Concentration Camps«. *The Historical Journal* 40.1 (1997), S. 169–183

Waugh, Evelyn: *Unconditional Surrender*. London: Chapman & Hall 1961

Zuccotti, Susan: *The Italians and the Holocaust: Persecution, Rescue and Survival*. New York: Basic Books 1987

Abbildungsverzeichnis

S. 11 Karte Europas vor dem »Anschluss«
S. 13 Meine Eltern und mein Bruder Max, 1924
S. 14 Meine Mutter, Max und ich, um 1935
S. 17 Onkel Ferdinand Dénes, um 1908
S. 19 Onkel Robert während des Ersten Weltkrieges an der italienischen Front
S. 20 Familientreffen am Vorabend des Ersten Weltkrieges
S. 24 Max und ich, 1933
S. 28 Mein Klassenfoto, 1936
S. 38 Rudolf Beer, der sich nach dem »Anschluss« das Leben nahm
S. 44 Karte meiner Fluchtroute aus Wien, 1938
S. 49 Onkel Robert und Tante Camilla
S. 61 Der Boxer Jimmy Lyggett in einem Film von Georg Wilhelm Pabst
S. 70 Der gelbe Davidstern
S. 75 Dr. Mirko Rechnitzer
S. 77 Karte der Teilung Jugoslawiens nach dem Einmarsch 1941
S. 82 Das Hauptquartier der Ustascha-Polizei, in dem ich inhaftiert war
S. 90 Das Vernichtungslager Jasenovac
S. 93 Massengrab in Jasenovac, 1942
S. 96 Onkel Oskar auf einer Liste deportierter Jüdinnen und Juden, Jasenovac, 1942
S. 102 Formular meiner Entlassung aus Jasenovac, 1942
S. 106 General von Glaise-Horstenau mit Diktator Pavelić
S. 107 Ustascha-Dokument: »Rochlitz [wurde] nicht aufgespürt«
S. 111 Karte meiner geplanten Fluchtroute von Zagreb in die italienische Zone
S. 120 Irene Rochlitz, meine Mutter
S. 124 Karte der Route Split – Novi Vinodolski
S. 128 Mussolinis Autorisierung unserer Deportation
S. 132 Italienisches Lager in der Nähe des Schlosses Kraljevica
S. 137 Feier anlässlich der Beitrittserklärung Kroatiens zu den Achsenmächten, Venedig, 1941
S. 139 Depesche des italienischen Botschafters an den Vatikan, 1942
S. 143 Insassen von Kraljevica in italienischen Uniformen, 1942–43

S. 156	Entlassung von Häftlingen auf Rab, 1943
S. 159	Eine *trabakula* (Trabakel)
S. 163	Karte der Regionen Lika und Kordun in Mittelkroatien
S. 165	Major H. A. »Dude« Hanes, 1943
S. 168	Das Dorf Drenov Klanac
S. 176	Belegschaft der Tierklinik in Kordunsko Zagorje, 1944
S. 177	Serbische Dorfbewohner erkennen sich auf einem Foto aus dem Jahr 1944 wieder, 1981
S. 182	Behandlung eines Pferds in der Tierklinik von Kordunsko Zagorje
S. 190	Passierschein der achten Partisanendivision, 1944
S. 195	Mit Eva Deutsch
S. 198	Gut gekleideter Partisan
S. 199	Partisanen-Kämpferinnen der achten Division
S. 201	Partisanen tanzen den *kolo*
S. 205	Mein ungarischer Pass mit den Namen geretteter Flieger und geflohener Kriegsgefangener
S. 208	Junius Scales' Verhaftung, 1954
S. 214	Lockheed P-38 und Focke-Wulf 189
S. 218	Besatzung eines amerikanischen B-24-Bombers
S. 219	Mein ungarischer Pass mit den Namen der geretteten Fliegerbesatzung
S. 223	Mit Milić Hajdin, dem politischen Kommissar meiner Einheit
S. 225	Mit Funktionären der kommunistischen Partei in Jugoslawien, 1981
S. 227	Vlados Unterschrift auf meinem Partisanen-Ausweis
S. 230	Am Eingang zu den unterirdischen Anlagen des Partisanenspitals von Petrova Gora, 1981
S. 232	Werbeplakat zum Film *The Last Bridge*
S. 234	Eine deutsche Fieseler Storch
S. 238	Dokument der Allied Forces Headquarters mit Randolph Churchills Appell zugunsten jüdischer Flüchtlinge
S. 239	Mit Sir Fitzroy Maclean in Schottland, 1995
S. 253	Mit meinem Bruder Max und zwei meiner Onkel in Bari, Italien, 1945

Index

Abwege 60
Adamović, Milovan, Dr. 182, 246
Adriatische Küste 47, 76, 122, 144, 151, 155
Aida 30
Albanien 76
Aliya Bet 254
Alliierte 61f., 136, 150, 154, 157f., 162, 165, 170, 184, 188, 197, 203f., 211–215, 233–237, 243, 249–253, 257, 263f.
  Flugzeuge 203f., 213f., 249
  Schiffe 158, 251
  und Evakuierung 158, 211, 233–236, 243, 263
  und Partisanen 157f., 205, 215
American Joint Distribution Committee 248, 253
»Amerika« 60
Amnestien 58, 122f., 138
»Anschluss« 11, 34–42, 100, 263
Antisemitismus 25f., 34, 40–43, 64, 75, 86, 117f., 138–140
  in Italien 140
  in Jugoslawien 42f., 64, 75
  in Split 117f.
  in Ungarn 43
  Partisanen und 185f., 192–194
Arbe *Siehe* Rab (Insel)
Armee Österreich-Ungarns 16–18
Aslan, Raoul 31
Asner, Kurt (und Familie) 104f., 111
Athabaskan, HMCS 252
Auschwitz 9, 120, 160

B-17 Flying Fortress 203, 259–262
B-24 »Liberator« 203, 217–219, 257–262
Babić Most 163–166, 213
Bacchetti, Fausto 155
Balkanfeldzug 69
Banja Luka 231
Bari 61f., 158f., 206, 210, 241, 251–253
Bar Mitzwa 36
BBC 72
Beer, Rudolf 37f.
Belgrad 66f., 242
  Bombardierung von 66
Berlin 37, 60f.
Blitzkrieg 70
Bombardierung der Ölfelder bei Ploiești 217
Borovička 27
Bosanski Brod 74
Bosnien 59, 67, 199
Bosnien-Herzegowina 70
Boxen 53, 60f., 164
Breslauer-Brüder 192f.
Britische Grenadiere 72
Britisches Expeditionskorps 69
Broucek, Dr. Peter 108
Budapest 15, 22, 27, 43–47
Byron, Lord 152
Carabinieri 123, 129f.
Carmen, meine Freundin
  in Split 116f., 123
Carpi, Daniel 138
Cavalleria Rusticana 195

Chaplin, Charlie 30
Churchill, Randolph 236–247, 263
Churchill, Winston 64, 188, 241, 264
Ciano, Galeazzo 140
confino libero 122f., 263
Cuiuli, Vincenzo 154f.
Dachau (Konzentrationslager) 67
D'Ajeta, Blasco Lanza, Marchese 137
Dakota (Douglas-DC 3, Militärflugzeug) 215, 246
Đakovo 91f.
Dalmatien 115, 152, 210
Dalmatinische Küste 109, 115, 123
Davidstern 39, 70f., 104, 236
in Split 117
DELASEM 138
Dénes, Alfred 19–21, 36
Dénes, Camilla 9, 18–21, 36, 40–42, 48–50, 58f., 76, 79–84, 103–113, 123, 127, 151, 156, 161, 167f., 251
Dénes, Familie 27
Dénes, Ferdinand 9, 16–20, 30–33, 40, 57–59, 67, 105, 108f., 123, 152, 156, 161, 167f., 251, 263
Dénes, Franziska (Fanny) 12f., 18–21, 31, 36, 40–42, 47f., 51, 92
Dénes, Hugo 19f.
Dénes, Julius 18–20, 32–34, 57–59, 67, 105, 123, 152, 156, 161, 168–171, 184, 198, 212, 215, 218, 233–236, 247, 251–253
Dénes, Paula 20f.
Dénes, Robert 18–20, 36, 40–42, 47–51, 54, 59, 63, 74–80, 105, 110–112, 115, 118, 123, 127, 151, 156, 161, 167–171, 184, 198, 212, 215, 218, 233–236, 247–253
Deportation 9, 63, 71–79, 91, 96, 119, 122, 128f., 137–140, 148f., 160–162, 245 *Siehe auch* Juden (Jüdinnen)
Der blaue Engel 30
Derventa 59, 67–75, 79, 91, 118f., 236
De Sica, Vittorio 117
Deutelbaum 27
Deutsche Armee 37
  Angriff auf Jugoslawien und 66–69, 157, 209–213
  Exekutionen durch 101, 107
  Größe 209
  I. Gebirgs-Division 242
  in Kroatien 74, 79, 108f., 157, 162, 168, 209–216
  Insel Rab und 160
  Kommando über 108
  Kriegsgefangene und 212
  SS-Freiwilligen-Gebirgs-Division »Prinz Eugen« 168
  und alliierte Broschüren 214
Deutsche Sprache 16, 22f., 26, 35, 45f., 52f., 71, 141f., 146, 153f., 186, 214, 231, 252
Deutsches Reich 100, 203, 263
Deutsches Theater 37
Deutsch, Eva 195
Die schlimmen Buben in der Schule 37
Dietrich, Marlene 30
Diokletian 115
Djilas, Milovan 189
Dorotheum 22
Draxler, Nicetas 28
Dreimächtepakt 66
Drenov Klanac 166–168, 198
»Drittes Reich« 37
Druga Muška Realna Gimnazija 63, 101
Drvar 210
Dubodiel 27

Durbin, Deanna 52
Eddy, Nelson 51 f.
Einstein, Albert 76, 104
Eisenbahn *Siehe* Züge
Eisenhower, Gen. Dwight D. 250
Ekstase 25
»Endlösung« 129, 136
Engels, Friedrich 185
Englische Sprache 130, 141 f., 164, 204, 215–217, 252
Eremić, Joco 219–227, 263
Erster Weltkrieg 16, 40, 108, 263
Fanika 51 f.
Faschisten 52
 bosnische 9
 französische 209
 italienische 9, 70, 115–118, 131, 140
 kroatische 9, 54, 70, 124, 209, 265
 serbische 209
 ungarische 22
Fieseler Storch 233 f.
Flakfeuer 203, 250
Flieger *Siehe* Piloten
Flüchtlinge (Geflüchtete) 44, 47, 56–58, 69–72, 77, 91
 Abschiebung von 56
 alliierte Evakuierung von 233–238, 243–251
 auf Rab 151, 154–156
 bei den Partisanen 157, 169, 212, 228
 confino libero und 122 f.
 DELASEM und 138
 diplomatische Bemühungen um 127–129
 illegale 48, 55–57, 122
 in der Lika 162
 in Kraljevica 133
 in Kroatien 127
 in Novi Vinodolski 126, 162
 Inselhüpfen und 158 f.
 in Split 112, 117
 italienische Behörden und 122
 italienische Soldaten und 127
Flugzeuge
 der Alliierten 170, 203–205, 213–215, 235–237, 246, 249, 257–262
 der Luftwaffe 67, 203
 deutsche 158, 163, 209, 213, 233 f.
 für Militärtransporte 252
 US-amerikanische 185, 203, 210, 213, 217–219
Focke-Wulf 213 f.
Frankenstein 152
Franz Josef, Kaiser 15
Freud, Sigmund 29, 76, 104
Fußball 18, 29, 33 f., 60
Gambetti, Dr. Armando 228
Gaon, Irena 247
George V., König 41
Ghettos 41
Gigli, Beniamino 117
Glaise-Horstenau, Gen. von 105–109, 167 f., 189, 263
Glasner, Erwin 146, 150
Glina 236, 246–249
Goldene Tapferkeitsmedaille 16, 105, 263
Gottlieb, Danko 159
Gottlieb, Hinko, Dr. 145 f., 152, 157–159
Gottlieb, Vlado 152 f., 159
Granski, Vlado 152, 156 f.
Grant, Cary 235
Griechenland 136
 Angriff auf 66, 69
Großbritannien 41, 58, 67
Grünhut, Blanka und Lizzie 30, 57 f., 85

Grünhut, Gisella 21, 30
Grünhut, Heinrich 21
Guariglia, Raffaele 140
Gyékényes 45–47
Hajdin, Milić 190–192, 200, 222 f., 263
Hakenkreuz 36, 39
Hakoah 33
Hamburger, Max 196
Hanes, Maj. Horace 164–166, 213, 263
Hannukah 24
Hartmann, Paul 31
Hauptquartier der alliierten Streitkräfte (Allied Forces Headquarters) 237, 246
Hebräisch 23, 33, 41
Hebräische Namen 27
Heimkehr 38
Heimwehr 35
Herzer, Ivo 142, 145, 152 f., 156–158, 164, 206 f., 263
Hillel Foundation 254
Hirschenauer, Anton 34 f.
Hitchcock, Alfred 235
Hitler, Adolf 25, 34, 39, 64–66, 70, 106, 188
Hl. Nikolaus 24
Holocaust 107, 118, 121, 140, 255
Holocaustüberlebende 160, 253
Hörbiger-Brüder 31
Horst-Wessel-Lied 36
Horvatić, Vlado 125 f., 129, 169–184, 190–197, 212, 224–230, 264
Hrstić, Dušan 244
Hunter, Kapitän 157
Identitätsnachweis 26, 39, 243
Identitätsüberprüfung 49, 53, 112, 216, 251
Innitzer, Kardinal 138
Italien 61

amerikanische Basen in 185
Armee von 67, 76–78, 129, 132, 142
Dalmatien und 115
Flüchtlinge in 138–140, 157
Kapitulation von 154, 163, 235
Kultur und Werte von 115, 129, 137
Rettung von Juden durch 136
und besetzte Gebiete 76–80, 105, 109–115, 125
Italienische Zone 76–79, 110, 119, 130
Jannings, Emil 30
Jasenovac, Gedenkstätte 107, 255
Jasenovac (Konzentrationslager) 9, 76, 79, 86–97, 104, 108–111, 119, 131, 148, 159, 167 f., 187–189, 216, 263–265
Fotografien von 90, 93, 96
Freilassung aus 76, 102–109
Massaker in 187
Museum von 96
Nahrung in 90, 95, 99
serbische Gefangene in 87, 187
Tote in 91–99
Totengräber im 9, 92–99, 264
Wachen von 93–95
Jiddisch 23, 26, 35, 41
Johannes Paul II. 187
Jom Kippur 23
Jovanka, Fanikas Schwester 53 f.
Jovanović, Kommandant 180 f.
Judaica-Bibliothek 55
Judaismus 23, 55, 265
Juden (Jüdinnen) 12, 15 f., 23–26, 29, 34 f., 39–43, 46, 58, 63–65, 69–71, 74–79, 86, 91, 101, 110, 117, 128, 131–136, 140, 144–146, 157, 160–162, 169, 185–187, 235–237, 243, 254, 263–265

als Flüchtlinge *Siehe* Flüchtlinge
Assimilation von 25 f., 35
Aussehen von 26, 35, 145
Auswanderung von 36, 40–44
Beschneidung 25
Christen und 25 f., 134, 185
Deportation von 56, 59, 71–80, 128–130, 137, 140, 160–162
Einwanderungskontingente 40
in Österreich-Ungarn 15
Italiener und 76–78
Konvertierung von 26, 134
Nazis und *Siehe* Nazis
Nichtjuden und 23–25
offizielle Dokumente und *Siehe* Pässe
Österreichische Gesellschaft und 33 f.
osteuropäische 26 f., 35
Partisanen und 185
polnische und russische 41
Religionsunterricht von 26
religiöse Traditionen der 23–25, 143
Segregation von 37
Selbstidentität der 23–27, 86
sephardische 69
Sprachen der 26 *Siehe auch* Hebräisch, Jiddisch
ungarische 16
Verfolgung von *Siehe* Verfolgung
Weihnachten und 24 f.
Jüdische Namen 27, 46, 110
Jüdisches Partisanenbataillon 157
Jugoslawien 36, 42–47 *Siehe auch* Bosnien, Kroatien, Zagreb
alliierte Mission in 237
Antisemitismus in 42 f., 64
Faschismus und 52, 118
Holocaust in 107, 118
illegale Immigration nach 58 f.
italienische Zonen von 76, 79, 105, 109–112
jüdische Gemeinden in 48, 55, 59, 69, 73 f.
Kommunismus in 184–193
Königreich von 48, 66, 69, 188
Sieg über 68
Überfall von 66–71, 200
Kafka, Franz 15
Kanada 185, 225
Kanadischer Zerstörer 252
Karađorđević 188
Kaschrut 57
Katholiken 9, 125, 226, 242
in Kroatien 64, 69–71, 94, 115, 187
Vatikan und 138–140
Kennedy, John F. 208
Kiesler, Hedy 25
Kleinhappel, Dr. Franz 229–232, 264
Klosterneuburg 12–14
Knehe, Maj. 106
Kommunismus
in Jugoslawien 184–193
in Kroatien 81
Kommunisten
in Savska Cesta 84
US-amerikanische 206
Volksjustiz und 155
Kommunistische Partei 184
und Partisanen 150, 185, 188 f., 195
USA und 207
Konfessionslos 26–28, 37, 264
Konzentrationslager 73–78, 86 f., 120, 130–132, 138, 148 f., 187
Auschwitz 120, 160
Dachau 67
Đakovo 91

Jasenovac 76, 86–103, 187
Kraljevica 131–150
Rab 151–160
Stara Gradiška 96, 104
Koprivnica 45
Kordun 161–163, 167–169, 184, 187, 195, 199, 204, 210, 219, 225, 263 f.
Kordunsko Zagorje 169–171, 176, 182, 229
Kosaken 212
Koschere Speisen 23 f., 57
Kraljevica 130–137, 140, 143, 146, 151
Kraljevica (Konzentrationslager) 164, 194, 264
   Essen in 132–134
   Evakuierung von 151
   Gottlieb-Kraus-Debatten 145 f.
   italienische Wachen von 131, 140–144
   »Lager-Olympiaden« in 146
   Latrinen in 134–136
   Musik in 146–148
   Sicherheitsdienst in 144
   Verwaltungsausschuss von 134, 137–144
   Zeitungen 149
Kraus, Dr. Hans 145 f.
Kriegsverbrechen 138
»Kristallnacht« 67
Kroatien 51, 54, 61
   Achsenmächte und 137
   alliierter Verbindungsoffizier in 157
   ethnische Serben in 177, 180
   Faschisten in *Siehe* Faschisten, Ustascha
   Gräueltaten in 76, 108, 136–139
   italienische Zonen in 76–80, 105, 109–114, 127
   Katholiken in 64, 69–71, 94, 115, 187
   Nationalismus in 65
   von den Deutschen besetztes 74, 79, 108 f., 140
Kronfeld, Zdenko 152
Kvaternik, Eugen »Dido« 54, 108
Kvaternik, Slavko 54
Lackey, James E. 211 f., 215 f., 261
Lagerolympiade 146
Lamarr, Hedy 25
Leningrad 245
Levinger, Familie 161 f., 166
Levinger, Nada 161
Lika 161–164, 171, 187, 198 f., 264
Löbl, Familie 119
Löbl, Friedrich 56, 76, 91, 119
Lockheed P-38 165, 213 f.
Luftwaffe 67, 203, 218, 237
Lyggett, Jimmy 60 f., 164
Maccabi Zagreb 60
MacDonald, Jeannette 51
Maclean, Fitzroy 237–239, 263 f.
Maclean, Veronica 237–239
Madame Butterfly 147
Máramarossziget 27
Marx, Karl 185
»Maulwurf« 225–227, 263
Metković 123
Michael, King 18
Mihajlović, Draža 188, 264
Moses 76
Moskau 70, 186, 239
Musik 23, 27–29, 126, 146–148
Muslime 68–71, 94
Mussolini 70, 128 f., 136–138, 154
Nadasi, Familie 146
Nationale Identität 22, 25, 34 f., 39, 64 f., 69, 133, 186–188
Nazi-Ideologie 30, 35
Nazipartei 35 f., 108
   Hymne der 36
   illegale 29, 35 f., 39

Nazi-Propaganda 26, 38, 86
Nazis 34f., 75, 184
   »Anschluss« Österreichs und
      Siehe »Anschluss«
   Gruß 69
   Identitätsabzeichen der 39
   Ideologie der 30, 35, 70
   Propaganda der *Siehe* Propaganda
   Verfolgung durch *Siehe* Verfolgung
   Vernichtungspolitik der 34
Nestroy, Johann Nepomuk 37
New York University Law
   School 254
North by Northwest 235
Novi Vinodolski 122–129, 161f.,
   169, 226, 249
Nürnberger Prozesse 109
Oper 29–31, 116, 147, 195
Orthodoxe Serben 64, 71, 187f.
Österreich
   Annexion *Siehe* »Anschluss«
   Identitätsabzeichen in 39
   nationalistische Bewegung in 35
   religiöse Identitäten in 25
   Rezession in 12
   Vernichtungspolitik in 34
Österreichisches Kriegsarchiv
   105, 108
Österreichisch-Ungarische
   Monarchie 15, 46, 81
Ostmark 37
Pabst, G. W. 255
Palästina 41, 253f.
Paolo, mein italienischer
   Freund 176, 194f., 199
Partisanen 101, 109, 264
   alliierter Verbindungsoffizier
      und 157
   Alliierte und 162, 165, 188,
      206, 215

»Angriffs«-Division der 174, 177,
      187, 199, 200, 243
   Antisemitismus 185f., 192–194
   Anzahl 209
   Deutscher Angriff auf 209–216
   »dreizehntes Bataillon« 191,
      220, 223
   Einberufung durch 156–158
   Entlassung von 243–246
   Exekutionen durch 156, 191, 223
   Frauen bei den 199f.
   Freundschaften 194–202
   »Gerechtigkeit« 155, 227
   jüdische 82, 157
   Kommissare und 189–191, 200,
      220–224
   Kommunistische Partei und 150,
      185, 188f., 195
   Kordun und *Siehe* Kordun
   Kriegsgefangene und 216
   medizinische Dienste 228–231
   Nachschub und 197
   Papiermangel bei den 190,
      196, 204
   »proletarische« Divisionen 174
   Titos 154–158
   Tschetniks und 188, 195
   Uniformen der 197f., 250
   Verhandlungen mit den
      Deutschen 188
Pässe 26, 43, 47, 204, 257
   Siehe auch Visa
   britische 41
   jugoslawische Polizei und
      45, 48, 79–81
   ungarische 23, 34, 42f., 205
Paul, Prinzregent 58, 64–66
Pavelić, Ante 70, 106, 137, 187, 264
Pavlowitch, S. K. 188
Pessach 23–25, 143
Peter, Kronprinz/König 66, 188

Petrova Gora 181, 229–231
Pfadfinder 170
Pfandleihe 22, 31
Pfeilkreuzler 22
Pferderäude 181
Pietromarchi, Graf Luca 137, 264
Pijade, Moša 82
Piloten
　alliierte 203–206
　gerettete 204f., 217
　US-amerikanische 164–166, 204, 210, 213, 217–219
Pilotenausbildung 170–174
Ploieşti 203, 217
Pogrome 67
Polizei 33
　der Ustascha *Siehe* Ustascha
　jugoslawische 45–49, 54–56, 59, 69, 73
Pollak, Kurt 236, 248
Pötzleinsdorf 12f.
Pressburger-Stern, Camilla *Siehe* Dénes, Camilla
Propaganda
　der Achsenmächte 149
　der Alliierten 214
　der Nazis 26, 38, 71, 86
　der Partisanen 182, 200
　kommunistische 184, 206
　Mussolinis 136
Purim 25
Questura 122f.
Quotenregelung 40
Rab (Insel) 151, 155f., 161, 264 *Siehe auch* Rab (Konzentrationslager)
　Abfahrt von 157–160
　Deutsche und 160
Rab (Konzentrationslager) 152–154, 161, 171, 194, 212, 235, 247
　Ankunft der Partisanen im 154
　italienische Wachen im 151

Radio 21, 27–29, 71f., 166, 252
Rassismus 38, 61–63, 207
Räumungsbescheide 22
Rechnitzer, Dr. Mirko 75, 104
Reinhardt, Max 37
Religiöse Identität 26
Ribbentrop, Joachim von 137
Rijeka (Fiume) 76
Roatta, Gen. Mario 137–140, 264
Rochlitz, Imre 186, 190, 246
　als »Doktor« 179f.
　als Mirko Rohlić 186, 190
　amerikanische Identität und 215
　auf Rab 151–160
　bei den Partisanen 169
　Einberufung zu den Partisanen 156f.
　Evakuierung aus Jugoslawien 233–238, 243–251
　Flucht nach Split 109–114
　Flucht nach Zagreb 44–47
　Fotos von 14, 24, 176, 182, 195, 198, 223–225, 230, 253
　Freilassung aus Jasenovac 99–108
　im Gefängnis von Savska Cesta 84–88
　im Gefängnis von Zagreb 81–84
　im Konzentrationslager Jasenovac 86–103
　im Kordun 161–168
　in Kraljevica 131–150
　kommunistische Partei und 189–191
　Schulausschluss 37
　Stiefvater von 57–59, 75
　Verwandte von 15–22
Rochlitz, Irene 9, 12–23, 26f., 30f., 35, 39–47, 56–59, 67, 74f., 79, 95, 118–120, 126, 168, 178, 245, 251f., 255

Rochlitz, Josef 9, 12–15, 22, 27–29, 43
Rochlitz, Joseph 237
Rochlitz, Max 12–24, 27–36, 39–44, 53, 56–58, 127, 177, 245, 252f.
Rohlić, Mirko *Siehe* Rochlitz, Imre
Roma, Sinti 65, 71, 187, 264f.
Roosevelt, Franklin D. 136
»Rösselsprung« 210f., 216, 265
Rotes Kreuz 252
Rumänien 13, 18, 27, 203, 217, 236
Russland 16–19, 26, 41, 144, 185, 192, 209, 212 *Siehe auch* Sowjetunion
Sacher-Masoch, Alexander von 73
Sacher-Masoch, Leopold von 72
Samobor 59
Sanatorium Hoffmann 12, 15
Santangeli, Lt. 144
Santo Spirito 61f.
Savska Cesta 84f.
Scales, Junius Irving 206–208, 265
Schechter, Hr., ein rumänischer Flüchtling 236, 244, 247–249
Schell, Maria 231f.
Schismatiker 187
Schlesinger, Marija, Dr. 230
Schmeisser 171
Schmeling, Max 61
Schnitzler, Arthur 31f.
Schubert, Franz 27, 30
Schubertschule 27f., 35
Schulbaum, Franz 70–72, 236, 248
Schwarz, Familie 46f.
Selbstmord 98
  Androhung von 230
  Anschläge 220
  von Frau Kvaternik 55
  von Glaise-Horstenau 109
  von Rudolf Beer 37
  von Vincenzo Cuiuli 155
Senj 162f.

Serben
  des Kordun 177, 180, 186–188
  orthodoxe *Siehe* Orthodoxe Serben
  und Nationalismus 188
  Ustascha und 187f.
Serbien
  Königsfamilie 64
  Kroatien und 71, 186f.
  Militärputsch 66
  orthodoxe Christen in 64, 71, 187
  Soldaten 68
Serbokroatisch 45, 51–55, 60, 63, 71, 99, 113, 125, 141, 153f., 186, 195, 199
Seyß-Inquart, Arthur 108
Shelah, Dr. Menachem 107
Shelley, Mary 152
Siebte Offensive 209, 265
Šik, Dr. Lavoslav 54–56, 59, 78f., 91, 109, 265
Sindelar, Matthias 33
Slavonski Brod 67
Slowenien 56, 138, 154f., 186, 189
  und Partisanenrekrutierung 157
  und Volksgericht 155
  Widerstand und 154
Slowenische Sprache 186
Sowjetrussland *Siehe* Russland
Sowjetunion 70, 137, 184f., 213 *Siehe auch* Russland
Sozialdemokratische Partei (Österreichs) 26
Spalato *Siehe* Split
Split 76, 79f., 110–119, 123f.
  Amnestie in 122
  Evakuierung via 247–251
  faschistische Miliz in 118
  italienische Kultur und 115
  italienische Polizei in 122
  jüdische Gemeinde in 118

Synagoge von 118
Sport 60–63, 146
SS-Freiwilligen-Gebirgs-Division
»Prinz Eugen« 168
Stalin, Josef 207
Stammcafé 32
Stara Gradiška 96, 104
Stefan, Franz 36
Steinberg, Jonathan 140
Stepinac, Erzbischof Alojzije 138, 187
Stern, Camilla *Siehe* Dénes, Camilla
Stern, Oskar 9, 58f., 79–84,
  95f., 99–113, 123, 127, 151, 156,
  161, 167f., 251
Šumonja, Oberst Miloš 180f., 243–248, 265
Theater 30f., 37, 146
The Last Bridge/Die Letzte Brücke 231f.
The London Times 32
Tierklinik (Tierspital) 169, 173–180,
  184, 192, 195, 204, 210–216,
  219, 222–224, 227, 233, 244–246
  Ärzte der 179f.
  Belegschaft der 176
T. I. T. O. 186
Tito, Marschall Josip Broz 82, 154,
  170, 186, 225, 264f.
  alliierte Flieger und 205
  als Ziel 210
  Briten und 210
  Fitzroy Maclean und 238
  Winston Churchill und 241
Topusko 246
trabakula (Trabakel) 158–160
Triest 160, 228
Tscherkessen 192f.
Tschetniks 109, 188, 265
  Deutsche und 188
  Italiener und 188
  königstreue 9, 150, 165, 187
  orthodoxer Glaube der 188

Partisanen und 188, 195, 224
Tuberkulose 9, 12, 214f.
Turopolje-Pokupsko-Region 181f.
Unabhängiger Staat Kroatien 54, 61,
  70, 74, 79, 187, 264f.
Ungarische Identität 15f., 22f., 34,
  39, 42f., 133, 204, 257
Ungarische Sprache 22, 26f., 42,
  45f., 186
Ungarn 9, 13, 27, 34, 40, 43–45, 48,
  186, 209, 236
United Nations Relief and Rehabilitation Administration
  (UNRRA) 61f., 206, 253
Universität Wien 16
Universität Zagreb 125
University of Washington 254
Ustascha 264f.
  Dokumente der 107f.
  Erzbischof Stepinac und 138
  Gefängnis der 81f.
  General von Glaise-Horstenau
    und 107
  in Jasenovac 87–103
  in Kroatien 54f., 61, 65, 69–79,
    81, 108f., 167, 184
  in Split 116f.
  Kriegsverbrechen der 108, 136,
    190, 251
  Serben und 187
  und adriatische Inseln 158
Vatikan 138–140
Velebit, Vladimir 189
Venedig 115, 137
Vereinigte Staaten 60
  Armee der 109
  Emigration in 206f., 252–254
  FBI und 207
  Gelobtes Land 71, 136, 142,
    204, 215
  Zweiter Weltkrieg und 71

Verfolgung 9, 52, 136–139, 146, 210
 durch die Nazis 35, 43, 58
 durch die Ustascha 109, 187
 in Italien 140
Vernichtungslager 9, 76f., 90, 102, 150, 264 *Siehe auch* Konzentrationslager
Vernichtungspolitik 34, 128, 220
Vis 158, 210
Visa 43, 48, 110, 253 *Siehe auch* Pässe
 italienische Zonen und 110
 jugoslawische Polizei und 43, 48
 Quoten und 40
 Transit- 110–112
 US-Immigration 254
Vukovratović, Dragica 177, 223
Vukovratović, Milan 177
Wasa-Gymnasium 27
Waugh, Evelyn 237–239, 242
Wessely, Paula 37f.
Widerstand 109, 187
 der Partisanen 209, 264f.
 der Slowenen 154
 der Tschetniks 224, 265
Wien 12–24, 27–32, 36f., 42–48, 53, 60, 70–72, 91, 99, 108, 141, 145f., 170, 210, 231, 236, 252
 erster Bezirk von 12
 Flucht aus 44, 56
 Juden in 40

Kardinal Innitzer in 138
»Kristallnacht« in 67
nationalsozialistisches 48, 51
neunter Bezirk von 13
Wiener Börse 12
Wiener Zentralfriedhof 12
Wollner, Familie 160
Yad Vashem 118, 138
Zadar 171, 249f.
Zagreb 9, 36, 40–48, 51, 54–61, 64, 67, 74–87, 91, 101–104, 107–111, 118, 125, 138, 142, 145, 148, 164, 187, 226
 Einmarsch in 67
 Erzbischof von 187
 Flucht aus 78–80, 109–114
 italienisches Konsulat in 110
 Polizeihauptquartier der Ustascha in 81–88
Židov 71
Zionismus 35, 41, 56, 127, 145, 252
Zionistische Wahlen 41
Züge 54, 67, 100, 119, 209
 bosnische 74
 Jugoslawien–Auschwitz 120
 Österreich–Jugoslawien 45–47
 Viehwaggons 73f.
 Wien–Zagreb 44
 Zagreb–Derventa 67
 Zagreb–Jasenovac 87, 101
 Zagreb–Split 111f.